《外商投资法》透视

孔庆江　郭　帅　王艺琳　著

中国商务出版社

图书在版编目（CIP）数据

外商投资法透视 / 孔庆江，郭帅，王艺琳著． -- 北
京：中国商务出版社，2019.6
ISBN 978 - 7 - 5103 - 2906 - 7

Ⅰ．①外… Ⅱ．①孔… ②郭… ③王… Ⅲ．①外商投
资—涉外经济法—研究—中国 Ⅳ．①D922.295.4

中国版本图书馆 CIP 数据核字（2019）第 113790 号

《外商投资法》透视

WAISHANG TOUZIFA TOUSHI

孔庆江　郭　帅　王艺琳　著

出　　版：中国商务出版社
地　　址：北京市东城区安定门外大街东后巷 28 号　　邮　　编：100710
责任部门：职业教育事业部（010 - 64218072　295402859@ qq. com ）
责任编辑：周　青
总 发 行：中国商务出版社发行部（010 - 64208388　64515150 ）
网　　址：http：// www. cctpress. com
邮　　箱：cctp@ cctpress. com
印　　刷：三河市华东印刷有限公司
开　　本：710 毫米 × 1000 毫米　1/16
印　　张：14.5　　　　　　　　　　　　字　　数：206 千字
版　　次：2019 年 10 月第 1 版　　　　　印　　次：2019 年 10 月第 1 次印刷
书　　号：ISBN 978 - 7 - 5103 - 2906 - 7
定　　价：48.00 元

本书说明

《中华人民共和国外商投资法》已经由第十三届全国人大正式通过,并将于 2020 年 1 月 1 日正式生效。作为外商投资基础性的法律,该法是有关外商投资的基本大法。无论对于外国投资者在华进行投资活动、在华的外商投资企业的经营活动,还是对于外商投资管理部门和其他管理部门对外商投资的管理行为,《外商投资法》均是最高的准绳。

然而,就本书的写作而言,最初的想法源于我主持承担的一个课题,由世界银行资助的、由国家发展和改革委员会外资司委托的《新形势下外商投资法律体系研究》。课题始于 2016 年 10 月,结束于 2018 年 6 月底,不但比较了有代表性国家的外商投资管理制度及其立法,深入考察了我国外商投资制度和立法的演变及其存在的问题,而且就我国外商投资制度在全方位对外开放格局背景下的完善提出了自己较为系统的意见。课题成果提交委托单位后,限于课题合同,并没有立即付诸出版,就我国未来的外商投资立法写一本书的冲动也暂时平息了。

随着此后外商投资立法工作的次第展开,我也有幸参加了该立法不同阶段的咨询工作,在全国人大审议该法草案期间,还接受了一众媒体的采访。立法通过后,鉴于《外商投资法》极大地改变了现行的外商投资制度,对其进行解释和解读,对于更好地和准确地理解和实施该法,殊有必要。为此,我和我在读的博士生们共同撰写了《〈外商投资法〉解读》一书,由法律出版社出版。

2019 年 3 月 15 日立法通过不久,我应中国驻英国大使馆和甘肃省人民政府等机构的邀请,开始在国内外就《外商投资法》做了多场报告。我对该

1

法也有了更深的理解，结合此前的部分研究成果对《外商投资法》进行全面的学术梳理，就逐渐成了心头的一个愿望。在中国商务出版社周青老师的鼓励下，我偕同曾参与国家发改委《新形势下外商投资法律体系研究》课题研究的郭帅和王艺琳博士迅速投入了该书的写作。历时三月，终成此书，并以《〈外商投资法〉透视》命名之，堪与《〈外商投资法〉解读》构成姊妹篇。

在本书即将付梓之际，写上寥寥数语，以志本书之缘起。

孔庆江

2019 年 6 月于北京

目　录

第一章 国内法层面的外商投资制度

一、对待外资的态度和外商投资制度的任务

所谓外商投资制度，就是指调整外商投资的法律制度，不外乎指的是有关促进、保护和管理外商投资的法律制度。就调整外商投资的制度而言，可以基于国内法，也可以基于国际法（即国家之间的条约或习惯国际法），[①]因此，外商投资制度包括国内法上的外商投资制度和国际法上的外商投资制度。

在外商投资制度的形成过程中，国内法上的外商投资制度和国际法上的外商投资制度之间已逐渐产生分工，即前者的调整对象以外商投资管理为主，兼顾外商投资保护和外商投资促进，后者更多地关注外商投资保护和外商投资促进。当然，实践中，两者之间存在互动关系：国际法上的外商投资制度往往形成发展在先，然后影响国内法上的外商投资制度。具体而言，就是有关外商投资的国际协定先包含设定了缔约国家促进和保护投资的义务或赋予了投资者权利的条款，然后，这些条款或被自动视为缔约国的国内法的规定，[②]或被转化为国内法的规定，[③]确立起该缔约国政府在国内法上的义务或投资者在该国国内法上的权利，从而形成国内法上的投资制度；或非缔约国受到此类国际投资协定条款的影响，将国际投资协定规定的制度映射到国内法上，形成国内法上的投资制度。本书所指的外商投资制度，除非另有明确所指，指的是国内法上的外商投资制度。

---

① 国际法包括条约和习惯国际法。一般认为，有关投资的国际法源起于有关保护外国人和外国财产的习惯国际法。

② 这就是有关国际条约在缔约国境内适用的实践中的自动执行方法。参见周鲠生.国际法[M].北京：中国商务出版社，2018，p.685-686.

③ 这就是有关国际条约在缔约国境内适用的实践中的通过转化得到执行的方法。参见周鲠生.国际法[M].北京：中国商务出版社，2018，p.686-687.

一个国家的外商投资制度反映了该国对待外资的态度，而一个国家对待外商投资的态度，则与该国执政者对外商投资的认识有关。在对外商投资的认识上，存在三种不同的学说，第一种是传统的外资有益说，[①] 认为外商投资的自由流动是资本资源的最佳配置途径，对外国投资者、东道国和母国均是有利的，因此，要取消不利于外商投资自由流动的障碍，以吸引和鼓励外商投资；第二种是外资依赖说，[②] 认为随着外商投资在东道国的增加，东道国经济就会产生所谓的外资依赖症，进而对东道国的技术进步、产业控制、利润分配、货币政策、进出口和国际收支产生负面影响，应该加强管理，通过限制和引导，减少对外国资本的过度依赖，把东道国经济对外资依赖程度控制在适当水平，从而避免遭受其他国家经济波动的负面影响，使东道国经济健康稳定发展；第三种是外资中性说，介于前面两种学说之间，认为外商投资总体上是对东道国经济有利的，不应对外商投资的流动设置障碍，但东道国政府基于某些公共政策可以对外商投资实施管理与限制。[③]

当然，各国不同的经济发展水平和市场发达程度对各国的外商投资制度会产生影响。发达国家的外商投资制度对外资管理的范围较窄、管制程度较小，而发展中国家的外商投资制度往往对外资管理的范围较宽、管制程度较大。不管怎样，任何一个国家的外商投资制度，要解决两方面的问题：一是外国投资者的关注；二是本国政府的关注。外国投资者关注的问题，从大的方面看，无非是投资的安全和可获利性，而这两者又可归结到投资的风险问题，具体包括商业风险和政治风险问题。投资者承担商业风险无可厚非，因为商业风险也不属于外商投资制度调整的对象。根据权威的国际投资法专家Sornarajah 的研究，下面一些因素均可构成投资的政治风险：意识形态的敌对，民族主义、族群因素、产业模式的变化，前政权的契约，大型合同，政府对经济的干预（规制），人权和环境问题，法律和秩序的情势。[④] 外商投资

---

① M. Sonarajah. International Law on Foreign Investment. Cambridge University Press, p.47-53.

② M. Sonarajah. International Law on Foreign Investment. Cambridge University Press, p.53-55.

③ M. Sonarajah. International Law on Foreign Investment. Cambridge University Press, p.55-60.

④ M. Sonarajah. International Law on Foreign Investment. Cambridge University Press, p.69-79.

制度要处理投资者的关注，就要提供防范和解决投资的政治风险的环境，这就是东道国的外商投资环境。

东道国政府关注的问题，主要是创造良好的外商投资环境，同时确保对外商投资的有序管理。无论是创造良好的外商投资环境还是确保对外商投资的有序管理，均源于东道国对外商投资的正面和负面效应的认识。需要说明的是，正是由于外国投资者和东道国对外商投资环境的共同关注和诉求，形成两者权利与义务的对立统一体，也构成外商投资制度的重要任务。

二、不同环节的外商投资管理

从准入到退出的外商投资管理

广义上说，外商投资管理贯穿外商投资从准入、运行到退出的整个过程。以外商投资准入为例，东道国可以首先排除不愿意被外商投资的特定行业，该国还可以通过外商投资审查（通常包括国家安全审查、反腐败审查或者反垄断审查等）在投资准入时和投资实施过程中对外商进行管理，实际上将准入阶段的管理做了延伸。在外商投资按照一定程序进入后，该国还可以通过规定提交年度报告、进行年度审查等方式对外商投资进行常规管理。在外商投资退出时，东道国政府还可以通过外汇管制对资本和利润的汇出进行管理。

1. 准入阶段的外商投资管理

很多国家根据经济发展的需要和自身的产业结构等因素制定产业政策，某些国家还专门制定针对外商投资的产业政策或具有产业政策性质的文件。[①]在这里，产业政策是政府为了实现一定的经济和社会目标而对产业的形成和发展进行干预的各种政策的总和。[②]产业政策的功能主要是弥补市场缺陷，有

---

① 中国出台的《外商投资产业指导目录》（最新版为2017年修订版）就属于这类具有产业政策性质的文件。

② 周振华. 产业政策的经济理论系统分析. 北京：中国人民大学出版社，1991，p.1.

效配置资源；保护幼小民族产业的成长；熨平经济震荡；发挥后发优势，增强适应能力。它往往落脚到对某些产业的支持，对某些产业的限制，乃至对某些产业进行投资禁止的政策。这些产业政策在有的国家是刚性的，在另一些国家则是指导性的。产业政策对外商投资能否进入特定的领域、在怎样的程度上参与特定领域的投资会产生重大影响。

在没有制定产业政策的国家，也不等于没有对准入阶段的外商投资实行管理，无论是制定产业政策或没有产业政策的东道国，事实上均可以通过审批制度对外商投资的准入进行管理。

同样，无论是制定产业政策或没有产业政策的东道国，还可以通过国家安全、反腐败或者反垄断审查对外商投资准入进行管理。由于这种管理方式的运行很大程度上取决于外商审查机构本身的意志，所以对于东道国来说在整个外资管理中具有不可代替的地位，相当于是一国对于外商投资管理最有力的工具。这种特定管理部门对外商投资的审查具有非常强的力度，在很大程度上能够影响外商投资的准入。

除此之外，在双边或多边国际关系层面上，国家在订立双边投资条约（BIT）或自由贸易协定（FTA）/区域贸易协定（RTA）时对投资准入的磋商谈判也是外商投资准入管理的一大国际战场，这与其作为有关外商投资管理第一道防线密不可分。

与准入阶段的外商投资管理相对应，准入阶段的外商投资制度主要围绕投资者在东道国是否拥有进入权利，东道国如何对外商投资的进入设置限制展开。

2. 外商投资运行过程中的管理

东道国对设立之后的外商投资企业运行过程中的管理，在外商投资管理中占有重要的地位。东道国规定可以要求某项具体投资在每年的特定时间就特定相关该投资的特定信息进行报告，在投资发生之后的运行过程中对外商投资依然起着非常强的管理作用。例如，在 2013 年以前，我国商务部每年都联合六部门对外商投资企业进行联合年审，^①但这种审查方式主要以形式审查为主，审查的主要信息仅来自于审计报告。首先该管理方式将对象限制为外商投资企业，随着外商对中国投资的增加，投资的形式也更加多样化，仅以外商投资企业作为管理对象已经无法满足中国目前对外商投资管理的需求；其次，将管理的内容限制于财务方面，审计报告能够提供的信息非常局限性，而外商投资管理应当涉及更多的方面，包括国家安全、企业社会责任以及市场发展等，以满足不同政府部门对外商投资管理的多方面需求。

3. 外商投资退出阶段的管理

所谓企业退出是指投资者出于实现资本增值或避免和降低财产损失的目的，在达到投资目标，或在所投资的企业投资期限届满或不能继续健康发展的情况下，处分其在所投资企业中的股份并退出企业，或清理清算企业的过程。外商投资退出除了前述过程外，还包括外国投资者将所投入的资本和所获得利润转移到境外。前一退出阶段的管理，涉及外商资产、股权、经营权转让以及相关的兼并、承包、租赁工作的管理制度，后一阶段管理涉及企业的终止或破产和清算管理制度和投资本金、利润和收益的汇出。东道国政府可以通过企业股份处置对外商投资的退出或通过企业清算的程序对外商投资企业的退出进行管理，通过外汇管制制度对外国投资者的投资及其利润的转移进行管理。

三、外商投资制度的立法形式

由于各个国家在政治、经济、文化包括法律制度上的差异，世界各国对于投资管理都有不一样的程序和制度。目前国际上也没有一套统一的标准指导各国投资管理体制的建立。

---

① 参与的年度联合检查部门包括商务部、财政部、海关总署、国家税务总局、国家工商管理局、国家外汇管理局。从 2014 年开始，联合年检改为年度投资经营信息联合报告。

　　根据联合国贸易和发展会议的一项研究，全世界近 200 个国家中有 108 个国家制定了专门的外商投资法或可适用于外商投资的法律。[①] 可以看出，不仅是发展中国家采取了专门适用于外商投资的特别制度，澳大利亚、加拿大和希腊等发达国家也采取了同样的做法。这些专门的外商投资的法律制度，大体上分为两种类型：有的侧重于管理外商投资，如澳大利亚、加拿大和希腊，而有的则侧重于促进外商投资和为外商投资提供保护，不少发展中国家的外商投资法就是如此，例如肯尼亚和阿塞拜疆的外资法名称就是《外商投资保护法》，孟加拉国和巴基斯坦的外资法名称分别是《外国私人投资（促进和保护）法》和《外国私人投资促进和保护法》。[②] 还有的国家如保加利亚、科威特和老挝的外资法名称是《外商投资促进法》。[③]

　　本节对各国外商投资管理体制做一个概述，重点说明各国是否有专门的立法规定外商投资管理体制的问题。具体而言，澳大利亚在 1975 年的《外商收购与接管法》（Foreign Acquisitions and Takeovers Act 1975）[④] 规定了外商对澳大利亚投资的基本法律框架。2015 年颁布了新的《外商收购与接管法 2015 修正案》（Foreign Acquisitions and Takeovers Amendment Act 2015），[⑤] 此次修订涉及了居民不动产的税收政策、新的惩罚措施、申请费以及农业投资的门槛。[⑥] 除此之外，配套实施的 2015 年《外商收购和接管费用实施法》（Foreign Acquisitions and Takeovers Fee Imposition Act 2015）、2015 年《外国所有农业用地注册法》（Register of Foreign Ownership of Agricultural Land Act 2015）以及 2015 年《外商收购与接管法、外商收购和接管费用实施条例》（Foreign Acquisitions and Takeovers Regulation 2015 and the Foreign Acquisitions and Takeovers Fees Imposition Regulation 2015）等都是规范澳大利亚外商投资的法律法规。

---

　　①②③ UNCTAD 网站列出了这 108 个国家的外商投资法或与外商投资相关的法律，详见 https://investmentpolicyhubold.unctad.org/InvestmentLaws，最后访问日期 2019 年 5 月 17 日。

　　④ Foreign Acquisitions and Takeovers Act 1975, No. 92, 1975.

　　⑤ Foreign Acquisitions and Takeovers Amendment Act 2015, No. 150, 2015.

　　⑥ 有关澳大利亚法律制度的内容，参见 http://firb.gov.au/files/2015/09/FIRB_fact_sheet_legislation_overview.pdf.

再以加拿大为例，由于其特殊的联邦政治体制，其法律根据加拿大宪法分为联邦法律和省（地区）法律。联邦政府层面，加拿大规范外商投资者的法律依据主要是《加拿大投资法》（Investment in Canada Act）。[1] 根据此法，加拿大可以对外商投资者进行审查，目的主要是促进经济增长，保障人民就业以及维护国家安全。[2] 此外，相关的法律法规还包括《加拿大投资条例》（Investment Canada Regulations, SOR/85-611）以及《投资国家安全审查条例》（National Security Review of Investments Regulations, SOR/2009-271）。此外，各省也有权在联邦法律的框架下制定自己的投资政策。

又以俄罗斯为例。该国1999年制定了《俄罗斯联邦外国投资法》[3]规范外国投资者在俄罗斯的投资。该法在2011年经过修改，降低了外资进入门槛，简化了外资进入程序。[4]此法规定了俄罗斯保护外国投资者的合法权益。然而，在外商投资者准入方面，俄罗斯对于外国投资者仍有所限制。其中，最主要的法律规范就是2008年的《外资进入对国防和国家安全具有战略性意义行业程序法》（以下简称《战略领域外国投资法》）。[5] 该法规定了战略性意义行业准入的限制。

继续以韩国为例。韩国1998年制定的《外商投资促进法》是外国投资者到韩国投资最主要的法律依据。[6]2014年1月，该法经过修订，进一步扩大韩国对外开放的水平，吸引全球投资者。[7]此外，《外商投资促进法》还有配套的《外商投资促进法施行令》和《施行规则》。对于与外商投资相关外汇和对外交易相关内容，当《外商投资促进法》无特别规定时，适用韩国《外汇

[1] Investment Canada Act (R.S.C., 1985, c. 28 (1st Supp.))

[2] 有关该法的详细内容，参见加拿大政府网站 https://www.ic.gc.ca/eic/site/ica-lic.nsf/eng/home.

[3] No. 160-FZ, 9 July 1999.

[4] 参见商务部国际贸易经济合作研究院、中国驻俄罗斯大使馆经济商务参赞处、商务部对外投资和经济合作司，《对外投资合作国别（地区）指南俄罗斯（2018年版）》，http://images.mofcom.gov.cn/ru/201801/20180121165822258.pdf, p.59-60.

[5] No. 57-FZ, 29 April 2008.

[6] 参见大韩贸易投资振兴公社（KORTA）出版的《外商投资指南》2017年版。

[7] 法律第12225号、2014年1月10日公布、3月11日施行。

交易法》；针对外商投资的税收减免适用《税收特例限制法》及其《施行令》《施行规则》以及《针对外商投资等的税收减免规定》。[①]

值得注意的是，作为吸引外商投资的大国，美国并没有一个统一的外商投资法，对于外商投资者的管理也没有特殊的行政管理要求。由于美国是联邦制的国家，美国法律也分为联邦法律和州法律，在美国的外商投资者既要遵循联邦法律的要求，也要遵循州法律的要求。而在外商投资领域，美国最主要的外商投资管理制度就是《国防生产法》"埃克森—弗洛里奥条款"（The Exon-Florio Provision）中规定的国家安全审查制度。[②] 该法案设立了外资委员会（The Committee on Foreign Investment in the United States, CFIUS）审查有可能关乎国家安全的问题。此外，美国法典第 22 编第 46 章《国际投资和贸易服务调查法》[③] 赋予了美国经济分析局（Bureau of the Economic Analysis, BEA）收集相关投资信息的权力。

此外，新加坡也没有专门的外商投资法。原则上外国投资者享有国民待遇，能够同新加坡国民一样在新加坡投资。当然，新加坡的某些单行立法中也有一些对外商投资者的限制，下文将详细阐述。

无论有无单独立法规范外商投资，外商投资立法在国际上的发展趋势都是鼓励外商投资者，扩大开放，减少外商投资准入的壁垒，促进经济要素的全球化流动，支持内外资共同繁荣发展。

四、外商投资制度的核心要素

如前所述，国内法上的外商投资制度和国际法上的外商投资制度各有其重点，国内法上的外商投资制度更关注外商投资的管理。因此，国内法上的

---

① 大韩贸易投资振兴公社. 外商投资指南，p.11-12.

② Section 721 of the Defense Production Act of 1950, 50 U.S.C App. 2170.

③ P.L. 94-472, 90 Stat. 2059, 22 U.S.C. 3101-3108.

外商投资制度具有不同于国际法上的外商投资制度的核心要素。联合国贸易和发展会议（UNCTAD）提出的"协定要素"，即汇集国际投资协定各种政策选项 (policy options)，是供各国谈判和缔结双边投资协定时"自择自取"(adapt and adopt) 的"菜单"，客观上也反映了国际法上的外商投资制度的核心要素。[①]下面结合有关国内法和有关投资协定概要其核心要素。

（一）外国投资者和外商投资定义

综合比较各国的外商投资制度，从国内法中一般可以看出外国投资者的含义。在美国《国际投资和贸易服务调查法》中，对于外国人和国际投资做出了界定。"外国人"是指任何居住在美国境外或者受到非美国管辖区管辖的人。"国际投资"包括两种，一种是外资，即外国人直接或间接通过合同约定或者通过在美国境内的财产利益或者通过股票、其他证券、对于美国人短长期的债务义务所有或控制；另外一种是对外投资，即美国人直接或间接通过合同约定或者通过在美国境外的财产利益或者通过股票、其他证券、对于外国人短长期的债务义务所有或控制。美国倡导的双边投资协定（BIT）的2012 年范本中也规定了"缔约方投资者"的定义，是指试图、正在或已在缔约另一方领土内投资的缔约一方或其国有企业，又或是其国民或企业。但是，自然人具有双重国籍的，被视为仅仅是与其本人有最密切联系并且赋予其有效国籍的那个国家的国民。

根据澳大利亚的《外商投资政策》，外国人是指一个非澳大利亚常住居民的自然人；一个外国政府或外来投资者；一家公司、信托的受托人或有限合伙的普通合伙人，且其至少 20% 的权益由一名非澳大利亚常住居民的自然人、

[①] UNCTAD "协定要素"分为"设立后"(post-establishment)、"设立前"(pre-establishment) 和"特殊与差别待遇"三个部分。其中，"设立后"部分在传统欧洲模式的基础上有所创新，是"协定要素"的最主要部分，共有 12 条，依次为序言、条约范围、准入、待遇与保护标准、公共政策例外、争端解决、投资者义务与责任、与其他协定的关系、不降低标准条款、投资促进、制度建设及最后条款。参见曾华群.论双边投资条约范本的演进与中国的对策 [J]. 国际法研究，2016(4)，p.69.

一家外国公司或外国政府持有；一家公司、信托的受托人或有限合伙的普通合伙人，且至少 40% 的权益由两个或两个以上外国人持有。

《加拿大投资法》适用于所有的"非加拿大人"，这包括所有非加拿大公民或永久居住的人士，以及任何非由加拿大控制或实体拥有的实体。在该法中，并没有"外国人"这样的术语，而是使用"非加拿大"（non-Canadian）指代所有的不是加拿大的个人、政府、代理机构或者实体。与此相配套的还有两个概念。一个是"加拿大人"（Canadian）是指（a）加拿大公民；（b）根据《移民和难民保护法》的规定在有权申请加拿大公民身份后定期居住未满 1 年的加拿大永久居民；（c）加拿大政府，包括联邦政府、省政府或地方政府，以及其代理机构；（d）加拿大控制的实体。另外一个是"加拿大业务"（Canadian business），是指在加拿大经营的业务，并且有（a）在加拿大的经营地；（b）该业务雇佣或雇佣加拿大的一个人或多个人；（c）经营业务所需的加拿大的资产。①

至于外国政府能否被视为外国投资者，有的国家出于对外国政府投资者进行特殊规制的需要，将外国政府投资者纳入投资者，由其相关外商投资法律单独予以界定。例如，在澳大利亚外商投资法律体系中，外国政府投资者是指外国政府或单独政府实体，一家公司、信托的受托人，或有限合伙的普通合伙人，且至少 20% 的权益由外国政府或单独政府实体持有，或者至少 40% 的权益由两个或两个以上的外国（或两个或两个以上的外国部分）政府或政府实体持有。

有趣的是，关于外商投资的定义，在很多国家的相关外商投资法律中大致阙如，但多数国家在其对外签订的双边投资协定（BIT）或自由贸易协定

---

①《加拿大投资法》第 3 条定义条款。

（FTA）中有相关条款。澳大利亚就是如此。[1]同样，对于投资的定义，在加拿大的法律中并没有明确规定。不过，在加拿大对外签订的自由贸易协定中列明了投资的范畴。[2]另外，美国在双边投资协定范本中也有相关的条款。[3]

（二）投资自由化

投资自由化允许资本在国家间更自由地流动，要求各国政府减少对国际资本的监督和管制。相对于第二次世界大战后出现的贸易自由化，投资自由化直到20世纪70年代末才作为一种观念和政策出现，并逐渐在世界范围内

---

[1] 中澳FTA第9章投资章节第1条：投资是指投资者直接或间接拥有或控制的、具有投资性质的各种资产，例如资本或其他资源投入、收益或利润的预期或风险的承担。投资的形式可能包括：（1）企业及其分支机构；（2）企业的股份、股票或其他参股形式，包括其衍生权利；（3）债券、信用债券、贷款及其他形式的债务，包括其衍生权利；（4）合同权利，包括交钥匙、建设、管理、生产或者收益分享合同；（5）合同项下的任何与投资相关且具有经济价值的金钱请求权和履行请求权；（6）知识产权；（7）依据法律、法规或合同授予的权利，如商业特许经营权、许可、授权及许可证；（8）其他有形及无形资产、动产、不动产以及任何相关财产权利，如租赁、抵押、留置权、质押权；投资也包括由再投资的投资产生的收益，特别是利润、利息、资本利得、股息、特许费及其他费用。投资资产发生形式上的变化不影响其作为投资的性质。

[2] CETA第8章投资第1条定义：例如，在加拿大与欧盟《全面经济贸易协议》（Comprehensive Economic and Trade Agreement, CETA）中规定，"投资"（investment）是指投资者直接或间接拥有或控制的、具有投资性质的各种资产，包括一定时限以及其他特征例如资本或其他资源的投入、收益或利润的预期或风险的承担。投资的形式可能包括：（a）企业；（b）企业的股份、股票或其他参股权利；（c）债券、信用债券及其他形式的企业债务；（d）向企业借款；（e）其他任何形式的企业利益；（f）由（i）缔约方法律允许或者合同约定的许可，包括寻找、利用、开采和使用自然资源；（ii）交钥匙、建设、生产或者收益分享合同；（iii）其他类似合同产生的利益；（g）知识产权；（h）其他动产、有形及无形资产、不动产及相关权利；（i）金钱请求权或者合同项下的履行请求权。为了更大程度的确定，金钱请求权不包括（i）仅源于某类商业合同的金钱请求权，该类合同是为一缔约方领土内的自然人或企业向另一缔约方领土内的自然人或企业销售货物或服务的商业合同；（ii）国内金融合同；或者（iii）其他法令、判决或仲裁裁决。近还类投资视为投资，投资或再投资形式的改变不影响其作为投资的本质属性。

[3] 以目前最新的2012年范本为例，其中对于"投资"的定义是：一个投资者直接或者间接拥有或控制的具有投资特征的各种资产，这些特征包括资本或其他资源的投入，收益或利润的期待，风险的承担等。投资的形式可能包括：（a）一个企业；（b）一个企业中的股份、股票和其他形式的参股；（c）债券、无担保债券、其他债务和贷款；（d）期货、期权和其他衍生权利；（e）交钥匙、建设、管理、生产、特许、收入分享及其他类似合同；（f）知识产权；（g）许可、授权、允许和其他根据国内法所授予的类似权利；（h）其他有形或无形财产、动产或不动产，和相关财产权利，如租赁、抵押、质押和保证。2012 U.S. Model Bilateral Investment Treaty, available on USTR Website at https://ustr.gov/sites/default/files/BIT%20text%20for%20ACIEP%20Meeting.pdf.

展开。20世纪80年代，越来越多的发展中国家开始吸引外资，引进外国技术。外资准入问题在传统国际投资法中一直是个敏感的问题，各国一般都将外资能否进入和在何种程度和范围进入本国经济领域的自由裁量权视为外资管辖权的重要组成部分。相对于1992年美国范本以后的双边投资条约实践开始明确规定准入自由问题，①国内法很少涉及准入自由或外国投资者的准入权问题。

1. 履行要求与准入审查

大多数国家，尤其是发展中国家，主要借助于各种形式的投资措施包括履行要求来限制外资准入，对外资进行适当引导，以期外资符合本国经济发展目标。东道国对外资施加履行要求的权力一向被认为是其外资管辖权的体现。但鉴于晚近国际投资立法已经开始对东道国这一固有权力做出了限制，不但美式双边投资条约范本明确提出了禁止履行要求的规则，《世界银行外国直接投资指南》、② 经济合作与发展组织（OECD）起草的《多边投资协议》（MAI）③ 都有该项规定，而且《北美自由贸易协定》和《与贸易有关的投资措施协定》（TRIMS协定）④ 要求禁止那些对货物贸易产生限制和扭曲作用的投资措施及履行要求。在这种情况下，国内法上的履行要求逐渐被取消。但是，对于某些门槛以上的投资仍需要经过东道国政府的批准。

美国对外资的进入没有特殊的审批／备案程序。外资企业的建立与本国企业的建立遵守同样的法律要求和程序，并没有其他的针对外资的特殊法律要求和程序，但美国外商投资国家安全审查制度的存在，实际上也起到过滤阀或筛选器的作用，将不符合国家安全需要的外商投资拒之门外。考虑到美国法律对国家安全并无明确定义，而由部门间机构美国外商投资委员会自

---

① 曾华群. 论双边投资条约范本的演进与中国的对策 [J]. 国际法研究，2016(4)，p.67-68.

② Surya P Subedi. International Investment Law: Reconciling Policy and Principle. Hart Publishing, 2012, p. 33-36.

③ Surya P Subedi. International Investment Law: Reconciling Policy and Principle. Hart Publishing, 2012, p. 38-40.

④Surya P Subedi. International Investment Law: Reconciling Policy and Principle. Hart Publishing, 2012, p. 36-38.

己界定外商投资是否危害国家安全或构成国家安全的威胁。因此，美国外商投资国家安全审查制度存在被滥用的可能，可能起到的对外商投资的限制作用也是不容小觑的。

外国人在澳大利亚进行投资原则上不受限制，但对于所有的外国政府投资者获得直接利益，新设企业或获得土地利益都需要获得澳大利亚政府的批准。此外，外国政府投资者获得出租物业的利益以及采矿、生产、开采实体至少10%的股权，也需要获得政府批准。[①]另外，对于某些门槛以上的投资则需要经过财政部长的批准。[②]财政部长在审查过程中可以参考 FIRB 的意见。

加拿大对于外资的政策也较为自由，限制较少。《加拿大投资法》设定了外商投资的三种不同程序：通知（notification），加拿大"净利益"（net benefit）标准下的经济审查，以及国家安全审查。一般来说，只要是非加拿大人在加拿大投资，无论是绿地投资还是并购类投资，都必须经过通知或者审

---

① 参见 FIRB 网站 http://firb.gov.au/exemption-thresholds/monetary-thresholds/.

② 对于非外国政府投资者的商业收购，如果占一家澳大利亚实体实际收益（至少20%）超过2.52亿澳元则必须经过批准。如果是对于签订了自由贸易协定的国家（智利、中国、日本、韩国、新西兰和美国），标准可以提高到10.94亿澳元；但涉及敏感行业除外，门槛仍为2.52亿澳元。敏感行业包括媒体、通信、交通、国防和军队相关行业，以及铀和钍的提取和核能及其他基础设施运营。对于获得土地企业证券以及获得土地资产大多数的信托也需要事先获得批准。对于农业部门的投资，如果外国人能够获得超过0.55亿澳元价值的直接利益（一般超过10%，或者能力影响、控制或参加）的农业企业，则需事先获得批准，无论该农业企业的资产如何。对于智利、新西兰和美国，根据澳大利亚与各该国缔结的 FTA 的约定，门槛为10.94亿澳元。对于媒体行业的投资，如果超过5%，无论投资额多少，都需要获得批准，包括签订了 FTA 的国家。对于土地的投资。（1）农业用地。如果外来投资者获得农业用地的合计价值，包括提议购买，超过0.15亿澳元，则须经批准。根据 FTA 的约定，智利、新加坡和美国的门槛提高到10.94亿澳元，新加坡和泰国提高到0.5亿澳元。（2）商业用地。闲置商业用地的投资都必须事先经过批准。签订 FTA 的国家只须在投资价值超过10.94亿澳元的开发商业用地时申请批准。其他外来投资者在获得开发商业用地利益超过2.52亿澳元时就需批准。对于矿产和基础设施（比如机场和港口）的商业用地则适用更低的0.55亿澳元的门槛。（3）采矿或生产出租物业。外来投资者都必须事先获得批准，签订 FTA 的国家（智利、新西兰和美国）的门槛为10.94亿澳元。对于居民住宅的投资，外国投资者（包括临时居民和非澳大利亚居民）必须事先获得批准。

此外，还有一些特别的无须经过批准的情形，这些情形适用于非外国政府投资者，比如遗嘱和继承、强制性收购、股利再投资计划、借款业务等。参见 FIRB 网站 http://firb.gov.au/exemption-thresholds/monetary-thresholds/.

查，除非满足法律规定的例外情况。[①]

通知是一种表格式的登记，通常在非加拿大投资者完成收购加拿大企业的控制权或新企业的设立完成后提交。备案程序不涉及政府审批。[②] 如果非加拿大投资者收购加拿大企业的控制权，超过了特定的门槛，则必须通过加拿大净利益标准审查。[③] 在提交审查申请时，申请方必须详细说明今后几年的经济计划。多数情形下，还必须对被收购企业的运营做出具有法律约束力的承诺。此类承诺包括雇佣加拿大员工人数、资本支出、研发支出、保留加拿大总部、在高管层及董事会雇佣加拿大人等。当投资方是境外国企时，还可能需要对政府事务做出特别承诺。相关交易必须在完成前获得创新、科技和经

---

①《加拿大投资法》第10条规定的例外情形包括：（a）作为证券商或证券交易者的任何人，在日常业务中取得的有表决权股份或有表决权利益；（b）任何人在向加拿大境内提供合资资金时所开展的日常业务中取得有表决权的利益，并且其提供合资资金所依据的条件和状况与部长确定的一致；（c）如加拿大业务与实现贷款担保或其他财政援助的担保有关，并且该业务并非为了与本法条款相关的任何目的，并且该交易获得《银行法》《信用合作社法》《保险公司法》或者《信托和贷款公司法》的批准，则本法不适用于取得对该加拿大业务控制权的情形；（d）为促进财务状况而非本法条款相关的任何目的，取得对加拿大业务的控制权，并且在取得控制权后两年内或部长批准的更长的时期内，取得人将放弃控制权；（e）因混合、兼并、合并或法人重组而对加拿大业务取得控制权，并且取得控制权后，通过行使有表决权利益的所有权，仍在事实上最终直接或间接控制着该加拿大业务；（f）取得代表加拿大或州利益的女王陛下代理人开展的加拿大业务之控制权或取得《财政管理法》意义上的王国公司开展的加拿大业务之控制权；（g）根据《所得税法》第149条第1款第d项规定，无须交纳该法第1部分规定所得税的公司开展加拿大业务时，取得对该加拿大业务的控制权；（h）适用《银行法》第522条之规定的任何交易；（i）在财产转移中或根据法律的规定非自愿的取得对加拿大业务的控制权；（j）通过下列方式，取得对加拿大业务的控制权：ⅰ公司通过成立于加拿大、适用《保险公司法》的保险公司取得控制权，并且在根据《所得税法》第138条第9款计算该公司收入时，该公司从加拿大业务中取得的总投资收入被计算在内。ⅱ公司通过经金融机构主管人根据《保险公司法》第ⅩⅢ部分之规定批准在加拿大从事保险的非居民保险公司取得控制权，并且在根据《所得税法》第138条第9款之规定计算该公司收入时，该公司从加拿大业务中取得的总投资收入被计算在内，同时，开展加拿大业务的实体之有表决权利益或开展加拿大业务时使用的财产根据《保险公司法》第ⅩⅢ部分之规定信托取得。ⅲ通过在加拿大成立的公司取得控制权，并且该公司所有已发行的、除有表决权的董事资格股以外的有表决权股份由前述ⅰ或ⅱ中所指保险公司拥有，或由前述保险公司通过行使有表决权利益的所有权直接或间接控制的公司拥有，如保险公司为ⅱ中所指的保险公司，则开展加拿大业务的实体之有表决权利益或开展加拿大业务时使用的财产已根据《保险公司法》第ⅩⅢ部分之规定信托取得。（k）取得对加拿大业务的控制权，并且该加拿大业务的收入来自于同一交易中取得的不动产之上开展的农业。

② 涉及备案制度的收购交易应符合（a）在加拿大有经营场所；（b）一名或多名个人在加拿大受雇或自雇于该企业；（c）该企业在加拿大为开展业务而保有资产；（d）该交易未达到净利益标准的特定门槛。法律要求最晚在完成投资的30天内需要提交文件，也可以在完成交易前提交。

③ 关于净利益标准的门槛，参见加拿大政府网站 https://www.ic.gc.ca/eic/site/ica-lic.nsf/eng/h_lk00050.html。

济发展部长的批准。批准的标准即是给加拿大带来"净利益"。审查程序一般不公开。净收益可视为另一种形式的实际要求。

2. 负面清单

外资准入负面清单制度，是指东道国以清单方式明确列出在该国境内禁止和限制投资者经营的行业、领域、业务等，并依法采取相应管理措施的一系列制度安排。负面清单以外的行业、领域、业务等，外国投资者皆可依法平等进入。该制度较早出现在《北美自由贸易协定》中，随即与准入前的国民待遇一起被引入美式的投资协定和自由贸易协定，而成为高标准的投资协定和自贸协定的标配。[①] 与此相对照，国内法中较少出现负面清单。即便美国在其各个单行法里针对特定行业有着外商投资的限制要求，[②] 但在国内法上没

①梁咏.美国双边投资协定"负面清单"及中美谈判展望 [J].海外投资与出口信贷.2015（3）：7-11.

②根据 TPP 美国附件 1（现有不符措施）和附件 3（金融不符措施）部分的整理，这些限制包括：

原子能：根据《1954 年原子能法》，有关核能的相关许可不能发给外国人或外国公司。

矿业：根据《1920 年矿区租赁法》，外国人和外国公司不得就有或燃气管道或运输石油或燃气炼制产品的管道，获得横跨内陆联邦土地的路权，也不得获得内陆联邦土地上的煤或石油等特定矿产的租赁权或利益。

航空运输：根据 49 U.S.C. Subtitle VII, 14 C.F.R. Part 297, 14 C.F.R. Part 380, subpart E，只有作为美国公民的航空运营商可以从事国内航空运输服务，并且可以作为美国航空运营商提供国际定期或不定期航空服务。

证券：除特定的加拿大发行人外，外国公司不得使用《1993 年证券法》规定的小型企业注册表格注册公开发行证券，也不可使用《1934 年证券交易法》规定的小型企业注册表格注册一类证券或提交年度报告。

通信（无线电通信）：根据 47 U.S.C. § 310 (a)-(b)，《外国参与令》12 FCC Rcd 23891, 第 97-118段，外国政府或其代表不得被授予或持有电台许可；外国人或其代表、根据外国政府的法律设立的公司或 1/5 以上的股本被外国人或其代表、外国政府或其代表，或者根据外国法律设立的公司登记持有或享有投票权的公司不得授予或持有广播、普通传输、航空航路或航空固定电台的许可；在没有明确认定允许外国持有广播许可将有利于公共利益的情况下，广播电台许可证不应被授予直接或间接为以下人控制的公司：1/4 股本为外国人或其代表登记持有或享有股票权的公司、外国政府或其代表，或者根据外国法律设立的公司。

金融业：国内银行的所有董事必须是美国公民，除非美国货币监查官对董事中的少数部分豁免国籍要求。联邦和州法律不允许通过根据外国法成立的公司以分公司的形式在美国设立信用合作社、储蓄银行或储蓄协会。为接受或维持低于标准最高存款保险额的国内零售存款，并要求存款保险保护，外国银行必须成立已保的银行子公司。外国银行必须根据《1940 年投资顾问法》登记注册为投资顾问，以在美国从事证券顾问和投资管理服务，而国内银行（包括外国银行的子公司）无需登记注册，除非他们为已登记的投资公司提供咨询。外国银行不能称为联邦储备系统的成员，因此不能投票选举联邦储备银行的董事。堪萨斯州、马里兰州、北达科他州和怀俄明州禁止分支机构和代理机构；乔治亚州、密苏里州、俄克拉荷马州禁止分支机构而非代理机构。外国保险公司的分公司不得为美国政府合同提供履约保证。各州可能还有其他限制措施。

有列明完整的负面清单。澳大利亚没有在一部法律法规中单独规定了一套完整的负面清单，但是其在各个部门法中对于外资准入做出了具体的限制。[①]

根据加拿大国内法的规定，在几个战略性和敏感性行业设定了企业的所有权限制，[②] 但加拿大没有统一的负面清单，一般仅列明在对外签订的自由贸易协定中，比如《综合性经济贸易协议》（CETA）加拿大方面给出了自己的负面清单。[③]

（三）外资促进、激励或支持措施

外商投资促进是各国政府、民间机构、企业通过制定有利于资本合理流动的政策、法律、措施，调整体制结构、完善运行机制，并应用多种适宜的技术和方法，开展一系列营销活动或生产一定的产品，做好相应管理和服务。投资促进贯穿投资的全过程，包括投资前、投资中和投资后的促进和服务。

美国联邦和州政府都为投资者提供激励方案，具体内容可在"选择美国"网站上查询。[④] 联邦层面主要的激励或支持措施包括出口项目（export programs）、金融和贷款（financing and loans）、基金和赞助（funding and grants）、知识产权项目（intellectual property programs）、其他帮助和咨

---

①例如，对于银行业，外国所有权必须符合 1959 年《银行法》（Banking Act 1959）、1998 年《金融业（股权）法》（Financial Sector (Shareholding) Act）以及相关银行业的政策。

航空业领域，根据 1920 年《航空运输法》（Air Navigation Act 1920）以及 1992 年《澳航出售法》（Qantas Sale Act 1992），一家航空公司（包括澳航）累计外国所有权限于 49%。1996 年《机场法》（Airport Act 1996）限定某些机场的外国所有权为 49%，悉尼机场（连同西悉尼）至墨尔本、布里斯班，或珀斯机场任一机场之间有 5% 的航线所有权限制和互持所有权限制。

船舶方面，根据 1981 年《船只登记法》（Shipping Registration Act 1981）规定，如果船只要在澳大利亚登记，就必须大部分为澳大利亚拥有，除非指定为受澳大利亚经营者特许。

电信领域，Telstra（澳大利亚电讯）的累计外国所有权限于 35%，而且个人外来投资者仅可拥有不超过 5%。

②金融机构：一般而言，未经部长批准，外资银行不得在任何加拿大银行（包括加拿大银行的子公司）中持有任何股份种类超过 10% 的股份。

广播电视：为了鼓励加拿大人拥有并控制广电实体，加拿大议会颁布了一项广电许可的一般规则，即此等许可不授予非加拿大人或非加拿大人直接或间接有限管控的公司。

电信：为了鼓励加拿大人拥有并控制普通电信运营商，加拿大议会颁布了一项一般规则，即电信运营商必须是根据加拿大法律或省级法律设立或存续，并由加拿大人拥有和控制的公司，才有资格在加拿大运用公用载波电信业务。

③详见本项目部分翻译内容。

④参见美国国际贸易管理部组建的选择美国网站：https://www.selectusa.gov/welcome. 激励措施具体参见 Programs and Incentives：https://www.selectusa.gov/programs-and-incentives.

询（miscellaneous assistance and counseling）、小企业项目（small business programs）、税收信用和减免（tax credits and deductions）。[①] 这些激励和支持措施会给跨国公司或从事国际贸易的公司政策上的指导以及金融和税务方面的便利。其中，国际其他帮助和咨询项目涉及税务和食品安全相关政策法规的指导和支持计划。

在美国各州层面也存在对引进外资的激励措施，以纽约州为例，其提供的投资激励和支持措施包括：税收、运营支持（比如培训）、增长支持（融资支持）和创新发展支持（财政激励措施），[②] 其他各州也会出台类似的激励措施。[③]

为了吸引更多的外资，澳大利亚政府制定了鼓励引进外资的政策，这些政策多是为外资进入澳大利亚市场提供服务和便利，对于那些能为澳大利亚带来巨大经济利益的外资项目，也会给予一定的资金和税收方面的优惠。[④]

---

① 参见选择美国网站：https://www.selectusa.gov/federal_incentives.

② 参见纽约州网站 https://esd.ny.gov/.

③ 有关各州的外商投资激励措施，参见 Business and Investment Climate in the United States: Local Economy, State Incentives and Growth Prospects (Second Edition): https://www.slideshare.net/ConfederationOfIndianIndustry/business-and-investment-climate-in-the-united-states-local-economy-state-incentives-and-growth-prospects. 或者参见选择美国网站：https://www.selectusa.gov/stateincentives.

④ 重大项目优惠政策：为促进重大外资项目的引进，澳大利亚政府开设了为重大项目提供便利服务的项目，主要是提供相关资料、建议和支持、协助办理必要的政府审批手续等，以简化审批手续和节省审批时间。政府还可以为重大项目的可行性研究提供资助。对于特别重大的外资项目，澳大利亚投资服务机构还可向联邦政府推荐，争取获得包括资金扶持、税收减让和基础设施服务等鼓励措施。此类鼓励措施要求研究，需要对项目逐个审批。

对于在澳大利亚建立地区总部（Regional Headquarter）和运营中心（Operating Center）的跨国公司，澳大利亚政府提供移民和税收优惠政策。在移民政策方面，外国公司可以与澳大利亚工业、旅游和资源部签署"移民协议"。澳大利亚移民部将根据协议向公司的主要派驻人员颁发长期居留商务签证。有关人员将被免除许多移民审批要求。投资局将向外国公司免费提供协助。在税收政策方面，外国公司拥有或租赁的计算机和相关设备可以免除销售税，免税期为 2 年。外国公司建立地区总部的费用可以从税收中抵扣，抵扣期为获得第一笔收入的前后各 12 个月。是否给予外国公司税收优惠政策由财政部决定。

技术人才支持计划：通过该计划，为澳大利亚带来重大投资项目的公司可以为公司内部的主要管理人员和专家办理永久居留签证和长期居留商务签证，签证手续也大大简化。对于在澳大利亚建立地区总部和运营中心的跨国公司，澳大利亚政府也将提供移民和税收方面的优惠。

税收优惠政策：公司用于符合规定的研发支出，在计算纳税所得税基时可以按 150% 的比率扣除。对农牧业投资可以减免批发销售税。

地区鼓励政策：澳大利亚税收制度允许对边远地区的居民和雇主给予一定的税收减让，同样适用于符合条件的外国和当地居民。对于边远地区的雇主，政府可以参考起提供给雇员的房屋附加利益（包括与房屋有关的利益，如电、煤气和其他居民燃料）以及假日旅游利益，对雇主进行税收减让，免征房屋附加利益税。此外，对于边远地区居民给予一定程度的边远地区所得税减让。本节内容参见商务部《对外投资合作国别（地区）指南—澳大利亚》，2015 年版，p.45-47.

　　加拿大政府通过其科学研究与实验开发税收优惠项目（Scientific Research and Experimental Development (SR&ED) Tax Incentive Program）对企业创新和创业提供支持。[①] 科学研究与试验开发税收优惠项目为加拿大境内符合要求的直接研发成本提供税务优惠。

　　加拿大分公司在加拿大为自己或以合同形式为外国人拥有的母公司进行符合条件的研发工作，可以抵扣符合条件的支出，得到 15% 的税务抵免。加拿大人控制的私人公司（CCPC）符合条件者可以从政府获得高达 35% 的研发支出政府退税。符合条件的研发支出为每年最高 300 万加元。超过部分抵免额降为 15%。此外，除爱德华王子岛、努纳伍特和西北地区以外，其他省（地区）对在本省内从事的研发活动都有额外的税收抵免项目。

（四）外资保护

　　各国的不同国情，尤其是各国的经济制度和经济发展模式，也反映在各国的外资保护制度上。外资的保护制度有狭义和广义之分，狭义的外商投资保护制度涉及东道国针对外商投资在东道国的政治风险所做出的保证和保护措施，主要包括以下措施：关于征收和征用方面的保证、关于外资利润及本金汇出的保证；而广义的外商投资保护制度，除涉及东道国针对外商投资在东道国的政治风险所做出的保证和保护措施，还包括涉及外商投资的待遇、代位求偿、投资争端解决等实体性和程序性规定等。美国在其 2012 年双边投资协定范本中纳入了典型的广义的外资保护条款，包括：国民待遇、最惠国待遇、最低待遇标准、征收（国有化）和补偿、公布涉及投资的法律和裁定以及透明度要求等。

　　不难看出，资本输入国的国内法对外资保护的规定往往要么阙如，要么较为原则，而较详细的外资保护条款则往往体现在资本输入国对外缔结的投资协定或自由贸易协定中。澳大利亚所谓最主要的外资法律《外商收购和接

---

　　① 有关该项目的介绍参见加拿大政府网站：http://www.international.gc.ca/investors-investisseurs/assets/pdfs/download/IIC-SRED-Chi_IAC-RSDE-Chi.pdf.

管法》中并没有直接的条款规定外资保护的内容，对于外资的保护主要体现在澳大利亚对外签订的双边投资条约中。相关保护外资的条款包括国民待遇、最惠国待遇、公平待遇、对于征收和国有化的补偿、保护和安全、战争战乱补偿、非随意或不合理的不公正、收回投资、以及其他条款。[1] 同样，《加拿大投资法》中并没有直接的条款规定外资保护的内容。对于外资的保护主要体现在加拿大对外签订的双边投资条约中。相关保护外资的条款包括国民待遇、最惠国待遇、公平待遇、对于征收和国有化的补偿等条款。

本节将仅涉及征收和征用方面的保证、关于外资利润及资本汇出的保证。

1. 关于征收和征用方面的保证

征收和征用直接关系到外国投资的安全和利益，历来是国际投资保护制度中的核心问题，也是资本输入国和资本输出国利益纷争的焦点所在。征收（expropriation）和征用（requisition）是指国家基于公共利益的需要将私人投资全部或部分资产收归国有或归政府使用。征收和征用与发展中国家非殖民化运动的兴起密切相关。二战后摆脱了殖民地、半殖民地枷锁的广大发展中国家普遍认为征收与征用源于国家主权原则所享有的固有权力，是国家主权行为，实行征收和征用的国家不应负有全部赔偿的义务，而是支付适当补偿，而作为主要资本输出国的发达国家则一直主张实行征收和征用的国家应及时、充分、有效补偿私人投资者。自 20 世纪 80 年代以后，以合作与发展为主导的国际关系决定了大规模的国有化和征收已不再是国际投资的重要威胁，但是，以隐蔽的、渐进式等间接方式进行的征收却仍然存在。间接征收是指东道国的行为或措施虽未从法律上剥夺外国投资者所有权，但却阻碍或影响外国投资者对其投资行使有效控制权、使用权或处分权。

为了给外国投资者提供安全的投资环境，吸引更多的外商投资，资本输入国一般会通过不同方式，包括在国内法中进行规定，为外国投资者提供关于征收（征用）及其补偿的法律保证。例如，发展中国家多通过宪法或外资

---

[1] Clayton Utz. Guide to Protecting Foreign Investments. https://www.claytonutz.com/ArticleDocuments/ 178/Clayton-Utz-Guide-to-Protecting-Foreign-Investments-2014.pdf.aspx?Embed=Y.

立法对征收和征用提供保证，规定征收和征用必须是为了公共利益，基于法定程序，并给予适当补偿。通过国内法给予外资有关征收和征用的保证是资本输入国做出的一种单方面承诺和保证。

2. 关于外资利润及本金汇出的保证

绝大多数发达国家曾在第二次世界大战后对外汇流动实行严格限制，但是，目前对外汇流动进行限制的主要是发展中国家。发展中国家由于外汇资金短缺，金融体系脆弱，为了维护本国的国际收支平衡，一般都建立了较严格的外汇管理制度，通过立法对本国的外汇买卖、国际结算、资本移动等进行管理和控制，以限制外汇的自由出入和自由兑换。这种外汇管理制度影响到外国投资者因投资所得利润、合法收益以及投资本金是否能兑换成国际通用货币，自由汇回本国。若不能自由汇出，则投资者虽有收益，但其实际利益不能实现，所以，外国投资者把发展中国家的外汇管制措施视为对外投资的重大威胁。

因此，发展中国家为了吸引投资，在保留外汇管理制度的同时，常常在外资法中就外资利润及本金汇出提供法律保证。对投资利润汇出的管理，主要体现为在允许汇出的前提下附有一定限制。有的发展中国家为了打消外国投资者对本国外汇管制措施的顾虑，允许投资利润自由汇出，不附加限制条件，如菲律宾、新加坡、印尼等基本保持国际收支顺差的国家。大多数发展中国家对投资利润的汇出附加的条件主要包括：[①]（1）审批制。由国家政府部门批准，按官方汇率，用外资本金来源国的货币汇出。（2）时间或金额限制。规定在外资者经营的最初年限内利润不得汇出，之后利润按投资本金的一定比例汇出，并规定允许汇出的最高金额。（3）按投资的行业部门规定汇出比例。（4）出口创汇。把利润的汇出与出口创汇相关联，要求外资企业外汇平衡。

对于投资本金，由于一般数额较大，对资本输入国国际收支影响也较大，有些发展中国家往往在允许汇出的同时附加更严格的条件。有的国家除批准

---

① 余劲松.国际投资法.北京：法律出版社，2014，p.174.

制度外，还附加时间和限额的限制，规定外资本金必须经过一定期限后才能汇出，并且每年汇出额不能超过投入资本的特定比例。

（五）国家安全审查

实施安全审查或许是国际上通行的对于外资管理最关键的环节。以美国为例，美国现行的外商投资安全审查是根据 1950 年《国防生产法》中的"埃克森—弗洛里奥条款"（The Exon-Florio Provision）于 1988 年设立的美国外商投资委员会（CFIUS）实施的。[1] 该委员会的职能是监督与评估外资并购美国企业，视其对美国国家安全的影响程度，授权进行相关调查，并视情况上报总统就阻止外资并购做出最后决定。

美国外商投资委员会是一个横跨多个部门的机构。办公机构设在财政部，财政部作为主席单位负责牵头，共有 8 个行政部门和 7 个白宫直辖的办公机构参加。其中，行政部门包括：财政部、商务部、国防部、国土安全部、司法部、国务院、能源部、劳工部；白宫直辖的办公机构为美国贸易代表办公室、科技办公室、管理和预算办公室、经济顾问委员会、国家经济委员会、国家安全委员会。

在启动程序上，美国采取了自愿申报和依职权启动相结合的模式。一方面，美国外资委员会对外资的审查建立在自愿申报的基础上，也就是说由外资人在收购某美国公司之前"自愿"将其收购意向申报给 CFIUS，供其审阅并决定该收购交易是否会影响美国的国家安全。另一方面，即使外国收购人没有提交收购意向的申报，CFIUS 或其组成成员机构都有权对某一项交易项目进行调查。[2]

审查程序方面，CFIUS 在收到申报后 30 天内进行初步审查，如果认为一个项目可能对国家安全产生威胁，则要另外进行 45 天的调查。在 45 天调查

---

① 有关外资委员会 CFIUS 的信息，参见其官网 https://www.treasury.gov/resource-center/international/Pages/Committee-on-Foreign-Investment-in-US.aspx.

② 根据 2007 年 7 月对《埃克森—弗洛里奥修正案》的规定，对于受到外国政府控制的企业在美国从事的并购交易，如果收购目标是对美国国家安全有影响的企业，CFIUS 都有权进行审查。

期结束后，CFIUS 向总统递交正式调查报告。总统须在接到报告后 15 天内做出最终决定，是否阻止此项交易。

审查内容方面，对于"国家安全"这一概念，美国至今没有一个明确的概念，因为美国国会希望在更广泛、更灵活的情况下对此概念进行解读，以确保最大限度地保障美国的国家安全。总体来说，美国对外国直接投资涉及"国家安全"问题的考察范围很广：如涉及关键基础设施、重要能源资产、重要技术、对战略资源的长期供应、外来投资者是谁、是否由外国政府控制，外国企业所在国在武器扩散和其他方面的纪录以及是否配合美国的反恐行动等。尤其是那些涉及军民两用技术或产品，涉及外国政府控制的国有企业、涉及战略资源的控制交易，就会格外敏感。①

《加拿大投资法》规定了国家安全审查程序。若政府认为有合理的证据表明某项投资可能危害国家安全，则可能需要进行国家安全审查。若政府发起该程序，则交易必须取得其批准，如在交易后进行审查，则可能导致该交易取消。此外，配套《加拿大投资法》实施的《国家安全审查投资条例》也规定了安全审查的具体内容。②

实体方面，不同于前述经济审查条款，被审查的交易不一定是收购加拿大企业控制权的交易，少数股权投资同样也可因国家安全被审查。

对于"国家安全"的判断，应综合考虑资产、商业活动以及当时各方的性质，包括可能的第三方的影响。具体而言，可以考虑如下几点：（1）对于加拿大国防能力和利益的潜在影响；（2）对于将敏感技术和信息转移至加拿大境外的潜在影响；（3）《国防产品法》中涉及的研究、制造或者货物／技术的销售；（4）对于加拿大关键基础设施③的潜在影响；（5）对于向加拿大国民或加

---

① David N. Fagan. 美国对外国直接投资的监管体系 . 美国德勤中国业务部，http://ccsi.columbia.edu/files/2011/01/FaganFinalChinese_002.pdf.

② National Security Review of Investments Regulations, SOR/2009-271, Investment Canada Act. 以及修改后的 Regulations Amending the National Security Review of Investments Regulations, P.C. 2015-311, March 12, 2015.

③ 关键基础设施是指为加拿大国民的健康、安全、保障以及经济稳定和加拿大政府的有效运转所必要存在的程序、系统、设施、技术、网络、资产和服务。

拿大政府提供关键货物和服务有潜在影响；（6）外国监控和间谍的可能性；（7）对于当下或未来治理或者法律运行的潜在阻碍；（8）对于加拿大国际利益，包括国际关系的潜在影响；（9）可能的涉及非法活动的投资行为，比如恐怖袭击、恐怖组织或有组织犯罪。

程序方面，一般由政府直接启动安全审查程序，但政府几乎不公布安全审查的执行信息。在某些情况下，交易主体可以在交割前向政府发出通知，从而在适用的时间段过期后，取得对审查的法定禁令。政府鼓励在不确定是否触及国家安全时，进行事先咨询。

如果部长认为非加拿大人的投资可能会危害国家安全，可以向投资者发出通知，表明可能会对其投资进行审查。一般而言，在获悉投资后，部长可在45天内的任何时间发出通知。这属于"预先警告"。"预先警告"通知发出后，部长有25天的时间根据实际情况考虑是否有必要对该项投资进行全面的国家安全审查。部长可以要求投资者以及交易有关的其他任何人或实体提供部长认为有必要的信息。如果部长认为该项投资可能危害国家安全，则可以建议总督会同行政当局（Governor in Council，GIC）发布全面审查的命令。GIC如发出正式全面审查的命令，有45天的审查期。投资者在此期间可以申请申述。审查完成后，GIC还有15天的时间根据部长提交的相关资料做出最后决定。

澳大利亚没有国家安全审查制度，但是有类似的国家利益审查（national interest test）。如果在某项投资有损于澳大利亚的国家利益情况下，财政部长有权阻止该项外资的进入。在此方面，主要法律依据是前述《外商收购与接管法》。其审查权由财政部长控制，但听取外国投资审查局（FIRB）的建议。在审查过程中，一个核心标准是"是否与国家利益相悖"。对于"国家利益"的考量法律没有明确规定，主要基于个案的自由裁量，这是基于最大化投资流以及保护澳大利亚利益的考量。

在国家利益审查过程中，考察的因素包括社区的影响，目标企业的性质、雇员人数、市场份额，敏感行业（媒体、通信、交通、国防和军队相关行业，以及铀和钚的提取和核能及其他基础设施运营），投资的影响（比如发展额外生产能力或者新技术），是否基于市场经济等。国家利益审查的内容就是外商投资是否会对澳大利亚保护其战略和安全利益造成影响。

具体而言，有几个方面的考量。一个是竞争政策。澳大利亚希望市场能够有健康的竞争机制。在外商投资过程中，会考虑是否该项投资对市场价格和生产的影响以及对全球市场，尤其是全球生产服务链的影响。税收也是国家利益的考量标准之一。此外，投资者也必须满足澳大利亚政府对于环境影响的要求。在经济和社区方面，澳大利亚政府考虑并购对于澳大利亚企业结构的影响，收购的资金来源，澳大利亚原企业的参与，包括雇员、债权人以及利益相关人等。政府还考虑项目对于澳大利亚居民的公平回馈，并且投资项目需要有一个稳定的供应商。投资者的性质也是考察的重要因素，包括投资者是否有透明的商业运营，是否受到合适和透明的监管，公司治理结构，资金（包括主权财富基金）政策以及投票权等。澳大利亚其他法律也是政府决定的影响因素。

在农业部门的投资，政府经常考虑：澳大利亚农业资源包括水资源的质量和可利用性，土地的进入和使用，农业产品和生产率，农业产品对于居民和贸易伙伴可信赖的供应，生物多样性以及对于地方和地区就业和发展的影响。

对于住宅用地的投资，政府经常考虑修建新的住宅会给当地的就业以及税收带来的收益。此外，是否增加房屋存量也是考虑因素之一。

对于外国政府投资者，澳大利亚政府需要考虑该项投资在本质上是否是商业性质的，或者该项投资是否是存在政治或战略目的。如果投资者不是完全由外国政府所有，则需考虑非政府利益的大小、本质和构成，包括对于其权利行使的限制等。考察因素包括：外部合伙人或股东的存在；非关联所有者权益水平；投资的管理安排；现有保护澳大利亚权益不受非商业交易损害的安排；目标企业是否在澳大利亚证券市场或其他交易市场公开交易以及投资的大小、重要性以及潜在影响。

（六）信息报告

根据《国际投资和贸易服务调查法》，外国所有企业的 10% 以上需要定期向经济分析局提交有关报告。[①] 但是美国《国际投资和贸易服务调查法》中明确规定经济分析局（BEA）所获得的数据仅能用于统计和数据分析，并被禁止将相关数据提供给税务、调查或者监管部门。当然，如果投资者没有履行上述报告义务，也会面临相应的民事责任或刑事处罚。

此外，根据《外资房地产税法》（Foreign Investment in Real Property Tax Act），外国人投资房地产还需要另外向美国税收部门提交报告。有关农业用地的获得和转让必须向美国农业部报告，不动产的获得也需要向非联邦部门报告。[②]

在澳大利亚，根据澳大利亚《公司法》，注册为外国公司的投资者需要在每一个日历年度以及间隔不超过 15 个月，向澳大利亚证券与投资委员会（ASIC）报告财务信息。这些信息包括：资产负债表、盈利亏损说明、现金

---

① 有关针对外资的信息报告有如下几种：第一种是有关与新外国直接投资的调查（BE-13 表），对于新设的外国直接投资，无论是绿地投资还是扩大经营抑或是并购投资，均须向 BEA 提交报告。原始文件必须于交易完成后的 45 天内提交。根据交易类型不同，分成：A 类针对并购投资，超过 300 万美元并获得 10% 以上的投票权；B 类针对绿地投资，超过 300 万美元并获得 10% 以上的投票权；D 类针对扩大经营，扩大部分超过 300 万美元；E 类针对满足 B 或者 D 的情况的在建项目。此外，未满足条件或者不满足 300 万美元门槛的可以免于提交报告。第二种是季度报告（BE-605 表），针对美国实体及其外国母公司以及美国实体与外国实体之间的交易。每一年度／会计季度结束后 30 天内或者最后一个年度／会计季度结束后的 45 天内需要提交季度报告，要求总资产、年度销售额、总运营收益以及年度净收益等超过 6000 万美元。不满足条件的可以免于提交该报告。第三种是年度报告（BE-15 表），报告美国实体的年度资产和运营情况，包括：A 类报告针对外来投资者占多数股权并且总资产、销售或总运营收益或者净收益超过 3 亿美元；B 类报告针对外来投资者占多数股权并且总资产、销售或总运营收益或净收益超过 1.2 亿美元小于 3 亿美元，或者外来投资者占少数股权并且总资产、销售或总运营收益或净收益大于 1.2 亿美元；C 类报告针对总资产、销售或总运营收益或净收益超过 4 千万但小于 1.2 亿美元。不满足条件的可以免于报告。第四种是基准调查（BE-12 表）。该调查每 5 年实施一次，最近的一次于 2012 年完成。其中，A 类报告针对外来投资者占多数股权并且总资产、销售或总运营收益或者净收益超过 3 亿美元；B 类报告针对外来投资者占多数股权并且总资产、销售或总运营收益或净收益超过 6 千万美元小于 3 亿美元，或者外来投资者占少数股权并且总资产、销售或总运营收益或净收益大于 6 千万美元；C 类报告针对总资产、销售或总运营收益或净收益小于 6 千万美元。小于 2 千万的只要求选择性报告。有关报告的义务，参见经济分析局网站：https://www.bea.gov/surveys/pdf/a-guide-to-bea-direct-investment-surveys.pdf.

② Baker & McKenzie. A Legal Guide to Acquisitions and Doing Business in the United States. 康奈尔大学网站：http://digitalcommons.ilr.cornell.edu/cgi/viewcontent.cgi?article=1037&context=lawfirms.

流量说明（截至上一会计年度）的副本，其他在母国需要提交的文件以及证明所提交副本真实有效的文件。此外，注册为外国公司也需要向 ASIC 报告章程、董事、当地代理的（变更）情况。

同样，外国投资者设立澳大利亚公司，在一定条件下也负有信息报告的义务。大型专有公司和公众公司必须在每一会计年度向 ASIC 提交财务报告和董事报告。此外，所有公司必须遵从《公司法》项下的其他报告义务，比如变更企业和董事的信息。

不过，澳大利亚设立了澳大利亚国家联系点（Australian National Contact Point，以下简称 ANCP），负责实施和促进《经合发展组织跨国企业准则》（OECD Guidelines for Multinational Enterprises），同时审查跨国企业违反该准则的行为。该准则涉及一系列议题，包括人权、雇佣和产业关系、环境、打击行贿、索贿和敲诈勒索、消费者利益、科技、竞争以及税收。在具体实例（specific instance）程序中，针对相关利益者提出的申诉，ANCP 可以决定接受该申诉请求，进行调解和审查，最终发布相关说明。[①]

加拿大没有针对外资进入的专门的信息报告制度。当然，在外资进入的过程中，当局可以要求外来投资者提交有关的文件以配合净利益和国家安全审查。此外，外来投资者在进入加拿大市场后也必须遵守国内法的相关规定（见表 1-1）。

表 1-1　各代表性国家与外商投资相关的法律法规内容比较一览表

	美国	日本	德国	澳大利亚	俄罗斯	南非	印度	巴西	韩国	新加坡	加拿大
一、立法情况											
是否有统一的外商投资法典	×	×	×	√	√	√	×	√	√	×	√
二、定义											

---

① 有关 ANCP 的指导以及具体实例的程序，参见 ANCP 网站 http://www.ausncp.gov.au/content/Content.aspx?doc=ancp/complaints.htm.

续　表

		美国	日本	德国	澳大利亚	俄罗斯	南非	印度	巴西	韩国	新加坡	加拿大
海外投资者		√	√	√	√	√	×	×	×	√	×	√
外商投资		√	√	×	×	×	√	×	×	√	×	×
外商投资企业		×	×	×	×	×	×	×	×	√	×	×
三、投资自由化程度												
（一）准入前国民待遇												
准入无条件		√	√	√	√	√	×	√	√	√	√	√
准入有条件（是否与特定要求相关联）	特定技术转让	×	×	×	×	×	×	×	×	×	×	×
	特定经济发展目标	×	×	×	×	×	×	×	×	×	×	×
	一定的股权安排、雇佣条件等其他履行要求	×	×	×	×	×	√	×	×	√	×	×
准入无审查制度		√	×	×	×	×	√	×	×	×	√	×
准入有备案或核准制度		×	√	√	√	√	×	√	√	√	×	√
负面清单		×	√	×	×	×	√	√	×	√	√	×
（二）与准入有关的审查/许可												
安全审查		√	√	√	√	√	√	√	√	×	√	√
特殊行业许可		√	√	√	√	√	√	√	√	√	√	√
四、外资激励或支持措施												
税收优惠		√	√	√	√	√	√	√	√	√	√	√
鼓励措施		√	√	√	√	√	√	√	√	√	√	√
五、外来投资者获得土地和其他不动产权利及其限制												
有无权利		√	√	√	√	√	√	√	√	√	√	√
有无限制		√	√	×	√	√	√	√	√	√	√	√

续　表

	美国	日本	德国	澳大利亚	俄罗斯	南非	印度	巴西	韩国	新加坡	加拿大
六、外国人投资的专门程序											
与国内程序一致（除前述准入程序之外）	√	√	√	×	√	√	√	√	×	√	√
七、外商投资企业组织的特殊形式											
与国内企业一致	√	√	√	×	√	√	√	√	√	√	√
八、外资保护											
征收与国有化及补偿	×	×	×	×	√	√	×	×	×	×	×
汇兑	×	×	×	×	×	×	×	×	√	×	×
内乱	×	×	×	×	×	×	×	×	×	×	×
投资契约特殊保护	×	×	×	×	×	×	×	×	×	×	×
外资救济的机构或专门程序	×	×	×	×	×	×	×	×	×	×	×
九、东道国与投资者争端国际解决											
（一）管辖权											
是否允许国际仲裁	×	×	×	×	√	√	×	×	×	×	×
以用尽当地救济为条件允许国际仲裁	×	×	×	×	√	×	×	×	×	×	×
允许直接诉诸国际仲裁　仅限于补偿额（金钱补偿）	×	×	×	×	×	×	×	×	×	×	×
允许直接诉诸国际仲裁　其他　与投资有关的争议（包括征收、征收补偿额、公平公正待遇等）	×	×	×	×	×	×	×	×	×	×	×
允许直接诉诸国际仲裁　其他　环保标准	×	×	×	×	×	×	×	×	×	×	×
允许直接诉诸国际仲裁　其他　劳工/人权标准	×	×	×	×	×	×	×	×	×	×	×

	美国	日本	德国	澳大利亚	俄罗斯	南非	印度	巴西	韩国	新加坡	加拿大
（二）适用法											
仅限投资条约	×	×	×	×	×	×	×	×	×	×	×
包括投资条约和国际法（其中国际法包括国际环境法和人权法）	×	×	×	×	×	×	×	×	×	×	×
包括投资条约、国际法和东道国国内法	×	×	×	×	×	×	×	×	×	×	×
（若投资条约中有"保护伞条款"）包括投资条约、国际法、东道国国内法和投资合同	×	×	×	×	×	×	×	×	×	×	×
十、外资管理											
国家安全审查	√	√	√	√	√	×	√	×	√	×	√
竞争政策	√	√	√	√	√	√	√	√	√	√	√
环保政策	×	×	×	×	×	×	×	×	×	×	×
劳工/人权标准	×	×	×	×	×	×	×	×	×	×	×
信息报告	√	×	×	×	×	×	×	×	√	×	×
监督检查	√	×	×	×	×	×	×	×	√	×	×

注：√表示该国外商投资法中有相同或类似规定或肯定该表述；×表示该国外商投资法中没有相关规定或否定该表述。本表格所指代的外商投资法仅包括国内立法，不包括国际条约。

第二章 《外商投资法》前的我国外商投资制度

2013 年 7 月，中国开始与美国进行第五轮战略与经济对话。此轮谈判的重要成果之一是中国确立了中美双边投资协定（BIT）谈判以"准入前国民待遇加负面清单"为基础。[1] 以准入前国民待遇加负面清单为基础进行招商引资成为近十年的国际投资实践潮流。在此之前，中国外商投资管理的主要模式是以外资三法为基础，并辅之以部门规章和不定期更新的《外商投资产业指导目录》。《外商投资产业指导目录》实行的是正面清单模式。[2] 因此以中美 BIT 谈判为分水岭，我国外商投资管理状况呈现两种样态。在此轮谈判后，国务院先于 2013 年 8 月 22 日在上海建立了第一个中国自贸试验区。2014 年底，我国先后在广东、天津和福建又建立了三个自贸试验区。[3] 到 2018 年，国务院已分别在辽宁、浙江、河南、湖北、重庆、四川、陕西和海南建立了自贸试验区。自由贸易试点的春风从上海吹到了全国各地，为我国推出整体化的《外商投资法》奠定了坚实的实践基础。

2019 年 3 月，第十三届全国人大第二次会议通过《外商投资法》，本法将于 2020 年 1 月 1 日起实施。因此，本章将讨论《外商投资法》出台前中国对外商投资管理的主要模式和概况，为下章分析和评判自贸试验区试点新模式和《外商投资法》做出的巨大变革做背景铺垫。

---

[1] 准入前国民待遇是指在企业设立、取得、扩大等阶段给予外国投资者及其投资不低于本国投资者及其投资的待遇。负面清单是指凡是针对外资的与国民待遇、最惠国待遇不符的管理措施，或业绩要求、高管要求等方面的管理措施均以清单方式列明。

[2] 所谓正面清单，是规定了允许和鼓励外商投资的行业和领域。此外《外商投资产业指导目录》还规定了"禁止投资"和"限制投资"的领域。

[3] 2016 年 9 月 3 日国家授权四家自贸试验区试行外商投资准入前国民待遇加负面清单管理模式的期限即将陆续到期，全国人大常委会颁布了《关于修改〈中华人民共和国外资企业法〉等四部法律的决定》。

一、中国外商投资变革的时代背景

中国外商投资变革是一场内外呼应的变革：它既有来自国际上投资贸易自由化的压力，也有着因脱节的外商投资制度而产生的国内修法诉求。换言之，我国与外资有关的法律制度已经不能满足我国对外开放、深化改革和利用外资的新形势需要。这是一个大的时代背景。具体可以分为以下几个方面的背景情况，包括全球投资格局和投资自由化趋势、国内经济形势特别是对外开放格局以及国内法律制度。

（一）全球投资格局和投资自由化

首先是全球投资格局重新洗牌。2008 年金融危机之后，全球投资格局和国内外经济形势都发生了翻天覆地的变化。从全球范围来看，世界经济不稳定因素很多，一些逆全球化思潮也纷至沓来，全球吸引外资都处于一个下行的趋势。最直观的表现是 2013 年全球直接投资是 1.45 万亿美元。比照 2007 年 1.9 万亿美元的水平，全球外资流动体量大幅度减小。[①] 就外资流入的目的地而言，受到 2008 年金融危机的影响，投资者更多地把眼光放到了受金融危机影响较小、市场潜力较大的发展中国家（见图 2-1）。

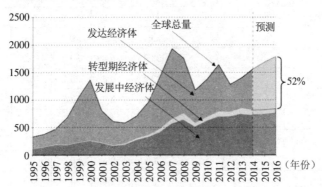

图 2-1　1995—2013 年按全球各类经济体开列的直接外资流入量及 2014—2016 年流入量预测

资料来源：贸发会议 . 2014 年世界投资报告 .

---

① 联合国贸易与发展会议 . 2013 年世界投资报告，p.vii.

表 2-1 2010—2012 年按区域列出的直接外资流量

单位：10 亿美元和百分比

区　域	直接外资流入量			直接外资流出量		
	2010	2011	2012	2013	2014	2015
世界	1409	1652	1351	1505	1678	1391
发达经济体	696	820	561	1030	1183	909
发展中经济体	637	735	703	413	422	426
非洲	44	48	50	9	5	14
亚洲	401	436	407	284	311	308
东亚和东南亚	313	343	326	254	271	275
南亚	29	44	34	16	13	9
西亚	59	49	47	13	26	24
拉丁美洲和加勒比	190	249	244	119	105	103
大洋洲	3	2	2	1	1	1
转型期经济体	75	96	87	62	73	55
结构薄弱、易受冲击的小经济体	45	56	60	12	10	10
最不发达国家	19	21	26	3.0	3.0	5.0
内陆发展中国家	27	34	35	9.3	5.5	3.1
小屿发展中国家	4.7	5.6	6.2	0.3	1.8	1.8
备查：在世界直接外资流量中所占百分比						
发达经济体	49.4	49.7	41.5	68.4	70.5	65.4
发展中经济体	45.2	44.5	52.0	27.5	25.2	30.6
非洲	3.1	2.9	3.7	0.6	0.3	1.0
亚洲	28.4	26.4	30.1	18.9	18.5	22.2
东亚和东南亚	22.2	20.8	24.1	16.9	16.2	19.8
南亚	2.0	2.7	2.5	1.1	0.8	0.7
西亚	4.2	3.0	3.5	0.9	1.6	1.7
拉丁美洲和加勒比	13.5	15.1	18.1	7.9	6.3	7.4
大洋洲	0.2	0.1	0.2	0.0	0.1	0.0
转型期经济体	5.3	5.8	6.5	4.1	4.3	4.0
结构薄弱、易受冲击的小经济体	3.2	3.4	4.4	0.8	0.6	0.7
最不发达国家	1.3	1.3	1.9	0.2	0.2	0.4
内陆发展中国家	1.9	2.1	2.6	0.6	0.3	0.2
小屿发展中国家	0.3	0.3	0.5	0.0	0.1	0.1

资料来源：贸发会议．2013 年世界投资报告．

根据 2013 年联合国贸易与发展会议（以下简称"联合国贸发会"或者 UNCTAD）的年度《世界投资报告》，"2012 年，发展中经济体吸收的直接外资首次超过发达国家，占全球直接外资量的 52%"（见表 2-1）。① 由此可见，发展中国家在吸引外资上充当了领头羊的位置。此外，发展中国家对外投资的表现也不俗。"将近 1/3 的全球直接外资流出量来自发展中经济体……它们延续着一种持续的上升趋势。"② 相较而言，发达国家的经济发展形势就比较严峻了。发达国家遭遇了直接外资流入量方面较大幅度的下降，发达国家吸引外资的总量仅占全球流量的 42%。③ 就发达国家的对外投资而言，其直接外资流出量下跌接近于 2009 年低谷的水平。2012 年，38 个发达国家中有 22 个国家的直接外资流出量总体下降 23%。由于经济前景黯淡、市场变幻不定，许多发达国家的跨国公司不得不对新投资持观望态度或直接撤回国外资产。④

此外，整体投资趋势是大量外资流入非洲、亚洲的柬埔寨、缅甸、越南等低收入国家和南美洲部分国家（具体数据见表 2-1）。⑤ 在全球投资重点从发达国家转到发展中国家的背景下，中国抓住了发展机遇。各方对中国在这场经济危机后的投资表现都寄予厚望。

在这份报告中，中国的表现不俗：中国一跃成为第二大外国直接投资目的地经济体和第三大外国直接投资来源经济体。到 2013 年，中国对外投资额首次超过 1000 亿美元大关，吸引外资流入为 1240 亿美元（见图 2-2）。虽然吸引外资仍然高于对外投资，但是中国已经逐渐从外国直接投资来源国转变为双重身份：外国直接投资来源国和目的国（见图 2-3）。

---

① ② ③ ④ 联合国贸易与发展会议 . 2013 年世界投资报告，p.vii.

⑤ 流入非洲的外资主要受到采掘业发展的吸引，而柬埔寨、缅甸和越南等国家主要吸引了劳动密集型的外资进入，南美洲则是因其自然资源和广阔市场而吸引了高额外资。参见联合国贸易与发展会议 . 2013 年世界投资报告，p.viii.

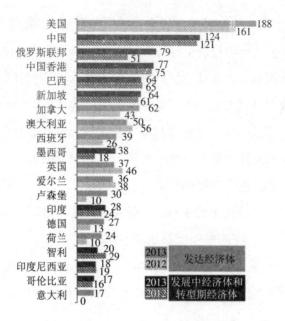

（十亿美元）

图 2-2　2012 和 2013 年 20 大东道经济体直接外资流入

资料来源：贸发会议．2014 年世界投资报告．

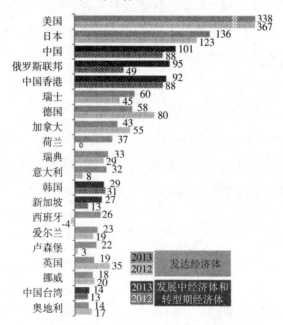

（十亿美元）

图 2-3　2012 和 2013 年 20 大母国经济体直接外资流出量

资料来源：贸发会议．2014 年世界投资报告．

其次是全球投资自由化的新趋势。与贸易自由化一样，投资自由化是经济全球化的表征。2008 年的全球金融危机后，投资自由化出现了新的趋势：一是一些大国纷纷以自我为主，构建自由贸易试验区网络；二是有的大国将高标准的国内法律规定转变为高标准的国际内容；三是投资自由化从更强调市场开放转向更多关注便利化的程度。例如，在区域与自贸协定和双边投资保护协定当中，负面清单管理、备案制等都成为新的方向；四是投资自由化的影响范围不断扩大，从边境管理措施发展到国内管理政策比如准入前国民待遇、竞争的中性政策、环境保护、知识产权保护、劳工权利甚至人权状况等，都成为贸易和投资自由化的所谓"21 世纪新议题"。投资者与政府间的争端解决机制，同样越来越受到关注。换言之，除了对市场准入方面自由度的关注外，投资者和国家利益平衡、可持续发展等都被引入更新更高的标准。

（二）我国国内经济形势和对外开放新格局

我国国内经济形势也发生了重大变化。从国内来看，我国利用外资的优势原来主要靠生产成本低和人口红利，在国内经济进入稳定增长、结构优化的新常态之下，这个优势发生了转变。中国利用外资优势逐渐转型成主要依靠市场规模、基础设施、人力资源、产业配套和营商环境的模式。

一方面，截至 2013 年，中国从原来的第一大重点投资对象国降为第三大重点投资对象国，这给中国吸引外资带来了一定压力。一些跨国公司转移到劳动力成本更加低廉的东南亚地区，加上中国土地价格的上涨、人民币汇率的攀升，这些都提高了进料加工再出口外资企业的成本，使其不得不考虑转向其他地区。另一方面，中国具有广阔的国内消费市场，仍然有一部分跨国公司愿意到中国投资瞄准了这块大市场。

与此同时，为了适应经济全球化和区域一体化的发展，中国政府从十七大以来，就把加快实施自贸试验区战略作为新一轮对外开放的重要内容。中共十八届三中全会更是提出，要全面深化改革，构建开放型经济新体制，形成全方位对外开放格局。在投资领域，国家新的对外开放局面主要体现为：一是推进以周边为基础，面向全球的高标准的自由贸易区网络；二是以引入负面清单和备案制为主要手段，辅之加强事中事后监管，深化和完善外商投资和对外投资管理体制改革。

（三）我国外资三法落伍

在国内外形势的双重转变下，我国原有的外资法律法规体系无法在促进和保护外商投资方面发挥应有作用。众所周知，改革开放以来中国对外商投资领域实行严格的准入管理和逐案审批制度，制定并执行《中外合资经营企业法》《中外合作经营企业法》《外资企业法》（即俗称的"外资三法"）及其各自实施条例与细则，以及大量涉及外商投资企业设立、变更、股权转让和其他相关事项的配套法规规章。根据外资三法，外商投资领域实行逐案审批制度。《外商投资产业指导目录》将外商投资产业分为禁止类、限制类、鼓励类、允许类。但即便是鼓励类及允许类外资企业的设立、变更等事项仍需经商务部门逐一审批，事实上并不比限制类企业享有更多便利。虽说近十多年来国家和商务部门陆续出台了系列下放审批权限、简化审批要求和流程的规章制度，但逐案审批的实质并没能改变。外商投资领域凡事需审批且审批期限长的现状既增加了投资者的经济和时间成本，一定程度上也限制了外商直接投资的增长，又加重了商务部门的工作量，消耗了大量行政审批资源。

二、《外商投资法》出台前我国外商投资管理的模式分析

（一）外商管理的专门立法

1. 外资三法

我国一直以来对内外资都是通过分别立法的方式予以管理，外资管理逐步形成由《中外合资经营企业法》《外资企业法》《中外合作经营企业法》和《外商投资产业指导目录》及其他一系列行政法规、规章、政策组成的独立体系，该等规定仅针对外资，与内资企业的相关法律法规分属不同的体系。我

国是发展中国家，在开放初期和此后较长时间内，国内经济和产业仍处于相对落后的状态，既需要给予外商投资一定的优惠和鼓励政策，吸引外资进入中国，刺激经济和扩大就业，又需要在较多领域对外资进行禁止或限制，以防止对国内产业的过度冲击。

我国外资三法自 1979 年颁布以来经历了多次修改，并不断更新与之配套并行的行政法规和部门规章，从而形成了一套外商投资企业立法体系。

（1）历次修改回顾

我国于 20 世纪 70 年代末确定了对外开放政策。随即启动了我国外商投资企业立法。《中外合资经营企业法》（1979 年）、《外资企业法》（1986 年）和《中外合作经营企业法》（1988 年）及其配套法规、规章在出台之初奠定了我国外国投资企业设立与运营的法治基础。这套法规还为我国 1993 年《公司法》的出台提供了法律蓝本。更重要的是，外资三法和《公司法》整体为我国国有企业的现代企业制度改革提供了制度标杆。值得指出的是，这些法案中规定的董事会制度、注册资本制度、投资者有限责任制度奠定了我国有限责任公司制度的基本精神。

我国的外商投资企业法律体系体现了与时俱进的特点，迄今已有三次大规模的修改：第一次是 1990 年，第二次是 2000 年和 2001 年，第三次是 2016 年。

●第一次修改：1990 年

为了优化营商环境、放宽市场准入条件、赋予中外合营企业更大的经营自主权，全国人大于 1990 年 4 月 4 日决定对《中外合资经营企业法》进行修改。其修改内容主要包括以下几个方面：增加国家征收条款、修改了董事会任命条款、大幅降低了合营企业享受税收优惠的门槛，并允许合营企业自由选择开户银行。这次修改主要是为了结合中国签订一系列双边投资协定中涉及的征收条款进行国内法补充，更大程度地规范中外合营企业的管理模式，利用税收和收汇款等多种便利方式来吸引外资。这跟我们改革开放在 20 世纪 90 年代初的整体政策形势有很重要的关系。

●第二次修改：2000 年和 2001 年

为了应对中国加入 WTO 的国内法治要求，我国在 2001 年入世前后，就根据 WTO 规则和我国的入世议定书等对外承诺，再次对外商投资企业法进行了修改，以符合 WTO 框架规则（特别是《与贸易有关的投资措施协议》）。这次修改的方面包括：取消外汇收支平衡条款、^① 废除当地成分条款、^② 删除对外资企业出口实绩的强制性要求、^③ 取消了企业的生产计划备案条款、^④ 简化企业设立的行政审批手续。^⑤

---

① 《中外合作经营企业法》第 20 条曾经规定："合作企业应当自行解决外汇收支平衡。合作企业不能自行解决外汇收支平衡的，可以依照国家规定申请有关机关给予协助。"《外资企业法》第 18 条第 3 款规定与之相似："外资企业应当自行解决外汇收支平衡。外资企业的产品经有关主管机关批准在我国市场销售，因而造成企业外汇收支不平衡的，由批准其在我国市场销售的机关负责解决。"《中外合资经营企业法（实施条例）》第 75 条也有类似规定。根据世界贸易组织《与贸易有关的投资措施协议》第 2 条及该协议所附《解释性清单》第 2 项规定，各缔约方不得通过外汇平衡的要求，限制企业进口。而且，我国政府在加入世界贸易组织谈判中承诺在加入世界贸易组织后取消与《与贸易有关的投资措施协议》相抵触的外汇收支平衡条款。

② 《中外合资经营企业法》第 9 条第 2 款曾经规定："合营企业所需原材料、燃料、配套件等，应尽先在我国购买，也可由合营企业自筹外汇，直接在国际市场上购买。"《外资企业法》第 15 条和《中外合作经营企业法》第 19 条也曾存在类似规定。这类条款可以统称为本地含量条款。

但根据世界贸易组织《与贸易有关的投资措施协议》第 2 条及该协议所附《解释性清单》第 2 项规定，各缔约方不得以任何形式限制企业购买、使用当地生产的或者来自于当地的产品。而且，我国政府在加入世界贸易组织谈判中已经承诺在加入世界贸易组织后取消与《与贸易有关的投资措施协议》相抵触的本地含量条款。

③ 《外资企业法》第 3 条第 1 款曾规定："设立外资企业，必须有利于我国国民经济的发展，并且采用先进的技术和设备，或者产品全部出口或者大部分出口。"而根据世界贸易组织《与贸易有关的投资措施协议》第 2 条及该协议所附《解释性清单》第 2 项规定，各缔约方不得限制企业产品出口的数量、价值或者份额。我国政府在加入世界贸易组织谈判中，亦曾承诺在加入世界贸易组织后取消与《与贸易有关的投资措施协议》相抵触的出口履行要求条款。

④ 《中外合资经营企业法》原第 9 条第 1 款曾要求："合营企业生产经营计划，应报主管部门备案，并通过经济合同方式执行。"《外资企业法》原第 11 条第 1 款亦要求外资企业的生产经营计划报其主管部门备案。这是与中国入世承诺中的市场经济条款相对应，表明中国政府是从计划经济转变为市场经济的入世立场。

⑤ 根据 2001 年修改之前的《中外合资经营企业法实施条例》原第 9 条规定，投资者设立中外合资经营企业必须由我国合营者向企业主管部门呈报拟与外国合营者设立合营企业的项目建议书和初步可行性研究报告。该建议书与初步可行性研究报告，经企业主管部门审查同意并转报审批机构批准后，合营各方才能进行以可行性研究为中心的各项工作，在此基础上商签合营企业协议、合同、章程。为尊重企业自治和投资者自治，国务院于 2001 年 7 月 22 日删除了前述条款。这样，中外投资者在申请设立中外合资企业时，不再需要预先办理项目建议书和初步可行性研究报告的审批，而可以直接由中外合营者共同向审批机构报送合营各方共同编制的可行性研究报告。

●第三次修改：2016 年

2016 年 9 月 3 日，第十二届全国人民代表大会常务委员会第二十二次会议通过了《全国人民代表大会常务委员会关于修改〈中华人民共和国外资企业法〉等四部法律的决定》，对外资三法和《中华人民共和国台湾同胞投资保护法》(《台胞投资法》)相关行政审批条款进行了修改，将不涉及国家规定实施准入特别管理措施的外商投资企业和台胞投资企业的设立和变更，由审批改为备案管理；国家规定的准入特别管理措施由国务院发布或者批准发布。这次修订是对自贸实验区试点备案管理体制实现的成功效果表示立法认可和全国推广，由此将自贸实验区试点的相关改革措施上升为法律。这一修改为在全国范围内实施"准入前国民待遇＋负面清单"管理模式奠定了法律基础。作为配套实施措施，商务部相应发布了《外商投资企业设立及变更备案管理暂行办法》。这次修改目的主要是为 2019 年《外商投资法》的顺利出台奠定坚实的立法基础。

（2）外资三法的内容

外资三法，是对三种不同形式的外商投资企业进行规范的法律：包括中外合资经营企业、中外合作经营企业和外商独资企业。中外合资经营企业是外国公司、企业和其他经济组织或个人同中国的公司、企业或者经济组织按照中国的法律规定，在中国境内共同举办的企业法人经济组织，其主要特点是中外合营各方共同投资、共同经营、按出资比例共担风险和共负盈亏。[①] 中外合资经营企业是股权式合营企业。中外合作企业是指外国公司、企业和其他经济组织或个人同中国的公司、企业或其他经济组织依照中国的法律规定，在中国境内以非股权式或契约式的合营方式共同投资或提供合作条件而举办的企业。不同于中外合资经营企业，中外合作经营企业的最显著特点是合营基础为合同，而非股权。因此，中外合作企业又称契约式合营企业。外商独资企业，即狭义的外资企业，指外国的公司、企业、其他经济组织或者个人，依照中国法律在中国境内设立的全部资本由外国投资者投资的企业，不包括外

---

① 余劲松.国际投资法.北京：法律出版社，2005，p.43.

国的企业和其他经济组织在中国境内设立的分支机构。"外资企业的组织形式为有限责任公司，经批准也可以为其他责任形式。"[1] 这里的"其他责任形式"是指外商合伙经营或外商个人独资经营的非法人型企业，而不包括股份公司。因为根据我国有关股份制公司的规定，涉及外商投资的股份有限公司，必须是中外股东共同持有公司股份的中外合资企业经营形式，而且外商所持的股份不得低于资本总额的25%。[2] 因此，外商独资企业不能组建股份有限公司。

三资企业的出资方式有多种。《中外合资经营企业法》第5条规定："合营企业各方可以现金、实物、工业产权等进行投资。外国合营者作为投资的技术和设备，必须确实是适合我国需要的先进技术和设备。如果有意以落后的技术和设备进行欺骗，造成损失的，应赔偿损失。中国合营者的投资可包括为合营企业经营期间提供的场地使用权。如果场地使用权未作为中国合营者投资的一部分，合营企业应向中国政府缴纳使用费。上述各项投资应在合营企业的合同和章程中加以规定，其价格（场地除外）由合营各方评议商定。"细分下来，《中外合资经营企业法实施条例》第22条规定："合营者可以用货币出资，也可以用建筑物、厂房、机器设备或者其他物料、工业产权、专有技术、场地使用权等作价出资。"又如《外资企业法实施条例》第25条规定："外国投资者可以用可自由兑换的外币出资，也可以用机器设备、工业产权、专有技术等作价出资。经审批机关批准，外国投资者也可以用其从中国境内举办的其他外商投资企业获得的人民币利润出资。"

此外，外资三法对外资公司中的中方合作者身份也有规定。其允许我国公司、企业和其他组织可以和外国的公司、企业、自然人设立合资企业和合作企业。比如，《中外合资经营企业法》第1条开宗明义规定："允许外国公司、企业和其他经济组织或个人（以下简称外国合营者），按照平等互利的原则，经中国政府批准，在中华人民共和国境内，同中国的公司、企业或其他经济组织（以下简称中国合营者）共同举办合营企业。"《中外合作经营企业法》第

---

[1] 参见《外资企业法实施细则》第18条。
[2] 参见《关于设立外商投资股份有限公司若干问题的暂行规定》第2条。

1 条也规定:"为促进外国的企业和其他经济组织或者个人(以下简称外国合作者)按照平等互利的原则,同中华人民共和国的企业或者其他经济组织(以下简称中国合作者)在中国境内共同举办中外合作经营企业(以下简称合作企业),特制定本法。"也就是说,根据外资三法,中国自然人不能与外国投资者共办外商投资企业,而且一些政府部门还会禁止非法人企业作为外商投资企业的投资主体。比如原对外贸易经济合作部与国家工商行政管理总局于 1987 年 9 月 21 日发布的《关于严格审核举办中外合资经营企业中方法人资格的通知》规定,中方合营者必须是依法成立的"企业法人"或者是取得法人资格的其他经济组织,并要求"各审批机构不应受理审批不具备法人资格的企业或其他经济组织所签订的中外合营企业的合同、章程等法律文件。"

外资三法法律体系比《公司法》更早更开放地确立了分期缴纳出资制度。比如,外经贸部与国家工商局于 1988 年 1 月 1 日联合发布的《中外合资经营企业合营各方出资的若干规定》第 4 条规定:"合营各方应当在合营合同中订明出资期限,并且应当按照合营合同规定的期限缴清各自的出资。合营企业依照有关规定发给的出资证明书应当报送原审批机关和工商行政管理机关备案。合营合同中规定一次缴清出资的,合营各方应当从营业执照签发之日起六个月内缴清。合营合同中规定分期缴付出资的,合营各方第一期出资,不得低于各自认缴出资额的 15%,并且应当在营业执照签发之日起三个月内缴清。"又根据该《若干规定》第 10 条规定,中外合作经营企业合作各方的出资参照本规定执行。《外资企业法实施细则》第 30 条也规定:"外国投资者缴付出资的期限应当在设立外资企业申请书和外资企业章程中载明。外国投资者可以分期缴付出资,但最后一期出资应当在营业执照签发之日起三年内缴清。其中第一期出资不得少于外国投资者认缴出资额的 15%,并应当在外资企业营业执照签发之日起 90 天内缴清。"

此外,外资三法还对股权转让和公司治理结构等都有不同于内资公司的特殊规定。比如就股权转让而言,《中外合资经营企业法》及其《实施条例》对于股权转让规定了特别生效程序。根据《中外合资经营企业法实施条例》(国务院根据 2001 年 7 月 22 日《国务院关于修改〈中华人民共和国中外合资经营企业法实施条例〉的决定》修订)第 20 条规定了中外合资经营企业的股权转让程序："合营一方向第三者转让其全部或者部分股权的,须经合营他方同意,并报审批机构批准,向登记管理机构办理变更登记手续。合营一方转让其全部或者部分股权时,合营他方有优先购买权。合营一方向第三者转让股权的条件,不得比向合营他方转让的条件优惠。违反上述规定的,其转让无效。"也就是说,股权转让行为的生效依赖于四个步骤的完成:签署股权转让协议、征得合营他方同意、报请审批机构批准、前往公司登记管理机构办理变更登记。这四个步骤既体现了外商公司的人合性,又保障了审批机构的确认和决定权。再者,就公司治理结构而言,最典型的是,《中外合资经营企业法》规定设立董事会,董事会是公司决策的最高机构,公司不设立股东会。① 这与我国《公司法》股东会是最高权力机构的安排有所不同,因为在《公司法》中,董事会是需要对股东会负责的。这些有别于内资公司的特殊规定体现了我国在《外商投资法》出台之前有关外资管理国民待遇上的特殊安排。

2.《外商投资产业指导目录》

在外资三法的基础上,我国长期使用《外商投资产业指导目录》作为外资准入审查的重要依据。《外商投资产业指导目录》首次由当时的国家计委、国家经贸委、外经贸部于 1995 年发布,于 1997 年进行修改。2002 年,国家发展计划委员会、国家经贸委、外经贸部批准实施新的《外商投资产业指导目录》及附件,历经 2004 年、2007 年、2011 年、2015 年和 2017 年五次修订。

《外商投资产业指导目录》将外商投资项目分为鼓励、限制和禁止类,通常被认为是"正面清单"。相较负面清单而言,正面清单对外资的控制程度更强,优势在于可以引导外资投向我国所需要的领域,调整产业结构,促进产业优化升级;控制外资进入的规模和速度,使之与国内产业需求和接纳、管

---

① 《中外合资经营企业法实施条例》第 30 条。

理能力相适应，不至于对内资造成巨大冲击。我国长期以来实施正面清单，也与我国国民经济发展水平相对较低、市场经济体制建设相对落后、民族产业相对脆弱的实际国情相符合。

但随着我国综合实力的提升，结合自贸试验区负面清单的有效试行经验，《外商投资产业指导目录》的开放程度也随之增加。与《外商投资产业指导目录（2011 年修订）》《外商投资产业指导目录（2015 年修订）》相比，2017 年修订的目录中限制类数量显著下降，目录中的禁止类数量也有下降，参见表 2-2。

表 2-2 《外商投资产业指导目录》修订版比较

《外商投资产业指导目录》	限制类产业	禁止类产业
2011 年修订	79	38
2015 年修订	38	36
2017 年修订	35	28

中西部地区外商投资优势产业引导主要通过《中西部地区外商投资优势产业目录》体现。《中西部地区外商投资优势产业目录》由国家经贸委、国家发展计划委、对外经贸部于 2000 年首次发布，于 2004 年、2008 年、2013 年、2017 年四次修订。根据国务院 2002 年《指导外商投资方向规定》的内容规定，属于该目录的外商投资项目，享受鼓励类外商投资项目优惠政策。中西部地区对于带动"一带一路"建设、承接国际和沿海地区外资产业转移，具有重要的战略意义。目前我国外资产业的区域分布和发展尚不平衡，中西部地区对外开放、吸引外资的能力虽在逐步提升，但相对东、南部地区而言仍然较弱，中西部地区吸引外资占全国总量的比重有待进一步提高，集聚效应有待进一步发挥。另一方面，目录中的项目按鼓励类外商投资项目享受优惠政策属于区域性优惠政策，并不会加重外资负担或增加对外资的限制，与"准入前国民待遇＋负面清单"的发展趋势并不冲突。因此，《中西部地区外商投资优势产业目录》非但没有取消，反而在 2017 年进行了修订，比 2013

年版目录增加 139 条，进一步加大了对中西部地区的支持。即使"准入前国民待遇＋负面清单"将来在全国范围内普遍实施，《中西部地区外商投资优势产业目录》仍有其存在的合理性。

与《外商投资产业指导目录》相配套，我国对外商投资企业一直实行逐案审批制，审批项目包括外资企业的设立、变更、经营期限的延长。中外合资经营企业合营各方签订的合营协议、合同、章程，合营期限的延长，合同因故终止；中外合作经营企业的设立及其合作协议、合同、章程，合作企业合同的重大变更，合作一方转让其在合作企业合同中的全部或者部分权利、义务，合作企业成立后改为委托中外合作者以外的他人经营管理，合作期限的延长等。

对外商投资项目的管理最初也实行逐案审批制。2004 年《国务院关于投资体制改革的决定》将对外商投资项目的审批制改为核准制，核准的考虑因素包括维护经济安全、合理开发利用资源、保护生态环境、优化重大布局、保障公共利益、防止出现垄断、市场准入、项目资本管理等方面。虽然审批、备案的手续不断简化，但审批制和备案制存在环节多、效率低下、成本较高、标准不统一、容易产生腐败等弊端，广受诟病，与外商投资的实际需求和国际通行做法相比仍然相对滞后。

以核准制和审批制为基础，外资管理项目实行分级管理模式。外资管理按项目规模和类别的不同，分属中央和各级地方人民政府负责。根据 2004 年《国务院关于投资体制改革的决定》，《外商投资产业指导目录》中总投资（包括增资）1 亿美元及以上鼓励类、允许类项目，总投资（包括增资）5000 万美元及以上限制类项目，由国家发改委核准；国家规定的限额以上、限制投资和涉及配额、许可证管理的外商投资企业的设立及其变更事项，大型外商投资项目的合同、章程及法律特别规定的重大变更（增资减资、转股、合并）事项，由商务部核准。2010 年《国务院关于进一步做好利用外资工作的若干意见》将上述的 1 亿美元提升至 3 亿，给予地方政府更大的核准权限，并允许在加强监管的情况下，除法律法规明确规定由国务院有关部门审批外，国务院有关部门可以将本部门负责的审批事项下放地方政府审批，服务业领域外商投资企业的设立（金融、电信服务除外）由地方政府按照有关规定进行审批。

3. 小结

不难发现，目前我国专门的外商投资管理法规（在全国范围内生效的）分为几个层级：

第一层级是三大外商投资企业法，即《中外合资经营企业法》《中外合作经营企业法》和《外资企业法》。这三部法律构成了中国外商投资的基础性法律制度，但其缺陷是立法结构和内容较为粗简，只是一个框架性的立法，大量的外商投资制度实际上是由行政法规和中央政府有关主管部门的行政规章和产业政策来完善的。

第二层级是国务院颁布的行政法规或经国务院批准而颁布的部门规章，[①] 这一层级构成了外商投资法律体系的主体内容。诸如，《中外合资经营企业法实施条例》（2001 年修订）、《中外合作经营企业法实施细则》（1995 年）、《外资企业法实施细则》（2001 年修订）、《中华人民共和国对外合作开采海洋石油资源条例》（2001 年修订）、《中华人民共和国企业法人登记管理条例》（2016 年修订）、《中华人民共和国国务院关于管理外国企业常驻代表机构的暂行规定》（1981 年）、《指导外商投资方向规定》（2002 年修订）、《外国企业或者个人在中国境内设立合伙企业管理办法》（2009 年）、《中华人民共和国外资保险

---

① 从形式要件上来看是"部门规章"的规范性文件实际上系"行政法规"。某些在形式上属于"规章"的规范性文件在行政执法或是司法实务中必须按照"行政法规"的效力层级来适用。此点往往易于被忽视或引发歧见。2000 年 7 月 1 日前（即《立法法》施行前），我国的行政立法体系采取的是"实质主义"的效力原则，即行政立法的实质效力不取决于其形式渊源的级别，而是由该规范性文件所代表的实质意志机关来确认效力层级。因此，对于立法法施行前以国务院部委名义发布的，但该规范性文件明确标明是属于经国务院批准的，授权制定的，通过的、发布的或提级转发的等各类代表国务院立法意志的"规章"均具有行政法规的效力，应当属于判别有关外商投资法律行为效力的依据。那种不考虑《立法法》的因素而认为只有以国务院名义制定并以国务院令的形式颁布的规范性文件才可视为"行政法规"的认知是错误的。因此，人民法院在审理外商投资争议案件中，对于认定合同效力方面应充分注意立法上的重要变化，除依据法律和行政法规在效力性规范方面的强制性规定认定合同效力外，不能依据地方性法规确认合同无效。但是，对于国务院有关主管部门颁布的行政规章中的强制性规定，在未上升为法律和行政法规之前，应当予以适用。

公司管理条例》（2013 年修订）、《国务院关于实行市场准入负面清单制度的意见》（2015 年）、《外商投资电信企业管理规定》（2016 年）、《国务院关于促进外资增长若干措施的通知》（2016 年）、《外商投资证券公司管理办法》（2018 年）等。这一层级与三大基本法一起构成了判别外商投资行为是否具有合法性的主要法律体系。这一层级中特别值得关注的是中央政府的有关产业政策。这一部分管理法规的最大特点是紧扣国内外经济形势的发展要求，调整范围广泛，出台方式灵活，可以随时修订现有产业政策。诸如，经国务院批准，由国家发改委、商务部联合发布的《外商投资产业指导目录》《中西部地区外商投资优势产业目录》等。

第三层级是中央政府有关主管部门的规章，这一层级的立法更多的是从微观的角度对外商投资法律制度的落实起着规范作用。从其制定主体看，既有单一的主管部门制定的《国家工商行政管理局关于中外合资经营企业注册资本与投资总额比例的暂行规定》（1987 年）、《外商投资举办投资性公司的规定》（2004 年）、《关于外国投资者并购境内企业的规定》（2009 年）、《商务部实施外国投资者并购境内企业安全审查制度的规定》（2001 年）、《外商投资合伙企业登记管理规定》（2012 年）、《国家外汇管理局关于进一步简化和改进直接投资外汇管理政策的通知》（2015 年）、《关于设立外商投资股份有限公司若干问题的暂行规定》（2015 年修订）、《关于外商投资企业境内投资的暂行规定》（2015 年修订）、《外商投资商业领域管理办法》（2015 年修订）、《外商投资租赁业管理办法》（2015 年修订）、《外商投资国际货物运输代理企业管理办法》（2015 年修订）、《成品油市场管理办法》（2015 年修订）、《拍卖管理办法》（2015 年修订）、《商务部关于涉及外商投资企业股权出资的暂行规定》（2015 年修订）、《关于开展试点设立外商投资物流企业工作有关问题的通知》（2015 年修订）、《商务部关于外商投资非商业企业增加分销经营范围有关问题的通知》（2015 年修订）、《关于进一步加强、规范外商直接投资房地产业审批和监管的通知》（2015 年修订）、《商务部关于商业保理试点实施方案的复函》（2015 年修订）、《典当行业监管规定》（2015 年修订）、《企业投资项目核准和备案管理办法》(2017年)、《外商投资企业设立及变更备案管理暂行办法》(2017年修订);也有多部门联合制订的形式,诸如《关于外商投资企业合并与分立的规定》(2015年修订)、《外商投资创业投资企业管理规定》(2015年修订)、《外商投资民用航空业规定》(2016年)等。

部门规章的层级虽然较低,但在经济转型时期,在中国的经济体制下,部门规章契合政府管理外商投资的需要,有其存在的必要性和必然性,甚至在某些情形下具有不可替代性。事实上,部门规章存在是由于我国在诸多产业投资领域尚无专门性的法律或行政法规可以适用,许多投资行为依靠国家主管部门的规章类文件作为调整依据。诸如,在涉及外商投资领域中的并购重组等事项中主要是依靠适用国家发改委、商务部等部门规章类文件进行调整;合作金融投资领域主要由中国人民银行及银监会的有关金融规章来规范等。

(二)包含外商投资规则的有关法律法规

1.《公司法》

解决外商投资合同争议,必须考虑民商事法律。《公司法》规定:"外商投资的有限责任公司和股份有限公司适用本法;有关外商投资的法律另有规定的,适用其规定。"这一授权性立法安排表明,当外商投资专门性法律存在特殊规定的,应当优先适用。但当某些专门性立法的效力层级低于《公司法》时,应当按照上位法优于下位法的原则优先适用《公司法》。诸如,国务院的有关行政法规与《公司法》冲突的,应当优先适用《公司法》。同样,《物权法》中的所有权制度、共有制度及担保物权制度,《合同法》中的合同效力制度以及公司法制度等都是判别外商投资法律行为有效性的重要依据。只有将此类法律的调整功能进行结合才能动态地规范外商投资领域的民商事行为。

2. 外汇管理

此外，外汇管理规则也对外商投资具有规制效果。中美 BIT 第五轮谈判前，我国外汇管理体制已经逐渐从审批制向登记制转变。2012 年 11 月，外管局下发《关于进一步改进和调整直接投资外汇管理政策的通知》（汇发〔2012〕59 号）（以下简称"59 号文"）。59 号文取消了外商直接投资大部分常规性外汇业务的事前核准，改由外管局对有关外汇信息进行登记，再由银行根据登记信息办理相关外汇业务。2013 年 5 月，外管局下发《外国投资者境内直接投资外汇管理规定》（汇发〔2013〕21 号）（以下简称"21 号文"）。21 号文在 59 号文的基础上，就外商直接投资的外汇管理做了进一步梳理和规范，并对外商直接投资涉及的外汇事项全面实行登记管理。由于外管局对是否同意给予登记仍然拥有决定权，因此这种登记从实质上讲，仍然属于外管局行政审批的范畴。

3. 反垄断法和安全审查

2008 年《反垄断法》的出台，是我国建设市场经济法治的标志性举措。《反垄断法》并没有就内外资区分不同的反垄断审查机制，可谓已实现反垄断审查方面的国民待遇。各自贸试验区在《反垄断法》的基础上各自出台了进一步的反垄断审查相关规定，但在自贸试验区以外的其他地区，仍以《反垄断法》为最主要的规范依据，在后续的具体实施中有必要借鉴自贸试验区的有益经验做进一步的深入和细化。

在安全审查方面，2011 年国务院发布的《关于建立外国投资者并购境内企业安全审查制度的通知》，是对外资进行安全审查的主要依据。并购安全审查的范围包括：外国投资者并购境内军工及军工配套企业，重点、敏感军事设施周边企业，以及关系国防安全的其他单位；外国投资者并购境内关系国家安全的重要农产品、重要能源和资源、重要基础设施、重要运输服务、关键技术、重大装备制造等企业，且实际控制权可能被外国投资者取得。该通知还进一步规定了并购安全审查的内容、工作机制和程序。但通知将审查对象限于"外国投资者并购境内企业"，表明安全审查并不包括外国投资者单独或与其他投资者共同投资新建项目或设立企业、外国投资者通过协议控制、代持、信托、再投资、境外交易、租赁、认购可转换债券等方式进行投资的情形，并不覆盖外商投资的全部方式，是否存在外资安全审查的漏洞尚需根据维护国家安全的需要和外商投资的实际情况予以审视。

《商务部实施外国投资者并购境内企业安全审查制度的规定》（2011年）中设立了具体的"国家安全审查"制度，规定了安全审查的部门、安全审查的对象、安全审查的程序、安全审查的考虑因素、安全审查措施、法律责任承担及其他相关内容，足见对安全审查的重视。根据该规章，外国投资国家安全审查制度适用于外国投资者并购境内企业，不限于上述所列的与军事、国防相关，或关系国家安全的重要农产品、重要能源和资源、重要基础设施、重要运输服务、关键技术、重大装备制造等企业，能够最大程度地维护我国的国家安全。

4. 税收规则

改革开放初期，我国为加快"招商引资"力度，对外商投资企业实行各类税收优惠政策，在引进外资上收到了良好的成效。随着我国进一步对外开放，这种税收上"超国民待遇"的弊端随之显现，国家税收流失严重，内资企业税务负担相对突出，更有不少国内个人或企业通过设立离岸公司至国内投资、借用他人外国主体的身份在国内投资等各种手段"创造"涉外元素，以期享有相应的外商投资税收优惠，造成了税收的进一步流失和监管上的混乱。2008年《企业所得税法》施行的同时，《外商投资企业和外国企业所得税法》《企业所得税条例》相应废止，实现了内外资企业在所得税上的统一。根据《国务院关于实施企业所得税过渡优惠政策的通知》，仅对符合《财政部、国家税务总局、海关总署关于西部大开发税收优惠政策问题的通知》中规定的西部大开发企业所得税优惠政策的外商投资企业继续执行各项税收优惠。

（三）与外商投资有关的司法解释及司法政策性文件

不言而喻，有关司法解释及相关司法政策性文件也是法院审理外商投资争议及"三资"企业民商事交易争议的重要依据。《最高人民法院关于审理外商投资企业争议案件若干问题的规定（一）》（《规定（一）》）是中国最高司法当局第一次对此类法律适用问题做出的系统性解释，但其中尚未包括有关外商投资公司的解散与清算制度等法律适用问题。应当说，《规定（一）》主要侧重于对中国投资者和外资投资者之间争议的调整，侧重于对"三资"企业之股权治理结构的调整，而对外商投资企业对外发生的民商事交易争议而言，自然使用通常的民商事规则及其司法解释，诸如2009年9月最高院曾发布《关于当前形势下审理民商事合同争议案件若干问题的指导意见》，此类司法政策性文件当然可以适用于外商投资企业领域。

另外，关于外商投资行为的效力，最高法院在其《关于适用〈中华人民共和国合同法〉若干问题的解释（一）》（"合同法解释一"）中对此又做了绝对性的规定，即"合同法实施以后，人民法院确认合同无效，应当以全国人大及其常委会制定的法律和国务院制定的行政法规为依据，不得以地方性法规、行政规章为依据。"但实际上，上述一刀切式的规定在实践中引发了重大争议。特殊情形下国家产业政策和部门规章均可以作为确认外商投资行为效力的根据。理由是如前所述，部门规章的存在有其必要性甚至不可替代性：上述各类规章中均设置了大量的强制性或禁止性规定以及特别行政许可制度，故围绕此类外商投资领域所发生的有关民商事行为的效力必须依据此类规章来调整和判断。如果机械地适用《合同法》及"合同法解释一"，则必将导致此类经济活动陷于"无法可依"的境地。应当从更高的视角来动态地判别有关外商投资合同效力的确认依据，应当充分运用民法法理的知识，关于民事活动必须遵守国家政策和禁止干扰国家经济秩序的规定来化解"合同法解释一"机械规定的不足。将国家主管部门发布的某些特殊规章定性为国家产业政策来适用，即凡违反此类规章中的强制性、禁止性效力规范的，或违反国家特别行政许可制度的行为应当视为违反了国家强制性产业政策而确认其无效。

（四）投资争议解决机制方面的法律体系

此类法律体系主要包括仲裁与司法。除非中国与有关国家缔结了规定将投资争端提交国际仲裁的双边投资条约，中国国内法不支持外国投资者将与中国政府之间的投资争端按照国际投资协定仲裁制度提交投资争端国际中心解决。但依据大陆地区《行政诉讼法》和《行政许可法》的规定，外国投资者在与中国地方政府发生投资争议时，有权提起行政复议或诉讼。但与中国中央政府发生争议的，则只能请求国务院复议而不得诉诸司法审查，也即包括最高法院在内的任何一级法院对国务院均不享有司法审查权。

我国法院对外商投资争议享有诉讼专属管辖权，中外投资者不得约定境外(含中国港澳台地区)法院受理此类争议；涉及仲裁管辖的，虽然可适用仲裁机构之程序性规则，但对于合营企业合同的订立、效力、解释、执行及其争议的解决等实体法方面，均应适用中国法律。

（五）WTO 规则及中国缔结的投资协定

包括中国入世议定书在内的 WTO 规则以及中国缔结的 100 多个双边投资协定对我国外商投资法律制度的约束力主要体现在立法阶段。由于中国政府入世时曾在加入议定书中明确承诺了对 WTO 规则在国内的"统一实施"义务和"透明度"义务，故立法机关必须确保不违反上述 WTO 规则。同样，按照国际法，我国也有义务确保在双边投资协定下的规则得到实施，确保国内法不与之冲突。我国法院不承认国际条约在国内法体系中的直接适用效力，因此在审理外商投资争议中并不能直接适用 WTO 的有关制度和原则，以及中国缔结的投资协定的规则。

总之，自改革开放以来，我国的外商投资管理体制历经多次修改，基本上形成了以《外资企业法》《中外合资经营企业法》和《中外合作经营企业法》三部法律为主线，《外商投资产业指导目录》为配套，其他国务院条例和部门规章为补充的体系。

（六）我国外商投资促进机构

截至目前，中国 32 个省级地区，大部分的市、县级市成立了独立的投资促进机构，部分地区在国外还设立了办事处。中国的投资促进机构经历了从无到有，从少到多，从完全依靠政府扶持到逐步自主发展；从最初提供低层次的投资项目审批手续代理到高层次多样化的专业投资服务；从单纯依靠优惠政策吸引外资到致力于优化营销地区投资环境；由过去宽范围、全领域的引资到锁定目标区域、目标产业的专业化招商；从只局限于本地区小范围的投资促进活动到初步建立全国投资促进网络化工作体系的过程。

我国投资促进机构的层级设置分为国家、省级和市县三个层级。

1. 国家层级

中国的投资促进机构在国家层次上，主要有四个投资促进机构：

（1）2003 年初成立的商务部投资促进事务局

投资促进事务局属于商务部领导下的事业单位。它的成立在国家层次上实现了投资促进机构由政府模式向准政府模式的转变。商务部成立这个专门机构，实际上是把投资促进的执行职能和战略规划职能分离开来，政府机构职能向宏观规划转型，而投资促进机构则向事业型、专业化的方向发展。具体来讲，目前商务部外国投资管理司内部的投资促进处主要负责研究、拟定和下发全国投资促进战略和年度投资促进工作指导意见等战略规划层面的工作，而商务部投资促进事务局则负责投资促进的执行工作。2005 年 10 月，投资促进局增设对外投资合作部，使其业务内容由单向投资促进拓展为包括为吸引外资与对外投资在内的双向投资促进，标志着中国投资促进事业进一步走向专业化、国际化。

（2）中国国际投资促进会

中国国际投资促进会（以下简称"投促会"）是经国务院批准成立，由商务部主管的、在民政部登记注册的具有独立法人地位的全国性投资促进机构。其宗旨是：根据中国的经贸战略，充分发挥社团组织的作用，整合全国的投资促进资源和力量，建立全国性的经贸投资促进平台；促进中国参与区域经济一体化战略的实施，实施中国政府制定的投资促进战略；协助各级政府改善投资环境、扩大对外宣传，提高吸收外商投资的质量；推广多元化投资促进产品，为促进外商来中国投资和中国企业到海外投资、参与国际经济技术合作提供有效服务；实现资源共享，协调发展，为繁荣经济、促进社会进步服务。

（3）中国产业海外发展和规划协会

中国产业海外发展协会是经中华人民共和国民政部批准登记注册的，具有社团法人资格的全国性非营利性社会团体。协会成立于2004年12月10日。协会其业务主管部门为中华人民共和国国家发展和改革委员会，协会在其指导下，开展有关中国企业境外投资与发展的服务工作。协会积极贯彻落实"走出去"战略，发挥政府与企业之间桥梁、纽带作用，为中国企业在境外发展提供全方位服务。中国产业海外发展和规划协会是专职于对外投资促进的准政府型投资促进机构。

（4）全国投资促进机构联席会议制度

全国投资促进机构联席会议制度于2002年建立。这个制度实际上就是要充分发挥所有联席会议成员单位的作用，强调成员之间的合作和协作，强调成员之间能够形成合力，共同积极拓展中国的投资促进事业。它每年召开一次全国性的会议，邀请中国商务部的领导、国内外经济专家、知名跨国企业负责人以及承办地省市领导出席。大家一起探讨如何紧紧围绕党中央、国务院做出的经济发展宏观目标的决策，开展双向投资促进工作。

除了以上四个主要的投资促进机构以外，在国家层级的投资促进机构还包括如下一些机构：

双边投资促进机构：如中国—新加坡双方投资促进委员会，该委员会成立于2006年5月，目的是进一步促进中国和新加坡的相互投资，推动两国经贸合作关系的发展。

中华人民共和国驻外国大使馆经济商务参赞处：驻外经济商务参赞处是中华人民共和国商务部派驻该国的代表机构，是中华人民共和国驻该国大使馆的组成部分。这些机构除了联系与驻在国政府有关部门、经贸机构、民间组织和社会各界，宣传中国经贸方针、政策等职能外，还包括为扩大双边贸易、投资、劳务、技术等合作牵线搭桥，协助国内有关部门、地方政府、企业和行业组织在该国开展经贸活动提供咨询和服务。

2. 省级

目前中国省级投资促进机构的组织模式有政府型和准政府型两种。各省级行政区都成立了投资促进机构，其中多数归口商务厅（委员会）或外经贸厅（委员会）管理，另有一些由发改委管理或者由省（直辖市、自治区）政府直接领导。

3. 市县层级

目前全国地市以及县区一级大部分都成立了投资促进机构，这些机构也都采用了政府型或准政府型的组织模式。其设置情况与省级投资促进机构的情况类似，一部分投资促进机构成为招商局或投资促进局，归市县政府直接领导；另一些则设立在商务部门（外经贸部门）或发改委的内部。

三、我国外商投资管理体制长期以来存在的问题

外商投资管理始终属于法律制度的范畴，具有一定的滞后性，无法应对现实需要，并且外商投资管理政策的不稳定性也会导致外商投资管理的透明度降低从而使得外国投资者的热情减弱。纵观几个发达国家的外商投资管理制度，不难发现这些国家基本都会设立较为完整的外资监管程序，以及明确的实体标准[1]以保证外资监管的透明度。对于外资监管强度的弹性需求几乎都设置在外商投资审查中，相对于其他外资监管机制，外资审查的标准相对模糊，使得外商投资监管的弹性需求得以实现。中国在制定外商投资相关法律规定之时，可以一定程度借鉴这种设置外资监管模式在整体层面上的共性。

---

[1] 实体标准指，如何确定外商投资的实体方面内容的具体规定，例如"外国投资者"的规定就是一项涉及如何确定投资者身份的实体标准。

（一）缺乏统一立法思想

由于不同行业和部门对外资的需求不同，外资法律起草工作常常呈现较强的"部门化"。但是当多部门对外资立法均有一定权限时，这种不同的立法精神就不可避免地会存在内在的矛盾。特别是当缺乏统一的上位法提出提纲挈领的安排，在发生法条实质内容冲突或内在立法精神冲突时，容易出现部门法打架的情况。

（二）外资三法落伍和部门法越位

由于外资三法的立法时间在 20 世纪七八十年代，其立法精神早已落伍于当今时代发展需求。虽然经过了几次修法，但是外资三法作为三种合资方式的划分就已经存在诸多内在矛盾。此外，由于外资三法的很多安排已经不符合投资者期望和投资自由化的趋势，修法需要长期的时间成本，政府部门只能纷纷通过部门规章等层级较低的法律法规来修订和补充上位法。这种方法导致外资三法在一定程度上形同虚设，其存在的现实价值已大为降低。

此外，外资三法与其实施条例（细则）在审批期限、出资方式、准入要求等规定方面有重复乃至模糊之处。而且，外资三法与《公司法》和《合伙企业法》之间也存在不少不协调的规定。

据不完全统计，与外商投资直接有关的中央有关部门规范性文件就有100 多项，内容涉及工商、金融、外汇、税收、海关、土地、劳动人事、财会、审计等领域。多部门分头立法和纷繁复杂的法律文件给海外投资者了解中国投资法律体制增加了难度，这是阻碍中国作为东道国提高投资透明度的一大重要因素。

（三）落后于投资自由化和改革开放新格局的趋势

2013 年前的外商投资制度确立的是一种"准入前次国民待遇和正面清单"的外商投资管理模式。所谓"准入前次国民待遇"就是外商进入中国前，无法获得跟内资一样的待遇，一方面仅能投资个别明令许可的行业，另一方面要经过逐项审批方可进行投资。除此之外，由于外资三法与相关部门规章适用关系混乱，内容繁复，导致很多时候外资公司进入中国市场后，实质上仍然不能获得跟内资公司一样的国民待遇，比如对于股权转让的特殊规定等。虽然我国外商投资制度的实践自 2013 年起开始走上准入前的国民待遇加负面清单制度，但整体上而言，以外资三法为代表的外商投资制度依然落后于投资自由化和全方位对外开放的新趋势。

四、结束语

本章首先介绍了我国进行外商投资管理体制改革的时代背景，然后又分析了我国在《外商投资法》出台前全国范围内的外商投资管理模式，最后对外资三法存在的诸多问题进行剖析。外资三法和现行外商管理体制的问题，是推动统一的《外商投资法》立法的现实基础。

第三章　中美投资协定谈判、自贸试验区和
《外商投资法》

2019 年 3 月 15 日第十三届全国人民代表大会第二次会议通过的《中国人民共和国外商投资法》（以下简称《外商投资法》）奠定了我国外商投资的新局面。其中，最明显的表现就是正式确立了"准入前国民待遇和负面清单"的外商准入管理模式。事实上，自 2013 年 7 月第五次中美战略与经济对话起，我国就同意在外商投资领域采取"准入前国民待遇和负面清单"的模式。此后，我国陆续在上海等地设立了自贸试验区，在自贸试验区内实施"准入前国民待遇和负面清单"的模式。

本次新法的颁布是对于我国近四十年来实施的外商投资管理制度的一次重大改革，设立了投资促进、投资保护、投资管理的新内容，进一步向世界开放中国市场，对于开创我国对外开放的新局面有着重要意义。

本章将重点阐述本次修法给我国外商投资体系所带来的影响，尤其是在进一步扩大开放的思路下打开的外商投资新局面。本章第一节主要阐述自中美双边投资协定（BIT）谈判以来所确立的"准入前国民待遇和负面清单"模式及其在几个自贸试验区的试点。第二节主要阐述新《外商投资法》的主要内容，包括投资的界定、投资促进、投资保护和投资管理等方面的内容。第三节对《外商投资法》做了评析。

一、中国外商投资新局面进程

（一）起点：中美 BIT 谈判

对于中美 BIT 谈判的问题，以习近平总书记为核心的新一届政府上任不久即定下了扩大开放的基调。在 2013 年 7 月进行的第五轮中美战略与经济对

话期间，中国同意以"准入前国民待遇和负面清单"为基础与美方进行投资协定实质性谈判。商务部发言人对此指出，所谓准入前国民待遇是指在企业设立、取得、扩大等阶段给予外国投资者及其投资不低于本国投资者及其投资的待遇。负面清单是指凡是针对外资的与国民待遇、最惠国待遇不符的管理措施，或业绩要求、高管要求等方面的管理措施均以清单方式列明。"准入前国民待遇和负面清单"的外资管理模式已逐渐成为国际投资规则发展的新趋势。我国同意采用这种模式是适应国际发展趋势的需要，与我国正在推进的行政审批制度改革的方向是一致的，有利于为各类所有制企业创造公平竞争的市场环境，激发市场主体活力，促进经济发展。[①]

虽然之后中美 BIT 的谈判没有进一步取得实质性进展，但有关扩大开放，建立"准入前国民待遇和负面清单"投资体制的基本思路在后续的自贸试验区改革中保留了下来。本次修法也通过人大立法的方式对此制度进行了确认。2013 年 11 月 12 日，中国共产党第十八届中央委员会第三次全体会议通过了《中共中央关于全面深化改革若干重大问题的决定》[②]，要求建立公平开放透明的市场规则。实行统一的市场准入制度，在制定负面清单基础上，各类市场主体可依法平等进入清单之外领域。文件提出探索对外商投资实行"准入前国民待遇加负面清单"的管理模式。

（二）试点：自贸试验区

根据全面深化改革、扩大对外开放的需要，我国建立了自贸试验区，并在试验区内暂时调整外资三法关于外商投资企业审批等规定，试行"准入前国民待遇加负面清单"管理方式。上海自贸试验区首先成立。2013 年 8 月 30 日，第十二届全国人民代表大会常务委员会第四次会议通过了《关于授权国务院在中国（上海）自贸试验区暂时调整有关法律规定的行政审批的决定》，

---

① 商务部新闻办公室.商务部发言人沈丹阳就中美积极推进投资协定谈判发表谈话，2013 年 7 月 12 日.

②《中共中央关于全面深化改革若干重大问题的决定》，中国共产党第十八届中央委员会第三次全体会议通过，2013 年 11 月 12 日.

授权国务院在上海自贸试验区内，对国家规定实施准入特别管理措施之外的外商投资，暂时调整外资三法规定的有关行政审批，试行期限为三年，对实践证明可行的，应当修改完善有关法律；对实践证明不宜调整的，恢复施行有关法律规定。[①]

2013年9月29日，上海市政府公布了《中国（上海）自贸试验区管理办法》，该办法第十一条（负面清单管理模式）规定：自贸试验区实行外商投资准入前国民待遇，实施外商投资准入特别管理措施（负面清单）管理模式。对外商投资准入特别管理措施（负面清单）之外的领域，按照内外资一致的原则，将外商投资项目由核准制改为备案制，但国务院规定对国内投资项目保留核准的除外，将外商投资企业合同章程审批改为备案管理。[②]

2014年12月28日，第十二届全国人民代表大会常务委员会第十二次会议通过《关于授权国务院在中国（广东）自贸试验区、中国（天津）自贸试验区、中国（福建）自贸试验区以及中国（上海）自贸试验区扩展区域暂时调整有关法律规定的行政审批的决定》，同样授权国务院在广东自贸试验区、天津自贸试验区、福建自贸试验区以及上海自贸试验区扩展区域内暂时调整外资三法规定的在负面清单之外的有关行政审批。[③]此外，该《决定》还授权国务院在上述自贸试验区内调整《台湾同胞投资保护法》有关行政审批的规定，暂停实施《台湾同胞投资企业》规定的审批程序，改为备案管理。试行期限依然为三年，对实践证明可行的，修改完善有关法律；对实践证明不宜调整的，恢复施行有关法律规定。2015年4月21日，广东自贸试验区、天津自贸试验区和福建自贸试验区分别成立。

2017年3月15日，国务院分别印发《中国（辽宁）自贸试验区总体方

[①]《关于授权国务院在中国（上海）自贸试验区暂时调整有关法律规定的行政审批的决定》，第十二届全国人民代表大会常务委员会第四次会议通过，2013年8月30日。

[②]《中国（上海）自贸试验区管理办法》（上海市人民政府令第7号公布），2013年9月29日。

[③]《关于授权国务院在中国（广东）自贸试验区、中国（天津）自贸试验区、中国（福建）自贸试验区以及中国（上海）自贸试验区扩展区域暂时调整有关法律规定的行政审批的决定》，第十二届全国人民代表大会常务委员会第十二次会议通过，2014年12月28日。

案》、《中国（浙江）自贸试验区总体方案》、《中国（河南）自贸试验区总体方案》、《中国（湖北）自贸试验区总体方案》、《中国（重庆）自贸试验区总体方案》、《中国（四川）自贸试验区总体方案》、《中国（陕西）自贸试验区总体方案》，进一步加大自贸试验区范围，确认开放外资的基本方案，实行"准入前国民待遇加负面清单"的管理制度。①

2018 年 9 月 24 日，国务院印发《中国（海南）自贸试验区总体方案》，要求大幅放宽外资市场准入。对外资全面实行"准入前国民待遇加负面清单"管理制度。深化现代农业、高新技术产业、现代服务业对外开放，在种植业、医疗、教育、旅游、电信、互联网、文化、金融、航空、海洋经济、新能源汽车制造等重点领域加大开放力度。②

值得注意的是各个自贸试验区对于"负面清单"的制定过程。上海市人民政府率先于 2013 年 9 月 29 日和 2014 年 6 月 30 日发布《中国（上海）自贸试验区外商投资准入特别管理措施（负面清单）（2013 年）》（以下简称"2013 版负面清单"）和《中国（上海）自贸试验区外商投资准入特别管理措施（负面清单）（2014 年修订）》（以下简称"2014 版负面清单"），两者均仅适用于上海自贸试验区。2013 版负面清单是我国在负面清单制定上的首次尝试。该清单包括说明和清单列表两部分，按照《国民经济行业分类及代码》（2011 年版）分类编制，在清单列表部分确立了 190 条特别管理措施，并在说明部分以兜底条款的形式禁止（限制）外商投资国家以及中国缔结或者参加的国际条约规定禁止（限制）的产业，禁止外商投资危害国家安全和社会安全的项目，禁止从事损害社会公共利益的经营活动。在《国民经济行业分类

---

① 《国务院关于印发中国（辽宁）自贸试验区总体方案的通知》（国发〔2017〕15 号）《国务院关于印发中国（浙江）自贸试验区总体方案的通知》（国发〔2017〕16 号）《国务院关于印发中国（河南）自贸试验区总体方案的通知》（国发〔2017〕17 号）《国务院关于印发中国（湖北）自贸试验区总体方案的通知》（国发〔2017〕18 号）《国务院关于印发中国（重庆）自贸试验区总体方案的通知》（国发〔2017〕19 号）《国务院关于印发中国（四川）自贸试验区总体方案的通知》（国发〔2017〕20 号）《国务院关于印发中国（陕西）自贸试验区总体方案的通知》（国发〔2017〕21 号），2017 年 3 月 15 日。

② 《国务院关于印发中国（海南）自贸试验区总体方案的通知》（国发〔2018〕34 号），2018 年 9 月 24 日。

及代码》（2011 年版）确定的 20 个行业门类中，2013 版负面清单包括了 18 个行业门类，其中，S 公共管理、社会保障和社会组织、T 国际组织 2 个行业门类不适用负面清单。在 190 条特别管理措施中，禁止类 38 条，限制类 74 条，其余主要为合资、合作或中方控股的要求，部分附有对注册资金、中方或外方投资比例、股票上市的公司对外出售法人股时中外法人股的数量对比、同一家外商在国内建立合资企业数量、承包经营年限或经营年限、法定代表人国籍、高级管理人员专业资质和从业经验及其他要求。对负面清单之外的领域，将外商投资项目由核准制改为备案制（国务院规定对国内投资项目保留核准的除外）；将外商投资企业合同章程审批改为备案管理。[1]2013 版负面清单与当时生效适用的《外商投资产业指导目录（2011 年修订）》相比较，内容上并没有实质区别，总体上是将《外商投资产业指导目录（2011 年修订）》的限制类和禁止类内容按照负面清单的形式重新做了排列，透明度和开放程度仍然较低。

2014 版负面清单在试行 2013 版负面清单的基础上，根据新的发展形势做出了改进。整体来说，2014 版负面清单仍然沿用了 2013 版清单说明加清单列表的模式，按照《国民经济行业分类及代码》（2011 年版）分类编制，包含 18 个行业门类。但该版清单的内容相较 2013 版负面清单有较大不同，主要包括：（1）在"说明"部分，明确提出了"内外一致的管理原则"；（2）分别明确了负面清单之外和负面清单之内的不同管理制度，即：对负面清单之外的领域，外商投资项目实施备案制（国务院规定对国内投资项目保留核准的除外），外商投资企业和变更实行备案管理；对负面清单之内的领域，外商投资项目实行核准制（国务院规定对外商投资项目实行备案的除外），外商投资企业设立和变更实行审批管理；（3）在表述上，2014 版负面清单将 2013 年负面清单中的"门类"改为"部门"，"大类"改为"领域"，"中类"改为"国民经济行业分类代码"；（4）从特别管理措施的数量上看，从 190 条减少到 139

---

[1]《上海市人民政府关于公布〈中国（上海）自贸试验区外商投资准入特别管理措施（负面清单）（2013 年）〉的公告》（沪府发〔2013〕75 号），2013 年 9 月 29 日。

条，减少幅度达 26.8%。取消了 14 条管理措施，主要集中在服务业和制造业领域。放宽了涉及制造业、商贸服务、基础设施、房地产、专业服务等领域的 19 条管理措施；（5）通过删减、修订和合并同类项，使管理措施的设置条件更为清晰明确；（6）将一些对内外资均有限制或禁止要求的管理措施，不再列入负面清单，例如"禁止投资色情业"、"禁止投资博彩业"等。①

2015 年 4 月 8 日，国务院办公厅发布《自贸试验区外商投资准入特别管理措施（负面清单）》（国办发〔2015〕23 号）（以下简称"2015 版负面清单"），同时适用于上海、广东、天津和福建四个自贸试验区。与前两版上海自贸试验区负面清单相比较，在体例上，2015 版负面清单仍然为说明加清单列表模式，并依据《国民经济行业分类及代码》（2011 年版）划分门类。该版负面清单与 2013 版负面清单、2014 版负面清单的主要区别在于：（1）涉及的门类由 18 个降为 15 个，特别管理措施的数量进一步减少，精简至 122 条；（2）在特别管理措施中，除设置具体行业措施外，还设置了适用于所有行业的水平措施；（3）将原兜底条款修改为更具操作性的表述，明确负面清单中未列出的与国家安全、公共秩序、公共文化、金融审慎、政府采购、补贴、特殊手续和税收相关的特别管理措施，按照现行规定执行；（4）明确自贸试验区内的外商投资涉及国家安全的，按照《自贸试验区外商投资国家安全审查试行办法》②进行安全审查；（5）不再将表述限定为核准制或备案制，而是进一步重申在自贸试验区内按照内外资一致原则实施管理；（6）明确相应的职能部门，即由省级人民政府发布实施指南，并做好相关引导工作；（7）将原 2014 版负面清单中的"部门""领域"等统一用"领域"表示，不再列出国民经济行业分类代码。③

---

① 《中国（上海）自贸试验区外商投资准入特别管理措施（负面清单）（2014 年修订）》（上海市人民政府公告 2014 年第 1 号），2014 年 6 月 30 日。

② 《国务院办公厅关于印发自贸试验区外商投资国家安全审查试行办法的通知》（国办发〔2015〕24 号），2015 年 4 月 8 日。

③ 《国务院办公厅关于印发自贸试验区外商投资准入特别管理措施（负面清单）的通知》（国办发〔2015〕23 号），2015 年 4 月 8 日。

2017 年 6 月 5 日，国务院办公厅发布《国务院办公厅关于印发自贸试验区外商投资准入特别管理措施（负面清单）（2017 年版）的通知》（国办发〔2017〕15 号）（以下简称"2017 版负面清单"）。2017 版负面清单依据《国民经济行业分类及代码》（2011 年版）划分为 15 个门类、40 个条目、95 项特别管理措施，与 2015 版相比，减少了 10 个条目、27 项措施。其中特别管理措施包括具体行业措施和适用于所有行业的水平措施。2017 版负面清单中未列出的与国家安全、公共秩序、公共文化、金融审慎、政府采购、补贴、特殊手续、非营利组织和税收相关的特别管理措施，按照现行规定执行。自贸试验区内的外商投资涉及国家安全的，须按照《自贸试验区外商投资国家安全审查试行办法》进行安全审查。2017 版负面清单之内的非禁止投资领域须进行外资准入许可。2017 版负面清单之外的领域，在自贸试验区内按照内外资一致原则实施管理。①

2018 年 6 月 30 日，国家发改委、商务部发布《自贸试验区外商投资准入特别管理措施（负面清单）（2018 年版）》（以下简称"2018 版负面清单"）。②此次修订后，自贸试验区负面清单由 2017 年版 95 条措施减至 2018 年版 45 条措施。2018 年版自贸试验区负面清单，在全国负面清单开放措施基础上，在更多领域试点取消或放宽外资准入限制。农业领域，将小麦、玉米新品种选育和种子生产外资股比由不超过 49% 放宽至不超过 66%。采矿领域，取消石油、天然气勘探、开发限于合资、合作的限制，取消禁止投资放射性矿产冶炼加工与核燃料生产的规定。文化领域，取消演出经纪机构的外资股比限制，将文艺表演团体由禁止投资放宽至中方控股。增值电信领域，将上海自贸试验区原有 28.8 平方公里区域试点的开放措施推广到所有自贸试验区。③

①《国务院办公厅关于印发自贸试验区外商投资准入特别管理措施（负面清单）（2017 年版）的通知》（国办发〔2017〕51 号），2017 年 6 月 5 日。

②《自贸试验区外商投资准入特别管理措施（负面清单）（2018 年版）》（发展改革委 商务部令 2018 年第 19 号），2018 年 6 月 30 日。

③《自贸试验区外商投资准入特别管理措施（负面清单）（2018 年版）》修订说明，参见中国政府网 http://www.gov.cn/zhengce/2018-06/30/content_5302510.htm.

从最初的上海自贸试验区开始，到后来陆续各个自贸试验区的建立，这些自贸试验区均采用了"准入前国民待遇和负面清单"的外资准入管理模式，展现了我国进一步扩大开放的决心。同时，这些自贸试验区也设立在不同的省份和地区，为全国性的《外商投资法》的尽快制定积累了有效经验。

（三）全面展开：《外商投资法》

2017 年 7 月 17 日，中共中央总书记、国家主席、中央军委主席、中央财经领导小组组长习近平主持召开中央财经领导小组第十六次会议，研究改善投资和市场环境、扩大对外开放问题。会上，习近平强调，"要加快制定统一内外资法律法规，制定新的外资基础性法律。要清理涉及外资的法律、法规、规章和政策文件，凡是同国家对外开放大方向和大原则不符的法律法规或条款，要限期废止或修订。外资企业准入后按照公司法依法经营，要做到法律上平等、政策上一致，实行国民待遇。"[①]

在这一会议精神指导下，2018 年 3 月十三届全国人大一次会议全国人大常委会立法项目提出将原来的外资三法整合，同时要求制定外商投资国家安全审查条例。国务院立法工作计划中规定"外国投资法"的起草单位为商务部和国家发改委。2018 年 9 月 7 日，《外国投资法》被列入十三届全国人大常委会立法规划的第一类项目（即条件比较成熟、任期内拟提请审议的法律草案），上面规定的"提请审议机关或牵头起草单位"为国务院。起草《外商投资法》的实际工作是由原国务院法制办公室和原司法部合并的基础上新组建的司法部正式负责的。

2018 年 12 月 23 日，第十三届全国人大常委会第七次会议对《外商投资法（草案）》进行了首次审议。一个月后，也就是 2019 年 1 月 29 日，全国人大常委会加开第八次常委会会议，再次审议《外商投资法（草案）》。2019 年 3 月 8 日，在两会期间，全国人大第三次审议了《外商投资法（草案）》。2019

---

① 新华网 . 习近平：营造稳定公平透明的营商环境加快建设开放型经济新体制 . http://www. xinhuanet.com/politics/2017-07/17/c_1121333722.htm.

年 3 月 15 日，第十三届全国人大二次会议最终表决通过《外商投资法》。

《外商投资法》规定了总则、投资促进、投资保护、投资管理、法律责任和附则一共六章的内容，共 41 条。其中，第一条规定了《外商投资法》的立法宗旨：

为了进一步扩大对外开放，积极促进外商投资，保护外商投资合法权益，规范外商投资管理，推动形成全面开放新格局，促进社会主义市场经济健康发展，根据宪法，制定本法。

第三条规定了《外商投资法》所蕴含的基本政策：

国家坚持对外开放的基本国策，鼓励外国投资者依法在中国境内投资。

国家实行高水平投资自由化便利化政策，建立和完善外商投资促进机制，营造稳定、透明、可预期和公平竞争的市场环境。

在具体管理制度的设定上，本法第四条进一步明确自中美 BIT 谈判以来确定的，并已经在各自由贸易试验区施行的"准入前国民待遇加负面清单"的模式：

国家对外商投资实行"准入前国民待遇加负面清单"管理制度。

前款所称准入前国民待遇，是指在投资准入阶段给予外国投资者及其投资不低于本国投资者及其投资的待遇；所称负面清单，是指国家规定在特定领域对外商投资实施的准入特别管理措施。国家对负面清单之外的外商投资，给予国民待遇。

负面清单由国务院发布或者批准发布。

中华人民共和国缔结或者参加的国际条约、协定对外国投资者准入待遇有更优惠规定的，可以按照相关规定执行。

根据全国人民代表大会常务委员会副委员长王晨在 2019 年 3 月 8 日在第十三届全国人民代表大会第二次会议上所做的《关于〈中华人民共和国外商投资法（草案）〉的说明》，制定本法是贯彻落实党中央扩大对外开放、促进外商投资决策部署的重要举措，是我国外商投资法律制度与时俱进、完善发展的客观要求，也是促进社会主义市场经济健康发展、实现经济高质量发展的客观要求。①

根据王晨副委员长的说明，外商投资立法着重遵循和体现以下重要原则：

（1）突出积极扩大对外开放和促进外商投资的主基调。制定《外商投资法》，就是要在新的历史条件下通过国家立法表明将改革开放进行到底的决心和意志，展现新时代中国积极的对外开放姿态，顺应时代发展潮流，体现推动经济新一轮高水平对外开放、营造国际一流营商环境的精神和要求，使这部法律成为一部外商投资的促进法、保护法。

（2）坚持外商投资基础性法律的定位。《外商投资法》是新形势下国家关于外商投资活动全面的、基本的法律规范，是外商投资领域起龙头作用、具有统领性质的法律。因此，这部法律重点是确立外商投资准入、促进、保护、管理等方面的基本制度框架和规则，建立起新时代我国外商投资法律制度的"四梁八柱"。

（3）坚持中国特色和国际规则相衔接。草案立足于我国当前的发展阶段和利用外资工作的实际需要，对外商投资的准入、促进、保护、管理等做出有针对性的规定；同时注意与国际通行的经贸规则、营商环境相衔接，努力构建既符合我国基本国情和实际又顺应国际通行规则、惯常做法的外商投资法律制度。

（4）坚持内外资一致。外商投资在准入后享受国民待遇，国家对内资和外资的监督管理，适用相同的法律制度和规则。继续按照市场化、法治化、

---

① 关于《中华人民共和国外商投资法（草案）》的说明——2019 年 3 月 8 日在第十三届全国人民代表大会第二次会议上 全国人民代表大会常务委员会副委员长 王晨 . http://www.gov.cn/xinwen/2019-03/09/content_5372190.htm.

国际化的改革方向，在行政审批改革、加强产权平等保护等方面完善相关法律制度，努力打造内外资公平竞争的市场环境，依靠改善投资环境吸引更多外商投资。

下一部分将对《外商投资法》的主要内容进行阐述。

二、《外商投资法》的主要内容

（一）投资的界定

相较于以往对于定义条款的模糊化处理，新出台的《外商投资法》对于"投资"有了明确的定义。本法第二条规定：

在中华人民共和国境内（以下简称中国境内）的外商投资，适用本法。

本法所称外商投资，是指外国的自然人、企业或者其他组织（以下称外国投资者）直接或者间接在中国境内进行的投资活动，包括下列情形：

（一）外国投资者单独或者与其他投资者共同在中国境内设立外商投资企业；

（二）外国投资者取得中国境内企业的股份、股权、财产份额或者其他类似权益；

（三）外国投资者单独或者与其他投资者共同在中国境内投资新建项目；

（四）法律、行政法规或者国务院规定的其他方式的投资。

本法所称外商投资企业，是指全部或者部分由外国投资者投资，依照中国法律在中国境内经登记注册设立的企业。

根据本条的规定，外商投资包括四种模式：设立企业的投资，股权类的投资，新建项目的投资以及兜底条款其他方式的投资。

在本次立法以前，以 1979 年《中外合资经营企业法》、1986 年的《外资企业法》以及 1988 年的《中外合作经营企业法》为核心的外资三法的管理模式规定了设立企业的投资，并且设立的企业局限于中外合资经营企业、外资企业或者称外商独资企业以及中外合作经营企业。事实上，这样的分类已经满足不了新时代对于外商投资模式的需要，也不符合我国后来施行的《公司法》以及《合伙企业法》的要求，实际上造成了内外资企业设立的不一致。这一问题已经在本次立法中得到了解决，将在下文"投资管理"部分详细阐述。

与此同时，本法第四十二条规定：

本法自 2020 年 1 月 1 日起施行。《中华人民共和国中外合资经营企业法》《中华人民共和国外资企业法》《中华人民共和国中外合作经营企业法》同时废止。

本法施行前依照《中华人民共和国中外合资经营企业法》《中华人民共和国外资企业法》《中华人民共和国中外合作经营企业法》设立的外商投资企业，在本法施行后五年内可以继续保留原企业组织形式等。具体实施办法由国务院规定。

除了设立企业的投资外，本法还明确指出"外国投资者取得中国境内企业的股份、股权、财产份额或者其他类似权益"也属于投资，同样适用本法。

值得注意的是，有关第三类"投资新建项目"的理解，是仅指非新设非股权类的旨在建立一个项目的投资，还是一个包括新设、包括股权类投资的概括式的描述？本书认为，此处所指的"项目"是个狭义的概念，仅指单独的投资项目。根据国家发改委 2017 年《企业投资项目核准和备案管理办法》[1]，投资项目是指"企业在中国境内投资建设的固定资产投资项目，包括企业使用自己筹措资金的项目以及使用自己筹措的资金并申请使用政府投资补助或贷款贴息等的项目"。[2]

---

[1]《企业投资项目核准和备案管理办法》(国家发展和改革委员会令第 2 号)，2017 年 4 月 8 日。
[2]《企业投资项目核准和备案管理办法》第二条。

第四类还是兜底条款，给后续的补充留出了空间。比如，在2015年商务部公布《外国投资法》（征求意见稿）》第十一条曾经规定，受非中国籍个人、境外注册实体及其他组织"控制的"境内企业同样被视同为外国投资者。对于这一类的情况在本法中并没有明确规定，需要在后续的立法补充过程中进一步论证。

此外，需要注意的是，本法第四十一条规定：

对外国投资者在中国境内投资银行业、证券业、保险业等金融行业，或者在证券市场、外汇市场等金融市场进行投资的管理，国家另有规定的，依照其规定。

该条确认了我国对于金融行业投资的特殊规定。

（二）投资促进

根据全国人民代表大会常务委员会副委员长王晨在2019年3月8日在第十三届全国人民代表大会第二次会议上所做的《关于〈中华人民共和国外商投资法（草案）〉的说明》，为了积极促进外商投资，草案在总则一章中规定，"国家坚持对外开放的基本国策，鼓励外国投资者依法在中国境内投资；国家实行高水平投资自由化便利化政策，建立和完善外商投资促进机制，营造稳定、透明、可预期和公平竞争的市场环境。"同时，设"投资促进"专章，主要包括以下内容：一是提高外商投资政策的透明度；二是保障外商投资企业平等参与市场竞争；三是加强外商投资服务；四是依法依规鼓励和引导外商投资。本部分将针对这四个方面进行具体的阐述。

1. 提高外商投资政策透明度

本法第十条规定：

制定与外商投资有关的法律、法规、规章，应当采取适当方式征求外商投资企业的意见和建议。

与外商投资有关的规范性文件、裁判文书等，应当依法及时公布。

本条以立法形式对提高外商投资政策透明度进行了确认。事实上，本次《外商投资法》的制定过程体现了这一要求。在《外商投资法（草案）》于2018年12月23日提请十三届全国人大常委会第七次会议审议后，草案于12月26日在中国人大网公布，向社会公开征求意见。征求意见截止日期为2019年2月24日。《外商投资法（草案）》在中国人大网公布后，社会公众可以直接登录中国人大网（www.npc.gov.cn）提出意见，也可以将意见寄送全国人大常委会法制工作委员会。外商也包括在社会公众的范围内，可以提出自己的意见。

在信息公开方面，《中华人民共和国政府信息公开条例》于2007年1月17日国务院第165次常务会议通过，自2008年5月1日起施行，确立了政府信息公开的基本原则。[1] 在司法层面，2016年7月25日最高人民法院审判委员会第1689次会议通过，并自2016年10月1日起施行的《最高人民法院关于人民法院在互联网公布裁判文书的规定》（法释〔2016〕19号）第七条明确指出："发生法律效力的裁判文书，应当在裁判文书生效之日起七个工作日内在互联网公布。依法提起抗诉或者上诉的一审判决书、裁定书，应当在二审裁判生效后七个工作日内在互联网公布。"[2]

2. 保障外商投资企业平等参与市场竞争

本法第九条规定：

外商投资企业依法平等适用国家支持企业发展的各项政策。

---

[1]《中华人民共和国政府信息公开条例》（2007年4月5日中华人民共和国国务院令第492号公布 2019年4月3日中华人民共和国国务院令第711号修订）。现行《中华人民共和国政府信息公开条例》自2019年5月15日起施行。

[2]《最高人民法院关于人民法院在互联网公布裁判文书的规定》第七条。

该条是《外商投资法》"投资促进"章节的第一条，确保了外商投资企业的平等参与、内外资规则一致的原则。

具体表现而言，本法第十五条规定：

国家保障外商投资企业依法平等参与标准制定工作，强化标准制定的信息公开和社会监督。

国家制定的强制性标准平等适用于外商投资企业。

第十六条规定：

国家保障外商投资企业依法通过公平竞争参与政府采购活动。政府采购依法对外商投资企业在中国境内生产的产品、提供的服务平等对待。

第十七条规定：

外商投资企业可以依法通过公开发行股票、公司债券等证券和其他方式进行融资。

这三条内容都是对于第九条所确定的外商投资企业平等参与、内外资规则一致原则的具体表现。在第十三届全国人大二次会议新闻记者会时，商务部副部长兼国际贸易谈判副代表王受文也给予了重点说明。他认为："《外商投资法》一个很大的特点就是确定了外资在中国进行公平竞争的环境。外资企业到中国后，有时候会感觉到与中国内资企业相比，存在不公平竞争的地方，比如有时候他们抱怨，政府采购他们不能完全参与，中国制定的有关商品标准、服务标准、行业标准，外资企业也不能完全参与；他们有时候还抱怨，中国的内资企业享受到了一些优惠政策，外资企业享受不到。现在《外商投资法》就确定了，凡是对内资企业适用的所有优惠政策，外资企业全部能够享受，外资企业和内资企业具有完全相同的参与标准制定的权利，外资可以与内资一样公平参与政府采购的竞争。所以，《外商投资法》确定了一个公平竞争的环境。"①

具体而言，第十五条规定的是外商投资企业在标准制定上的平等参与权以及我国标准对于外商投资企业的平等适用。2017 年 1 月，国务院发布《关于扩大对外开放积极利用外资若干措施的通知》（国发〔2017〕5 号），该文件被称为"吸引外资 20 条措施"。② 该文件提出要"促进内外资企业公平参与我国标准化工作。进一步深化标准化工作改革，提高标准制修订的透明度和开放度。推进标准制修订全过程信息公开，强化标准制修订过程中的信息共享和社会监督。"③ 2017 年 11 月 6 日，国家标准化管理委员会、国家发展和改革委员会、商务部印发了《外商投资企业参与我国标准化工作的指导意见》（国标委综合联〔2017〕119 号）。该意见明确指出"外商投资企业参与我国标准化工作，与内资企业享有同等待遇"，并规定了外商投资企业参与我国国家标准制修订工作的内容和要求。④ 当然，当时意见中所指的"外商投资企业"还限制于当时的三资企业，即中外合资经营企业、中外合作经营企业和外资企业。这一要求在新的《外商投资法》的框架下已不再适用。

第十六条规定的是政府采购的相关问题。我国当前的《政府采购法》是于 2002 年 6 月 29 日第九届全国人民代表大会常务委员会第二十八次会议通过的，2003 年 1 月 1 日起施行。⑤2014 年 8 月 31 日第十二届全国人民代表大

---

① 新华网．王受文《外商投资法》出台以后，将提供更优的外资环境，2019 年 3 月 9 日．http://www.xinhuanet.com/politics/2019lh/2019-03/09/c_1210076976.htm.

②《国务院关于扩大对外开放积极利用外资若干措施的通知》（国发〔2017〕5 号），2017 年 1 月 12 日。

③《国务院关于扩大对外开放积极利用外资若干措施的通知》第（十）条。

④《国家标准委 国家发展改革委 商务部关于印发〈外商投资企业参与我国标准化工作的指导意见〉的通知》（国标委综合联〔2017〕119 号），2017 年 11 月 6 日。

⑤《中华人民共和国政府采购法》，2002 年 6 月 29 日第九届全国人民代表大会常务委员会第二十八次会议通过。

会常务委员会第十次会议通过对《政府采购法》做出修改。[①] 不过该法中并没有明确规定有关外商投资企业的问题。本次《外商投资法》的这一条规定事实上是对外商投资企业参与我国政府采购权利的确认。

值得一提的是，世界贸易组织（WTO）的框架下规定了一套《政府采购协议》（Agreement on Government Procurement，GPA）。其中，"国民待遇"是《政府采购协议》的一项重要原则，其要求各缔约方不得通过拟订、采取或者实施政府采购的法律、规则、程序和做法来保护国内产品或者供应商而歧视国外产品或者供应商。[②] 我国已于2007年底启动了加入WTO《政府采购协议》的谈判，并且给出了四份出价清单，但截至目前，我国并未正式加入WTO《政府采购协议》。[③] 不过此次第十六条的规定事实上也满足了WTO《政府采购协议》项下国民待遇的要求。

第十七条则是确认了外商投资企业在融资方面与中国企业享有同样的待遇，包括公开发行股票、公司债券等证券和其他方式的融资。2018年6月，国务院发布了《国务院关于积极有效利用外资推动经济高质量发展若干措施的通知》（国发〔2018〕19号），在全面落实"准入前国民待遇加负面清单"管理制度的前提下，进一步提出稳定扩大金融业开放。[④] 具体措施包括："放宽外资金融机构设立限制，扩大外资金融机构在华业务范围，拓宽中外金融市场合作领域。修订完善合格境外机构投资者（QFII）和人民币合格境外机构投资者（RQFII）有关规定，建立健全公开透明、操作便利、风险可控的合格境外投资者制度，吸引更多境外长期资金投资境内资本市场。大力推进原油期货市场建设，积极推进铁矿石等期货品种引入境外交易者参与交易。"[⑤] 此

---

①《全国人民代表大会常务委员会关于修改〈中华人民共和国保险法〉等五部法律的决定》，2014年8月31日第十二届全国人民代表大会常务委员会第十次会议通过。

② WTO 1994年《政府采购协议》第三条。

③ 参见中国政府采购网、中国政府购买服务信息平台的相关内容，http://www.ccgp.gov.cn/wtogpa/.

④《国务院关于积极有效利用外资推动经济高质量发展若干措施的通知》（国发〔2018〕19号），2018年6月10日。

⑤《国务院关于积极有效利用外资推动经济高质量发展若干措施的通知》第（二）条。

外，该文也特别强调要拓宽外商投资企业融资渠道。具体措施包括："允许西部地区和东北老工业基地的外商投资企业在境外发行人民币或外币债券，并可全额汇回所募集资金用于所在省份投资经营。在全口径跨境融资宏观审慎管理框架内，支持上述区域金融机构或经批准设立的地方资产管理公司按照制度完善、风险可控的要求，向境外投资者转让人民币不良债权；在充分评估的基础上，允许上述区域的银行机构将其持有的人民币贸易融资资产转让给境外银行。"① 可以看出，我国鼓励外商投资企业在中国境内外融资，促进我国市场发展。

3. 加强外商投资服务

本法第十一条规定：

国家建立健全外商投资服务体系，为外国投资者和外商投资企业提供法律法规、政策措施、投资项目信息等方面的咨询和服务。

该条以原则性的规定明确了我国加强外商投资服务的意图。我国一直致力于加强外商投资服务体系的建立和健全。根据 2019 年中外投资促进机构工作会的报告，中国坚持对外开放的基本国策，实行积极主动的开放政策，外资流入的逆势增长说明国际资本对中国经济增长和投资环境的信心。② 其中需要肯定的是商务部投资促进局所做出的重要贡献。本书以商务部投资促进局为例，简单例证我国健全外商投资服务体系所做的努力。商务部投资促进事务局成立于 2003 年，其职能包括执行吸收外资和对外投资促进战略、规划及指导意见，包括为中外企业提供投资促进服务，并负责"中国投资指南""投资项目信息库"等投资促进网站的建设和管理，提供双向投资公共信息和咨询服务等。③ 此外，该局还在运行一个"投资法律咨询服务平台"的网站

---

① 《国务院关于积极有效利用外资推动经济高质量发展若干措施的通知》第（十六）条。

② 商务部新闻办公室，2019 年中外投资促进机构工作会在北京举办，2019 年 1 月 18 日。

③ 参见商务部网站，商务部投资促进事务局职能，http://cipa.mofcom.gov.cn/article/guanywm/201412/20141200838506.shtml.

（http://www.fdi.gov.cn/1800000121_10000324_8.html）。该网站上也提供了详细的有关投资的信息包括最新的法律法规等，涉及对华投资诸如产业向导、投资方式、企业设立运营、优惠政策、税收、进出口管理、外汇等方面的内容，也包括对外投资的内容。企业也可以直接通过网站上的"我要提问"的部分直接向主管部门提问。事实上，在北京还设有中国外商投资企业协会、中国国际投资促进中心等部门负责投资服务。[①] 下文中第十八条和第十九条的部分内容也涉及地方政府设立的投资服务部门。

4. 依法依规鼓励和引导外商投资

本法在上述内容的基础上，进一步规定了依法依规鼓励和引导外商投资的若干措施。本法第十二条规定：

国家与其他国家和地区、国际组织建立多边、双边投资促进合作机制，加强投资领域的国际交流与合作。

本条规定了我国在外商投资领域关于合作的内容。事实上，我国一直致力于推动国际多边和双边投资合作。以多边层面而言，WTO 是关于贸易投资管理的主要平台。在投资领域，WTO 也一直秉持开放投资、扩大投资的精神，努力推动各成员开放其国内市场，推动国际经济贸易的发展。自我国 2001 年加入 WTO 以来，不断坚持多边主义向全球投资者开放我国国内市场。2018 年 6 月 28 日，国务院新闻办公室发表《中国与世界贸易组织》白皮书，明确指出加入世贸组织以来，我国积极践行自由贸易理念，全面履行加入承诺，大幅开放市场，实现更广互利共赢，在对外开放中展现了大国担当。[②] 根据此白皮书，在投资方面，我国坚持施行投资自由化便利化政策。具体表现在：

---

① 商务部公共服务项目，中国投资指南—投资服务机构，http://www.fdi.gov.cn/sinfo/s_31_0.html?q=field7^%B1%B1%BE%A9&r=&t=&starget=1&style=1800000121-31-10000486.

② 国务院新闻办公室.《中国与世界贸易组织》白皮书，2018 年 6 月 28 日。

第一，开放服务贸易市场，持续减少限制措施：逐步降低服务领域外资准入门槛，按期取消服务领域的地域和数量限制，不断扩大允许外资从事服务领域的业务范围。其中，在快递、银行、财产保险等54个服务分部门允许设立外商独资企业，在计算机、环境等23个分部门允许外资控股，在电信、铁路运输、旅游等80个分部门给予外资国民待遇。2010年，中国服务业吸引外商直接投资额首次超过制造业，2017年吸引外商直接投资额占比达到73%。

第二，积极推进投资自由化便利化：发起成立"投资便利化之友"，引导70多个成员达成《关于投资便利化的部长联合声明》。

第三，双向投资造福世界各国：中国推动构建公正、合理、透明的国际经贸投资规则体系，促进生产要素有序流动、资源高效配置、市场深度融合。中国积极吸引外国机构和个人来华投资兴业，外商直接投资规模从1992年起连续26年居发展中国家首位。加入世贸组织后，外商直接投资规模从2001年的468.8亿美元增加到2017年的1363.2亿美元，年均增长6.9%。外商投资企业在提升中国经济增长质量和效益的同时分享中国经济发展红利。与此同时，中国对外投资合作持续健康规范发展，对外直接投资年度流量全球排名从加入世贸组织之初的第26位上升至2017年的第三位。中国对外投资合作加快了东道国当地技术进步步伐，促进其经济发展和民生改善，创造了大量就业机会。

第四，大幅放宽外商投资准入：对外商投资实行准入"前国民待遇加负面清单"管理模式，是中国适应经济全球化新形势和国际投资规则变化的制度变革。2016年9月，全国人大常委会对《外资企业法》等4部法律进行了修订，将不涉及国家规定实施准入特别管理措施的外商投资企业的设立及变更事项，由审批改为备案管理。2018年上半年，中国完成修订外商投资负面清单工作，出台《国务院关于积极有效利用外资推动经济高质量发展若干措施的通知》，进一步大幅度放宽市场准入，包括稳步扩大金融业开放，持续推进服务业开放，深化农业、采矿业、制造业开放。

第五，创造更有吸引力的投资环境：中国积极营造宽松有序的投资环境，放宽外商投资准入，进一步简化外资准入管理程序，建设高标准自贸试验区，加强投资促进与投资保护，进一步提升外商投资环境法治化、国际化、便利化水平，让中国市场更加透明、更加规范，促进外资增长，提高利用外资质量。截至 2018 年 3 月，中国全面取消非行政许可审批与 2013 年 3 月相比，削减行政审批事项 44%。中央政府层面核准的企业投资项目数量累计减少 90%。全面改革工商登记、注册资本等商事制度，全面推行注册资本认缴登记制，工商登记前置审批事项压缩了 87%，企业开办时间缩短 1/3 以上。推进市场准入负面清单制度改革，推行"法无禁止即可为"，切实增强执法公正性、减轻企业负担。中国将继续推进简政、降税、减费改革，继续加强同国际经贸规则对接，增强透明度，强化产权保护，坚持依法办事、鼓励竞争、反对垄断。

第六，规范引导企业对外投资：中国政府积极引导企业在海外守法经营、履行企业社会责任，支持企业按照商业原则和国际惯例开展对外投资合作。中国将继续积极推动境外投资持续合理有序健康发展，有效防范各类风险，同时，中国呼吁东道国避免滥用安全审查等限制性做法对投资进行过度限制，营造更加公平、透明、可预期的投资环境。

在双边和诸边领域，我国积极参与双边投资协定（BIT）的谈判和签署。截至 2016 年 12 月，根据商务部的统计，我国共与亚洲、非洲、美洲、大洋州的 104 个国家和地区签署了双边投资协定。[①]我国也积极参与自由贸易协定（FTA）的签订，自由贸易协定的内容不仅包括投资自由化便利化，还包括服务贸易、知识产权等多方面的内容。根据中国自由贸易区服务网的内容显示，我国现已与马尔代夫、澳大利亚、瑞士、哥斯达黎加、新加坡、智利、东盟、格鲁吉亚、韩国、冰岛、秘鲁、新西兰、巴基斯坦等地签署自贸区协定，并签署了内地与港澳《关于建立更紧密经贸关系的安排》；我国正在参与《区

---

① 商务部.我国对外签订双边投资协定一览表（Bilateral Investment Treaty），2016 年 12 月 12 日. http://tfs.mofcom.gov.cn/article/Nocategory/201111/20111107819474.shtml.

域全面经济伙伴关系协定》（RCEP）的谈判，并在进行与海合会、日本、韩国、斯里兰卡、以色列、挪威、毛里求斯、摩尔多瓦、巴拿马、巴勒斯坦等地自贸区的谈判，并在谈判升级与新西兰、韩国、秘鲁等国已有的自贸协定；我国也正在与哥伦比亚、斐济、尼泊尔、巴新、加拿大、孟加拉国和蒙古国研究自贸区，并正在研究与瑞士自贸协定的升级。[①] 根据 2018 年 6 月国务院新闻办公室发表的《中国与世界贸易组织》，2017 年，与自贸伙伴的贸易额（不含港澳台）占中国对外贸易总额的 25.9%。已签署的自贸协定中，零关税覆盖的产品范围基本超过 90%，承诺开放的服务部门已从加入世贸组织时的 100 个增至近 120 个。可以说，我国坚持扩大开放的基本原则，积极参与国际多边、双边以及诸边投资自由化的各项协议的谈判和执行，已经取得了丰硕的成果。

本法第十三条规定：

国家根据需要，设立特殊经济区域，或者在部分地区实行外商投资试验性政策措施，促进外商投资，扩大对外开放。

这一条事实上也是认可了之前各类自贸试验区的积极成果。在上一节"试点：自贸试验区"中谈到的成功经验，包括上海、广东、天津、福建、辽宁、浙江、河南、湖北、重庆、四川、陕西和海南等地的自贸试验区。该条规定也为后续《外商投资法》的修改的试点提供了更高位阶的法律基础。

本法第十四条规定：

国家根据国民经济和社会发展需要，鼓励和引导外国投资者在特定行业、领域、地区投资。外国投资者、外商投资企业可以依照法律、行政法规或者国务院的规定享受优惠待遇。

---

① 中国自由贸易区服务网：http://fta.mofcom.gov.cn/.

　　我国传统的外商投资法律除了上述外资三法以外，还有一份主要文件就是《外商投资产业指导目录》。该目录首次由当时的国家计委、国家经贸委、外经贸部于 1995 年发布，后于 1997 进行修改。2002 年，国家发展计划委员会、国家经贸委、对外贸易经济合作部批准实施新的《外商投资产业指导目录》及附件，后经 2004 年、2007 年、2011 年、2015 年和 2017 年五次修订。最后的版本为《外商投资产业指导目录（2017 年修订）》。①《外商投资产业指导目录》将外商投资项目分为鼓励、限制和禁止类，也即所谓的"正面清单"。这其中就规定我国引导鼓励外商投资者进入的特定行业，亦即鼓励类清单。根据 2002 年 2 月 21 日发布的《指导外商投资方向规定》（国务院令第 346 号）第九条的规定，鼓励类外商投资项目，"除依照有关法律、行政法规的规定享受优惠待遇外，从事投资额大、回收期长的能源、交通、城市基础设施（煤炭、石油、天然气、电力、铁路、公路、港口、机场、城市道路、污水处理、垃圾处理等）建设、经营的，经批准，可以扩大与其相关的经营范围"。②

　　如上所述，在 2013 年中国 BIT 谈判以及上海等地设立自贸试验区之后，我国逐步建立"准入前国民待遇加负面清单"的投资准入管理模式。对此，2016 年 10 月 8 日，国家发改委、商务部经国务院批准，发布了《关于明确外商投资准入特别管理措施范围的公告》（国家发改委、商务部公告 2016 年第 22 号），明确外商投资准入特别管理措施（亦即负面清单）范围按《外商投资产业指导目录（2015 年修订）》中限制类和禁止类，以及鼓励类中有股权要求、高管要求的有关规定执行，涉及外资并购设立企业及变更的，按现行有关规定执行。③之后修订的《外商投资产业指导目录（2017 年修订）》中已大幅度缩减限制类、禁止类投资领域的数量，由 2013 年限制类条目 38 条、禁

---

　　①《外商投资产业指导目录（2017 年修订）》（国家发展和改革委员会 商务部令第 4 号），2017 年 6 月 28 日。

　　②《指导外商投资方向规定》（国务院令第 346 号）2002 年 2 月 21 日，第九条。

　　③《关于明确外商投资准入特别管理措施范围的公告》（国家发改委、商务部公告 2016 年第 22 号），2016 年 10 月 8 日。

止类条目 36 条，减少到 2017 年限制类条目 35 条、禁止类条目 28 条。[①]2018 年 6 月 28 日，国家发改委、商务部正式出台《外商投资准入特别管理措施（负面清单）（2018 年版）》（2018 年第 18 号），明确使用了"负面清单"的措辞，废止之前施行的《外商投资产业指导目录（2017 年修订）》中的外商投资准入特别管理措施（外商投资准入负面清单）。[②]但需要注意的是，2017 年版的鼓励类目录继续执行。也就是说，我国还是鼓励外商投资者在我国鼓励引导的行业进行投资。

在地域方面，我国长期发布《中西部地区外商投资优势产业目录》，鼓励和引导外商投资者向我国中西部省份、自治区的目录类产业进行投资。该目录于 2000 年首次颁布，后来分别在 2004 年、2008 年、2013 年和 2017 年进行了修订。现行 2017 版《中西部地区外商投资优势产业目录》共 639 条，相比较于 2013 版增加 139 条。其中，新增 173 条，删除 34 条，修改 84 条。[③]

2019 年 2 月 1 日，国家发展改革委外资司发布公告，为贯彻落实《国务院办公厅关于聚焦企业关切进一步推动优化营商环境政策落实的通知》（国办发〔2018〕104 号），国家发改委、商务部会同有关方面开展了《外商投资产业指导目录》和《中西部地区外商投资优势产业目录》修订工作，并在合并两个目录基础上形成了新的《鼓励外商投资产业目录（征求意见稿）》，并向社会公开征求意见。《鼓励外商投资产业目录（征求意见稿）》包括两部分：一是全国鼓励外商投资产业目录，是对现行《外商投资产业指导目录》鼓励类的修订，适用于各省（区、市）的外商投资项目。二是中西部地区外商投资优势产业目录，是对现行《中西部地区外商投资优势产业目录》的修订，适用于中西部地区、东北地区及海南省的外商投资。外商在中西部地区、东

---

① 发改委就《外商投资产业指导目录（2017 年修订）》答问，2017 年 6 月 28 日．https://www.scio.gov.cn/xwfbh/gbwxwfbh/xwfbh/fzggw/Document/1556552/1556552.htm.

②《外商投资准入特别管理措施（负面清单）（2018 年版）》（发展改革委 商务部令 2018 年第 18 号），2018 年 6 月 28 日。有关该负面清单的具体内容，参见附件 3.1。

③ 发展改革委就《中西部地区外商投资优势产业目录（2017 年修订）》答问，2017 年 2 月 17 日。http://www.gov.cn/zhengce/2017-02/17/content_5168815.htm.

北地区及海南省投资，享受全国鼓励外商投资产业目录和中西部地区外商投资优势产业目录的相关政策。根据该公告的解释，本次修订总的导向是，适应利用外资新形势新需求，扩大鼓励外商投资范围，优化外商投资产业和区域结构，促进外商投资稳定增长。"全国鼓励外商投资产业目录"积极鼓励外商投资更多投向现代农业、先进制造、高新技术、现代服务业等领域，充分发挥外资在传统产业转型升级、新兴产业发展中的作用，促进经济高质量发展。"中西部地区外商投资优势产业目录"注重发挥地方特色资源等优势，积极支持中西部地区、东北地区承接国际、东部地区外资产业转移，促进沿边开发开放，加强与"一带一路"沿线国家投资合作，发展外向型产业集群，推动开放型经济发展。[①]

本法第十八条规定：

县级以上地方人民政府可以根据法律、行政法规、地方性法规的规定，在法定权限内制定外商投资促进和便利化政策措施。

本法第十九条规定：

各级人民政府及其有关部门应当按照便利、高效、透明的原则，简化办事程序，提高办事效率，优化政务服务，进一步提高外商投资服务水平。

有关主管部门应当编制和公布外商投资指引，为外国投资者和外商投资企业提供服务和便利。

这两条规定是对于各级地方人民政府施行各类投资促进措施权利和义务的确认。一方面，地方人民政府可以在法定权限内制定外商投资促进和便利化政策措施。另一方面，地方人民政府应该为外国投资者和外商投资企业提

---

①《国家发展改革委外资司 国家发展改革委　商务部关于〈鼓励外商投资产业目录（征求意见稿）〉公开征求意见的公告》，2019 年 2 月 1 日。

供服务和便利。

根据中国投资指南，中央，商务部投资促进事务局是中央层面的投资服务机构。而在地方，各个省市自治区则有自己专门设立的地方投资服务机构。[①]

以北京市为例，北京设有北京市外商投资企业服务中心、北京市投资促进局、北京市商务委员会等单位负责有关外商投资的事宜。[②] 根据北京市投资促进局的网站介绍（http://invest.beijing.gov.cn/gb/index.html），投资者可以查阅"机构概况""优化营商环境""投资北京知识""投资咨询互动""办事事项""党工团机构""信息公开"等方面的信息和内容。而在"投资北京知识"栏，网站提供了"北京概况与优势""产业与区域导向""北京经济数据""投资成本参考""设立公司""就业证及签证""税制""扶持政策""国家专项资金申请指南""北京市专项资金申请指南""外商投资政策""2013 年以来国务院已公布的取消和下放国务院部门行政审批事项清单"以及"北京市高精尖产业政策"。此外，"投资资讯互动"栏目也可以让投资者针对具体的投资问题向主管单位咨询。

（三）投资保护

本法第五条明确规定：

国家依法保护外国投资者在中国境内的投资、收益和其他合法权益。

该条以原则性的方式确认了外商投资在我国受到保护。具体而言，根据全国人民代表大会常务委员会副委员长王晨在 2019 年 3 月 8 日在第十三届全国人民代表大会第二次会议上所做的《关于〈中华人民共和国外商投资法

---

① 商务部公共服务项目，中国投资指南—投资服务机构。http://www.fdi.gov.cn/1800000121_10000485_8.html.

② 商务部公共服务项目，中国投资指南—投资服务机构。http://www.fdi.gov.cn/sinfo/s_31_0.html?q=field7^%B1%B1%BE%A9&r=&t=&starget=1&style=1800000121-31-10000486.

（草案）〉的说明》，投资保护包括以下内容：一是加强对外商投资企业的产权保护；二是强化对制定涉及外商投资规范性文件的约束；三是促使地方政府守约践诺；四是建立外商投资企业投诉工作机制。对此，下面分别对这四个方面进行阐述。

1. 加强对外商投资企业的产权保护

本法第二十条规定：

国家对外国投资者的投资不实行征收。

在特殊情况下，国家为了公共利益的需要，可以依照法律规定对外国投资者的投资实行征收或者征用。征收、征用应当依照法定程序进行，并及时给予公平、合理的补偿。

本法第二十一条规定：

外国投资者在中国境内的出资、利润、资本收益、资产处置所得、知识产权许可使用费、依法获得的补偿或者赔偿、清算所得等，可以依法以人民币或者外汇自由汇入、汇出。

上述两条都是关于外商投资企业产权保护的具体形式，是总则第五条的表现。

其中，第二十条是对于征收征用的规定，这也是外商投资保护的传统内容。第二十条第一款确认了国家不得征收的基本原则。第二款则是对于特殊情况下的征收的规定，需要满足几个要件：第一是国家为了公共利益的需要；第二是依照法定程序进行；第三是给予及时、公平、合理的补偿。

在外商投资领域，我国在外资三法时期就对征收做出了限制。其中，《中外合资经营企业法》第二条规定："国家对合营企业不实行国有化和征收；在特殊情况下，根据社会公共利益的需要，对合营企业可以依照法律程序实行征收，并给予相应的补偿。"①《外资企业法》第五条规定了："国家对外资企业不实行国有化和征收；在特殊情况下，根据社会公共利益的需要，对外资企业可以依照法律程序实行征收，并给予相应的补偿。"②《对外合作开采海洋石油资源条例》③第四条也有类似规定："国家对参加合作开采海洋石油资源的外国企业的投资和收益不实行征收。在特殊情况下，根据社会公共利益的需要，可以对外国企业在合作开采中应得石油的一部分或者全部，依照法律程序实行征收，并给予相应的补偿。"④

本次的《外商投资法》基本延续我国在外商投资领域一贯的对于外资保护的原则，原则上不允许国家征收，仅在特殊情况下有条件地允许，并且国家需要对此种行为进行补偿。而在具体条款的设置上，新的《外商投资法》将范围规定在征收和征用上，区别于之前的国有化和征收。征收和征用的区别在于所有权的转移。前者使得原所有人丧失所有权，而后者则保留所有权，在国家征用完毕后应该归还所有人或恢复原状。与此同时，新法强调了对于"公共利益"的需要，并且明确了补偿的要求是要"及时、公平、合理"。

第二十一条则是对于外商投资者自由汇兑权利的确认。明确外国投资者的出资、利润、资本收益、资产处置所得、知识产权许可使用费、依法获得的补偿或者赔偿、清算所得等可以自由汇入、汇出，币种既可以选择人民币，也可以选择外币。

---

①《中外合资经营企业法》第二条。

②《外资企业法》第五条。

③ 1982 年 1 月 30 日国务院发布《对外合作开采海洋石油资源条例》，2001 年 9 月 23 日《国务院发布〈中华人民共和国对外合作开采海洋石油资源条例〉的决定》第一次修订，2011 年 1 月 8 日《国务院关于废止和修改部分行政法规的决定》第二次修订，2011 年 9 月 30 日《国务院发布〈中华人民共和国对外合作开采海洋石油资源条例〉的决定》第三次修订，2013 年 7 月 18 日国务院发布《国务院关于废止和修改部分行政法规的决定》第四次修订。

④《对外合作开采海洋石油资源条例》第四条。

　　事实上，关于外汇的问题，本次立法体现了一个基本原则的转变。在改革开放之初，在以外资三法为基本框架的外商投资法律体系下，我国法律要求外商投资企业自行解决外汇收支平衡。其中，1986 年《外资企业法》第十八条规定："外资企业应当自行解决外汇收支平衡。"[①]1988 年《中外合作经营企业法》也规定了类似的要求。[②]1990 年发布的《中华人民共和国外资企业法实施细则》更加明确："设立外资企业，必须有利于中国国民经济的发展，能够取得显著的经济效益"，其中一项要求就包括"年出口产品的产值达到当年全部产品产值 50% 以上，实现外汇收支平衡或者有余的。"[③]根据这些规定，在我国设立的外资企业的外汇流出是受到限制的。这也是我国改革开放初期经济条件限制下的外汇管制的历史选择。[④]随着我国对外开放事业的逐步提升，吸引外资的扩大，对于外汇管理的改革也提上了日程。1994 年中国人民银行开展了一系列的外汇管理体制的改革，以市场为基础，放松外汇管制。[⑤]1996 年《外汇管理条例》[⑥]的出台更是建立了我国新时代的外汇管理的基本法律框架。与之配套的是外管局 1996 年 6 月 28 日发布的《外商投资企业外汇登记管理暂行办法》〔1996〕会资函字第 187 号）。该暂行办法明确指出中外合资经营企业、中外合作经营企业和外资企业应根据规定向注册地外汇局办理外汇登记手续。[⑦]基本上在这个阶段我国所实施的外汇管理措施还是要求与当时

---

　　① 1986 年《外资企业法》第十八条。

　　② 1988 年《中华人民共和国中外合作经营企业法》第二十条。

　　③ 1990 年《外资企业法实施细则》（1990 年 10 月 28 日国务院批准 1990 年 12 月 12 日对外经济贸易部令第 1 号发布）第三条。

　　④ 刘光灿，孙鲁军.关于外商投资企业外汇自求平衡问题 [J].国际金融研究，1996（10）.

　　⑤ 王文卓.负面清单对现有外汇管理方式的挑战与应对 [J].改革与开放，2015（15）.

　　⑥《中华人民共和国外汇管理条例》（国务院第 193 号令），1996 年 1 月 8 日国务院第四十一次常务会议通过，自 1996 年 4 月 1 日起施行。该条例后续经 1997 年 1 月 14 日发布《国务院关于修改〈中华人民共和国外汇管理条例〉的决定》以及 2008 年 8 月 5 日国务院发布《中华人民共和国外汇管理条例》修订。

　　⑦ 根据 2013 年 5 月 10 日发布的国家外汇管理局关于印发《外国投资者境内直接投资外汇管理规定》及配套文件的通知（实施时间：2013 年 5 月 13 日），此文件被宣布废止。根据 2018 年 2 月 8 日中国人民银行发布的《中国人民银行令〔2018〕第 1 号——对 2017 年 12 月 31 日前发布的规章进行全面清理》（实施时间：2018 年 2 月 8 日），此文件被宣布废止。

外资三法和《外商投资产业指导目录》所确立的正面清单的管理模式相配套，整个外汇管理的流程比较冗繁，依法依规需要审批核准的事项较多。[1] 包括在 2008 年修订后的《外汇管理条例》仍要求"境外机构、境外个人在境内直接投资、经有关主管部门批准后，应当到外汇管理机关办理登记。"[2]

自从 2013 年中美 BIT 谈判以及上海等地自贸试验区建立以来，我国逐渐确立了"准入前国民待遇加负面清单"的外商投资管理模式。对于外汇管理的模式也需要进行改革。2012 年 11 月 19 日，外管局下发《关于进一步改进和调整直接投资外汇管理政策的通知》（汇发〔2012〕59 号）（简称"59 号文"），取消直接投资项下外汇账户开立及入账核准，改由银行根据外汇局相关业务系统登记信息办理开户和资金入账手续；取消了外国投资者境内合法所得再投资核准，会计师事务所可以根据被投资企业相关外汇登记信息为其办理验资询证手续；简化外商投资性公司境内再投资外汇管理；简化外商投资企业验资询证手续；简化外国投资者收购中方股权外资外汇登记手续；取消直接投资项下购汇及对外支付核准；取消直接投资项下境内外汇划转核准；进一步放宽境外放款管理；改进外商投资企业外汇资本金结汇管理；并要求提高银行办理直接投资项下外汇业务的合规意识。[3] 2013 年 5 月 10 日，外管局下发《外国投资者境内直接投资外汇管理规定》（汇发〔2013〕21 号）（简称"21 号文"），对外商直接投资涉及的外汇事项全面实行登记管理。[4] 该规定涉及的

---

① 王文卓. 负面清单对现有外汇管理方式的挑战与应对 [J]. 改革与开放，2015（15）；孟海鹏. 完善外商直接投资负面清单外汇管理 [J]. 中国外汇，2018（11）.

②《外汇管理条例》（2008 修订版）第十六条。

③《国家外汇管理局关于进一步改进和调整直接投资外汇管理政策的通知》（汇发〔2012〕59 号），2012 年 11 月 19 日。根据 2015 年 5 月 4 日国家外汇管理局发布的《国家外汇管理局关于废止和修改涉及注册资本登记制度改革相关规范性文件的通知》（实施时间：2015 年 5 月 4 日），此文件的附件 1《资本项目直接投资外汇业务操作规程（外汇局版）》1.14 "境内企业开展外币资金池业务"审核原则第 2 点修改为"申请开展外币资金池业务的各境内成员企业应为依法注册成立、独立承担法律责任"；2.8 "境内机构境外放款额度登记"审核原则第 1 点修改为"放款人和借款人均依法注册成立"。根据 2018 年 10 月 10 日国家外汇管理局发布的《国家外汇管理局关于公布废止和失效部分外汇管理规范性文件及相关条款的通知》（实施时间：2018 年 10 月 10 日），此文件被修订。

④《国家外汇管理局关于印发〈外国投资者境内直接投资外汇管理规定〉及配套文件的通知》（汇发〔2013〕21 号），2013 年 5 月 10 日。

外商直接投资包括新设投资，以及并购境内企业。2014 年，在上海自贸试验区内，国家外汇管理局上海市分局发布《支持中国（上海）自贸试验区建设外汇管理实施细则》，进一步深化外汇管理改革，促进贸易投资便利化。[①]2015 年 2 月 13 日，外管局下发了《关于进一步简化和改进直接投资外汇管理政策的通知》（汇发〔2015〕13 号）（简称"13 号文"），在全国范围内深化资本项目外汇管理改革。[②]13 号文的具体内容包括：（1）取消境内直接投资项下外汇登记核准和境外直接投资项下外汇登记核准两项行政审批事项；（2）简化部分直接投资外汇业务办理手续；（3）银行管理人员应提高办理直接投资外汇登记的合规意识；（4）外汇局应强化对银行管理人员的培训指导和事后监管。

从上述梳理基本可以看出，我国对于外汇管制的管理趋于简便化、便利化，方便了外商投资企业的投资活动。《外商投资法》第二十一条所确认的自由汇入、汇出的权利进一步明确我国保障外商投资者的财产权，响应我国进一步扩大对外开放的基本政策，促进外商投资和经济市场的持续发展。

此外，本法强调对于知识产权的保护。其中，第二十二条规定：

国家保护外国投资者和外商投资企业的知识产权，保护知识产权权利人和相关权利人的合法权益；对知识产权侵权行为，严格依法追究法律责任。

国家鼓励在外商投资过程中基于自愿原则和商业规则开展技术合作。技术合作的条件由投资各方遵循公平原则平等协商确定。行政机关及其工作人员不得利用行政手段强制转让技术。

本条是本次新立法的一项重要内容。

---

①《国家外汇管理局上海市分局关于印发支持中国（上海）自贸试验区建设外汇管理实施细则的通知》（上海汇发〔2014〕26 号），2014 年 2 月 28 日。根据 2015 年 12 月 17 日国家外汇管理局上海市分局发布的《进一步推进中国（上海）自贸试验区外汇管理改革试点实施细则》（实施时间：2015 年 12 月 17 日），此文件被宣布废止。

②《国家外汇管理局关于进一步简化和改进直接投资外汇管理政策的通知》（汇发〔2015〕13 号），2015 年 2 月 13 日。

第一款强调了我国对于知识产权的保护，尤其是对外国投资者和外商投资企业知识产权保护的基本原则。对于知识产权侵权行为，依法追究法律责任。改革开放以来，我国逐步确立了以《著作权法》[①]《专利法》[②]《商标法》[③] 为主的知识产权规范体系。2017 年《民法总则》第一百二十三条明确列举了知识产权保护的客体，应当包含：知识产权是权利人依法就下列客体享有的专有的权利：作品；发明、实用新型、外观设计；商标；地理标志；商业秘密；集成电路布图设计；植物新品种；法律规定的其他客体。[④] 此外，我国也加入了国际关于知识产权保护的各类公约。其中，主要包括 WTO 框架下《与贸易有关的知识产权协定》（TRIPS 协定）以及《保护工业产权巴黎公约》、《保护文学和艺术作品伯尔尼公约》等。[⑤] 从立法上来看，我国给予知识产权充分的高水平的保护，符合国际规范的标准。2018 年，我国在最高人民法院设立知识产权庭，统一审理全国范围内专利等上诉案件。[⑥] 本条第一款的内容事实上

①《中华人民共和国著作权法》，1990 年 9 月 7 日第七届全国人民代表大会常务委员会第十五次会议通过，2001 年 10 月 27 日第九届全国人民代表大会常务委员会第二十四次会议《关于修改〈中华人民共和国著作权法〉的决定》第一次修正，2010 年 2 月 26 日第十一届全国人民代表大会常务委员会第十三次会议《关于修改〈中华人民共和国著作权法〉的决定》第二次修正。

②《中华人民共和国专利法》，1984 年 3 月 12 日第六届全国人民代表大会常务委员会第四次会议通过，1992 年 9 月 4 日第七届全国人民代表大会常务委员会第二十七次会议《关于修改〈中华人民共和国专利法〉的决定》第一次修正，2000 年 8 月 25 日第九届全国人民代表大会常务委员会第十七次会议《关于修改〈中华人民共和国专利法〉的决定》第二次修正，2008 年 12 月 27 日第十一届全国人民代表大会常务委员会第六次会议《关于修改〈中华人民共和国专利法〉的决定》第三次修正。

③《中华人民共和国商标法》，1982 年 8 月 23 日第五届全国人民代表大会常务委员会第二十四次会议通过，1993 年 2 月 22 日第七届全国人民代表大会常务委员会第三十次会议《关于修改〈中华人民共和国商标法〉的决定》第一次修正，2001 年 10 月 27 日第九届全国人民代表大会常务委员会第二十四次会议《关于修改〈中华人民共和国商标法〉的决定》第二次修正，2013 年 8 月 30 日第十二届全国人民代表大会常务委员会第四次会议《关于修改〈中华人民共和国商标法〉的决定》第三次修正，2019 年 4 月 23 日第十三届全国人民代表大会常务委员会第十次会议《关于修改〈中华人民共和国建筑法〉等八部法律的决定》第四次修正。

④《民法总则》第一百二十三条。

⑤ 参见中国保护知识产权网，知识产权国际条约汇编（中英文对照）. http://www.ipr.gov.cn/zhuanti/law/conventions/index.html.

⑥ 人民法院新闻传媒总社. 最高人民法院发布《关于知识产权法庭若干问题的规定》，2018 年 12 月 28 日。

是对外商投资的知识产权保护的原则性规定。在 2017 年《国务院关于扩大对外开放积极利用外资若干措施的通知》中已经明确："依法依规严格保护外商投资企业知识产权。健全知识产权执法机制，加强知识产权执法、维权援助和仲裁调解工作。加强知识产权对外合作机制建设，推动相关国际组织在我国设立知识产权仲裁和调解分中心。"①2018 年《国务院关于积极有效利用外资推动经济高质量发展若干措施的通知》中也指出："加大知识产权保护力度。推进专利法等相关法律法规修订工作，大幅提高知识产权侵权法定赔偿上限。严厉打击侵权假冒行为，加大对外商投资企业反映较多的侵犯商业秘密、商标恶意抢注和商业标识混淆不正当竞争、专利侵权假冒、网络盗版侵权等知识产权侵权违法行为的惩治力度。"②

本条第二款明确在外商投资过程中的自愿原则，根据商业规则开展技术合作，技术合作的条件由投资各方遵循公平原则平等协商确定。此外还强调行政机关及其工作人员不得利用行政手段强制转让技术。需要指出的是，美国发布了针对各国贸易措施的"301 调查报告"，其中重点针对中国，指出中国在外商投资的过程中强制要求外商转让技术手段，造成了扭曲投资贸易规则的结果。③比如，美国指出，中国对于外商控制权的限制事实上就是要求美国投资者转让技术，美国投资者在进入中国市场时也受到非市场化的技术转让的要求。④美国这一系列的说法缺乏真实和积极的证据支持；更甚之，美国进行的"301 调查"本身就违反了世界贸易组织的 WTO 规则。⑤商务部针对美国的"301 调查报告"也严厉指出，"中国政府没有对外资企业提出过此类要求，中外企业的技术合作和其他经贸合作完全是基于自愿原则实施的契

---

①《国务院关于扩大对外开放积极利用外资若干措施的通知》第（十二）条。

②《国务院关于积极有效利用外资推动经济高质量发展若干措施的通知》第（十四）条。

③④ 美国贸易代表办公室（Office of the United States Trade Representative）. 2019 Special 301 Report，2019 年 4 月 . https://ustr.gov/sites/default/files/2019_Special_301_Report.pdf，p.46-47.

⑤ 冯雪薇 . 美国对中国技术转让有关措施的"301 条款调查"与 WTO 规则的合法性 [J]. 国际经济法学刊，2018（04）.

约行为，多年来双方企业都从中获得了巨大利益。"①

向东道国转让的技术被认为是东道国接受外商投资的好处之一。②改革开放以来，我国经济发展也急需高新技术的支持，鼓励具有高新技术的外商企业的投资，即所谓的"市场换技术"战略。③但事实上，这样的做法并不会与双方的自愿交易相冲突，并没有构成强制转让技术。《国务院关于积极有效利用外资推动经济高质量发展若干措施的通知》中强调："外商投资过程中技术合作的条件由投资各方议定，各级人民政府工作人员不得利用行政手段强制技术转让。"④本条第二款再次强调，"行政机关及其工作人员不得利用行政手段强制转让技术。"这也是对于国际上针对我国知识产权保护疑虑的回应，即我国不会利用行政手段进行强制技术转让。

需要说明的是，本条第二款内容意在表明，中国从立法层面欢迎有技术的投资者来华投资，中国政府声明不会利用行政手段强制转让技术，但这一声明却被不少人认为系中国对于过去存在强制技术转让的"不打自招"，这是一种不符逻辑的曲解。

此外，在知识产权领域，第二十三条强调：

行政机关及其工作人员对于履行职责过程中知悉的外国投资者、外商投资企业的商业秘密，应当依法予以保密，不得泄露或者非法向他人提供。

与之配套，第三十九条在"法律责任"一节中规定；

行政机关工作人员在外商投资促进、保护和管理工作中滥用职权、玩忽职守、徇私舞弊的，或者泄露、非法向他人提供履行职责过程中知悉的商业

---

① 商务部新闻办公室.商务部发表声明，2018 年 7 月 12 日.http://www.mofcom.gov.cn/article/ae/ai/201807/20180702765543.shtml.

② M. Sonarajah. International Law on Foreign Investment, Cambridge University Press, p.44.

③ 余智.中国对外经贸战略调整符合自身战略利益 [J]. 国际经济评论，2019（2）.

④《国务院关于积极有效利用外资推动经济高质量发展若干措施的通知》第（十四）条。

秘密的，依法给予处分；构成犯罪的，依法追究刑事责任。

这两条是对商业秘密的保护，尤其是明确行政机关及其工作人员对在外商投资过程中所知悉的商业秘密的保密责任。与之类似的，我国《对外贸易法》就规定："国务院对外贸易主管部门和国务院其他有关部门及其工作人员进行对外贸易调查，对知悉的国家秘密和商业秘密负有保密义务。"① 可以看出，对于商业秘密的保护既是国家行政机关的义务，也是相关机关工作人员的义务，不遵守该义务的，应依法承担法律责任。

对于"商业秘密"的定义，1993 年 9 月 2 日第八届全国人民代表大会常务委员会第三次会议通过的《中华人民共和国反不正当竞争法》就予以明确。该法于 2017 年 11 月 4 日在第十二届全国人代表大会常务委员会第三十次会议上修订。根据现行法律规定，商业秘密是指"不为公众所知悉、具有商业价值并经权利人采取相应保密措施的技术信息和经营信息。"② 与之类似的，《中华人民共和国刑法》中也规定了侵犯商业秘密罪，并将商业秘密定义为"不为公众所知悉，能为权利人带来经济利益，具有实用性并经权利人采取保密措施的技术信息和经营信息。"③ 国际上，WTO 项下 TRIPS 协议第三十九条第二款规定了商业秘密，其英文为 undisclosed information，并对此做出了三个要件的解释：第一，商业秘密是秘密，不得为公众所知悉；第二，商业秘密有商业价值；第三，权利所有人已采取保护商业秘密的措施。④ 据此，我国对于商业秘密的定义也符合 TRIPS 协议项下对于商业秘密的三个要件的规定。

对于商业秘密的保护，是对于知识产权保护的一种形式。这一点从 WTO

---

① 《对外贸易法》第三十九条。

② 《反不正当竞争法》第九条。

③ 《刑法》第二百一十九条。

④ 参见 TRIPS 协议第三十九条第二款（a）至（c）。原文为："(a) is secret in the sense that it is not, as a body or in the precise configuration and assembly of its components, generally known among or readily accessible to persons within the circles that normally deal with the kind of information in question; (b) has commercial value because it is secret; and (c) has been subject to reasonable steps under the circumstances, by the person lawfully in control of the information, to keep it secret."

将商业秘密保护置于 TRIPS 协议项下就可以看出。2017 年 3 月 15 日第十二届全国人民代表大会第五次会议通过的《中华人民共和国民法总则》也在第一百二十三条将商业秘密置于知识产权的框架下，作为知识产权权利人享有权利的客体之一。根据民法的基本原则，侵犯权利人权利的行为适用《侵权行为法》。

更为具体的，《反不正当竞争法》包含对于商业行为过程中侵犯商业秘密的特殊条款。其规定"经营者不得实施下列侵犯商业秘密的行为：（一）以盗窃、贿赂、欺诈、胁迫或者其他不正当手段获取权利人的商业秘密；（二）披露、使用或者允许他人使用以前项手段获取的权利人的商业秘密；（三）违反约定或者违反权利人有关保守商业秘密的要求，披露、使用或者允许他人使用其所掌握的商业秘密。"

第三人明知或者应知商业秘密权利人的员工、前员工或者其他单位、个人实施前款所列违法行为，仍获取、披露、使用或者允许他人使用该商业秘密的，视为侵犯商业秘密。"①

此外，《刑法》规定："有下列侵犯商业秘密行为之一，给商业秘密的权利人造成重大损失的，处三年以下有期徒刑或者拘役，并处或者单处罚金；造成特别严重后果的，处三年以上七年以下有期徒刑，并处罚金：（一）以盗窃、利诱、胁迫或者其他不正当手段获取权利人的商业秘密的；（二）披露、使用或者允许他人使用以前项手段获取的权利人的商业秘密的；（三）违反约定或者违反权利人有关保守商业秘密的要求，披露、使用或者允许他人使用其所掌握的商业秘密的。明知或者应知前款所列行为，获取、使用或者披露他人的商业秘密的，以侵犯商业秘密论。"②

事实上，从上述罗列的法条也可以看出，我国对于国内企业运营中的商业秘密已经进行了保护。本次《外商投资法》通过两个条文明确行政机关及其工作人员对于外商投资过程中知悉的商业秘密的保护，事实上是对于我国

---

① 《反不正当竞争法》第九条。
② 《刑法》第二百一十九条。

已有的商业秘密保护的立法宗旨在外商投资管理体制上的重申，也体现了下文所论及的内外资一致原则。

2. 强化对制定涉及外商投资规范性文件的约束

本法第二十四条规定：

> 各级人民政府及其有关部门制定涉及外商投资的规范性文件，应当符合法律法规的规定；没有法律、行政法规依据的，不得减损外商投资企业的合法权益或者增加其义务，不得设置市场准入和退出条件，不得干预外商投资企业的正常生产经营活动。

这一条规定了各级人民政府及其有关部门制定规范性文件的权限，必须符合法律法规的规定。

《国务院关于扩大对外开放积极利用外资若干措施的通知》中就明确指出，"各部门制定外资政策，要按照《国务院关于在市场体系建设中建立公平竞争审查制度的意见》（国发〔2016〕34号）规定进行公平竞争审查，原则上应公开征求意见，重要事项要报请国务院批准。各地区各部门要严格贯彻执行国家政策法规，确保政策法规执行的一致性，不得擅自增加对外商投资企业的限制。"[1] 具体而言，根据《国务院关于在市场体系建设中建立公平竞争审查制度的意见》，"行政机关和法律、法规授权的具有管理公共事务职能的组织（以下统称政策制定机关）制定市场准入、产业发展、招商引资、招标投标、政府采购、经营行为规范、资质标准等涉及市场主体经济活动的规章、规范性文件和其他政策措施，应当进行公平竞争审查。"[2] "行政法规和国务院制定的其他政策措施、地方性法规，起草部门应当在起草过程中进行公平竞争审查。未进行自我审查的，不得提交审议。"[3] 审查方式方面，"政策制定机

---

[1]《国务院关于扩大对外开放积极利用外资若干措施的通知》第（八）条。

[2]《国务院关于在市场体系建设中建立公平竞争审查制度的意见》第三（一）条。

[3]《国务院关于在市场体系建设中建立公平竞争审查制度的意见》第三（一）条。

关在政策制定过程中，要严格对照审查标准进行自我审查。经审查认为不具有排除、限制竞争效果的，可以实施；具有排除、限制竞争效果的，应当不予出台，或调整至符合相关要求后出台。没有进行公平竞争审查的，不得出台。制定政策措施及开展公平竞争审查应当听取利害关系人的意见，或者向社会公开征求意见。有关政策措施出台后，要按照《中华人民共和国政府信息公开条例》要求向社会公开。"①

此外，2018年12月4日，国务院办公厅下发《关于全面推行行政规范性文件合法性审核机制的指导意见》（国办发〔2018〕115号）。②根据该指导意见，"各地区、各部门要根据实际情况确定规范性文件合法性审核程序，明确起草单位、制定机关办公机构及审核机构的职责权限，严格执行材料报送、程序衔接、审核时限等工作要求。起草单位报送的审核材料，应当包括文件送审稿及其说明，制定文件所依据的法律、法规、规章和国家政策规定，征求意见及意见采纳情况，本单位的合法性审核意见，以及针对不同审核内容需要的其他材料等。起草单位直接将文件送审稿及有关材料报送制定机关办公机构的，制定机关办公机构要对材料的完备性、规范性进行审查。符合要求的，转送审核机构进行审核；不符合要求的，可以退回，或者要求起草单位在规定时间内补充材料或说明情况后转送审核机构进行审核。起草单位直接将文件送审稿及有关材料报送审核机构进行审核的，审核机构要对材料的完备性、规范性进行审核，不符合要求的，可以退回，或者要求起草单位在规定时间内补充材料或说明情况。除为了预防、应对和处置突发事件，或者执行上级机关的紧急命令和决定需要立即制定实施规范性文件等外，合法性审核时间一般不少于5个工作日，最长不超过15个工作日。"③此外，"审核机构要认真履行审核职责，防止重形式、轻内容、走过场，严格审核以下内容：制定主体是否合法；是否超越制定机关法定职权；内容是否符合宪法、法律、法规、

①《国务院关于在市场体系建设中建立公平竞争审查制度的意见》第三（二）条。

②《国务院办公厅关于全面推行行政规范性文件合法性审核机制的指导意见》（国办发〔2018〕115号），2018年12月4日。

③《国务院办公厅关于全面推行行政规范性文件合法性审核机制的指导意见》第（五）条。

规章和国家政策规定；是否违法设立行政许可、行政处罚、行政强制、行政征收、行政收费等事项；是否存在没有法律、法规依据做出减损公民、法人和其他组织合法权益或者增加其义务的情形；是否存在没有法律、法规依据做出增加本单位权力或者减少本单位法定职责的情形；是否违反规范性文件制定程序。审核机构要根据不同情形提出合法、不合法、应当予以修改的书面审核意见。起草单位应当根据合法性审核意见对规范性文件作必要的修改或者补充；特殊情况下，起草单位未完全采纳合法性审核意见的，应当在提请制定机关审议时详细说明理由和依据。"①

《外商投资法》的这一条继续强调，"没有法律、行政法规依据的，不得减损外商投资企业的合法权益或者增加其义务，不得设置市场准入和退出条件，不得干预外商投资企业的正常生产经营活动。"事实上，这也是保护外国投资者不受与法律、行政法规不符的地方政府各类规范性文件的规制。

3. 促使地方政府守约践诺

本法第二十五条规定：

地方各级人民政府及其有关部门应当履行向外国投资者、外商投资企业依法做出的政策承诺以及依法订立的各类合同。

因国家利益、社会公共利益需要改变政策承诺、合同约定的，应当依照法定权限和程序进行，并依法对外国投资者、外商投资企业因此受到的损失予以补偿。

本条要求地方各级人民政府及其有关部门履行政策承诺，减少在实践中地方政府朝令夕改的政策模式。当然，本条也承认，在国家利益、社会公共利益需要改变政策承诺、合同约定的，可以改变之前的承诺和约定，但同上述征收征用问题一致，需要对外国投资者、外商企业受到的损失予以

①《国务院办公厅关于全面推行行政规范性文件合法性审核机制的指导意见》第（六）条。

补偿。

在上述《国务院关于在市场体系建设中建立公平竞争审查制度的意见》中已经指出，要求"完善政府守信机制"，具体而言，"严格履行政府向社会做出的承诺，把政务履约和守诺服务纳入政府绩效评价体系，建立健全政务和行政承诺考核制度。各级人民政府对依法做出的政策承诺和签订的各类合同要认真履约和兑现。完善政务诚信约束和问责机制。进一步推广重大决策事项公示和听证制度，拓宽公众参与政府决策的渠道，加强对权力运行的社会监督和约束。"①

本条在《外商投资法》中的规定事实上也是在外商投资领域加强政府守信机制的确认，通过该项制度保护外国投资者和外商投资企业的合法利益。

4. 建立外商投资企业投诉工作机制

本法第二十六条规定：

国家建立外商投资企业投诉工作机制，及时处理外商投资企业或者其投资者反映的问题，协调完善相关政策措施。

外商投资企业或者其投资者认为行政机关及其工作人员的行政行为侵犯其合法权益的，可以通过外商投资企业投诉工作机制申请协调解决。

外商投资企业或者其投资者认为行政机关及其工作人员的行政行为侵犯其合法权益的，除依照前款规定通过外商投资企业投诉工作机制申请协调解决外，还可以依法申请行政复议、提起行政诉讼。

本条是对于外商投资企业投诉工作机制的确认，通过这一制度保护外国投资者和外商投资企业的合法利益。

早在 2006 年商务部就出台了《商务部外商投资企业投诉工作暂行办法》

---

① 《国务院关于在市场体系建设中建立公平竞争审查制度的意见》第五（二）条。

（商务部令第 2 号）。[1] 其目的就是"为及时有效地受理外商投资企业投诉，维护外商投资企业及其投资者的合法权益，促进外商投资企业健康发展，进一步改善外商投资环境"。[2] 该办法所指的"外商企业投诉"，是指"在我国境内的外商投资企业及其投资者（以下统称投诉人），认为其合法权益受到行政机关行政行为的侵害，提请投诉受理机构进行协调解决，或反映情况、提出建议、意见或请求，由投诉受理机构依法进行协调处理的行为。"[3] "投诉受理机构应遵循公平、公正、合法的原则，依据相关法律、法规和本办法的规定处理投诉。"[4] "全国外商投资企业投诉中心和地方各级政府具有受理职能的部门（以下统称地方投诉受理机构）依据实际情况受理外商投资企业投诉。全国外商投资企业投诉中心负责受理外商投资企业直接投诉至全国外商投资企业投诉中心的事项，受理跨省市外商投资企业投诉事项和影响重大的外商投资企业投诉事项，负责与全国外商投资企业投诉工作相关的培训、调研及管理、协调工作。地方投诉受理机构负责受理本地外商投资企业投诉事项，受理全国外商投资企业投诉中心转交或督办的投诉事项。投诉被受理后，原则上由投诉事项发生地的当地机构处理解决。投诉受理机构在受理投诉后，应该调查情况，反馈信息，予以协调。"[5] "商务部外商投资企业投诉协调办公室负责协调、指导和监督全国外商投资企业投诉工作，负责处理由全国外商投资企业投诉中心提交的涉及部门和行业过多、需要召开部际协调会议加以解决的外商投资企业投诉，制订解决争议的政策原则，完善相关法律法规规定。"[6]

可以看出，我国建立外国投资者投诉机制时间较长。本条更是通过人大立法的方式将这一机制明确下来。我国向来强调多元纠纷解决方式，从本条

---

[1] 《商务部外商投资企业投诉工作暂行办法》（商务部令第 2 号），2006 年 9 月 1 日。

[2] 《商务部外商投资企业投诉工作暂行办法》第一条。

[3] 《商务部外商投资企业投诉工作暂行办法》第二条。

[4] 《商务部外商投资企业投诉工作暂行办法》第四条。

[5] 《商务部外商投资企业投诉工作暂行办法》第五条。

[6] 《商务部外商投资企业投诉工作暂行办法》第六条。

条款设置来看，外商投资企业投诉工作机制还是以协调沟通为主。避免使用"纠纷"这一字眼，软化外商投资企业与行政机关及其工作人员的矛盾，在有效保护外商投资企业的基础上尽力促成问题的协调解决。但与此同时，第三款也明确指出，外商投资企业也享有行政复议、行政诉讼的权利，前两款所设置的投诉机制并不是行政复议和行政诉讼的前置程序，外商投资企业完全享有法律规定的救济途径。

此外，本法第二十七条规定：

外商投资企业可以依法成立和自愿参加商会、协会。商会、协会依照法律法规和章程的规定开展相关活动，维护会员的合法权益。

本条确定了外商投资企业在我国境内成立和参加商会、协会的权利，但要求商会和协会的活动应当依照相关法律法规和章程，维护会员的合法权益。

本条所确认的商会、协会包括我国主导设立的商会、协会。以"中国外商投资企业协会"为例，其于 1987 年 11 月在北京创立，由商务部主管，在民政部登记注册，以在中国境内的外商投资企业及港澳台和海外侨胞投资企业为主，联合组成的全国性非营利社会团体。[1] 该协会的宗旨就是服务会员，具体包括："为会员提供信息、咨询和培训等多种服务；向政府及其部门反映会员诉求，发挥政府和企业之间的桥梁作用，依法维护会员的合法权益；支持会员不断创新，改进企业经营管理，提高经济效益；规范会员行为，加强行业自律，维护公平竞争的市场环境；倡导会员履行社会责任，为中国的和谐社会建设做出贡献。"[2]

本条所确认的商会、协会也包括主要为外国投资者和外商企业建立的商会、协会。比如，"中国美国商会"就是一个颇具影响力的商会，旨在向成员

---

[1] 中国外商投资企业协会.协会简介.http://caefi.mofcom.gov.cn/article/av/201504/2015040095 4305.shtml.
[2]《中国外商投资企业协会章程》第三条。

提供一个互相了解，并且能够与中国和美国政府沟通的平台。[①] 其中，该商会发布的《美国企业在中国白皮书》会对中国的贸易投资政策进行了全面的分析，对于在华企业具有很重要的指导意义。对于外国商会，国务院发布《外国商会管理暂行规定》进行管理。[②] 根据该规定，"外国商会是指外国在中国境内的商业机构及人员依照本规定在中国境内成立，不从事任何商业活动的非营利性团体。外国商会的活动应当以促进其会员同中国发展贸易和经济技术交往为宗旨，为其会员在研究和讨论促进国际贸易和经济技术交往方面提供便利。"[③] 后续 2013 年修订版将成立外国商会的审查制改为登记制。[④]

这些协会商会的建立也是保护我国外商投资企业的重要机制。

（四）投资管理

根据全国人民代表大会常务委员会副委员长王晨在 2019 年 3 月 8 日在第十三届全国人民代表大会第二次会议上所做的《关于〈中华人民共和国外商投资法（草案）〉的说明》，在投资管理部分，主要有四项内容：第一，落实"准入前国民待遇加负面清单"管理制度；第二，明确按照内外资一致的原则对外商投资实施监督管理，包括投资项目核准备案，特殊行业、领域的许可、企业的组织形式、组织机构，税收、会计、外汇等企业生产经营活动方面的规定，以及投资并购中的反垄断审查；第三，建立健全外商投资信息报告制度；第四，对外商投资安全审查制度做了原则规定。下面就四个方面的内容进行具体的解释。

---

① 参见中国美国商会（AmCham China）网站：https://www.amchamchina.org/.

②《外国商会管理暂行规定》，1989 年 4 月 28 日国务院第三十九次常务会议通过，1989 年 6 月 14 日国务院令第 36 号发布，2013 年 12 月 7 日发布《国务院关于修改部分行政法规的决定》（实施时间：2013 年 12 月 7 日），此文件被修订。

③《外国商会管理暂行规定》第二条。

④《国务院关于修改部分行政法规的决定》（国务院令第 645 号），2013 年 12 月 7 日。

1. 准入前国民待遇和负面清单

新《外商投资法》延续了自中美 2013 年 BIT 谈判以来逐步确立的,并在各省市试行的自贸试验区中施行的"准入前国民待遇和负面清单"的模式,以人大立法的形式将这一模式确立下来。在总则章节中,第四条就提纲挈领地规定:

国家对外商投资实行准入前国民待遇加负面清单管理制度。

前款所称准入前国民待遇,是指在投资准入阶段给予外国投资者及其投资不低于本国投资者及其投资的待遇;所称负面清单,是指国家规定在特定领域对外商投资实施的准入特别管理措施。国家对负面清单之外的外商投资,给予国民待遇。

负面清单由国务院发布或者批准发布。

中华人民共和国缔结或者参加的国际条约、协定对外国投资者准入待遇有更优惠规定的,可以按照相关规定执行。

而在第四节投资管理部分的第一条,即《外商投资法》第二十八条进一步详细规定:

外商投资准入负面清单规定禁止投资的领域,外国投资者不得投资。

外商投资准入负面清单规定限制投资的领域,外国投资者进行投资应当符合负面清单规定的条件。

外商投资准入负面清单以外的领域,按照内外资一致的原则实施管理。

这两条是本次《外商投资法》的核心内容,确认了外商投资管理的基本框架,即"准入前国民待遇加负面清单"模式。第四条分别对"准入前国民待遇"和"负面清单"给出了定义:"准入前国民待遇"是指"在投资准入阶段给予外国投资者及其投资不低于本国投资者及其投资的待遇";"负面清单"

则是指"国家规定在特定领域对外商投资实施的准入特别管理措施"。换言之，除了负面清单中列出的领域，我国对负面清单外的外商投资给予国民待遇。在 2013 年 11 月 12 日中国共产党第十八届中央委员会第三次全体会议通过了《中共中央关于全面深化改革若干重大问题的决定》之后，我国逐步建立起"准入前国民待遇加负面清单"的管理模式。

一方面，我国在原有《外商投资产业指导目录》的基础上建立起新的负面清单。在本章上文对于《外商投资法》第十四条的论述中已经提及了《外商投资产业指导目录》。该目录将外商投资项目分为鼓励、限制和禁止类，即所谓的"正面清单"，规定了外商在哪些行业可以投资、在哪些行业的投资有所限制以及哪些行业不可以投资。该目录首次于 1995 年发布，后经 1997 年、2002 年、2004 年、2007 年、2011 年、2015 年和 2017 年多次修订。

2015 年 10 月，国务院下发了《关于实行市场准入负面清单制度的意见》（国发〔2015〕55 号），部署实施市场准入负面清单。[1] 需要区分的是，本意见中的负面清单包括两种，一是市场准入负面清单，二是外商投资负面清单。市场准入负面清单是适用于境内外投资者的一致性管理措施，是对各类市场主体市场准入管理的统一要求；外商投资负面清单适用于境外投资者在华投资经营行为，是针对外商投资准入的特别管理措施。[2]

2016 年 10 月 8 日，国家发改委、商务部经国务院批准，发布了《关于明确外商投资准入特别管理措施范围的公告》（国家发改委、商务部公告 2016 年第 22 号），明确外商投资准入特别管理措施范围按《外商投资产业指导目录（2015 年修订）》中限制类和禁止类，以及鼓励类中有股权要求、高管要求的有关规定执行，涉及外资并购设立企业及变更的，按现行有关规定执行。[3] 当时生效施行的仍是《外商投资产业指导目录（2015 年）修订版》。但随后该目录又于 2017 年再一次修订，相关的外商投资准入特别管理措施则是按 2017

---

①《国务院关于实行市场准入负面清单制度的意见》（国发〔2015〕55 号），2015 年 10 月 2 日。

②《国务院关于实行市场准入负面清单制度的意见》第（八）条。

③《关于明确外商投资准入特别管理措施范围的公告》（国家发改委、商务部公告 2016 年第 22 号），2016 年 10 月 8 日。

年版本进行。此时，2017年版本中限制类条目仅35条、禁止类条目仅28条。[①]

2017年1月12日，国务院发布《关于扩大对外开放积极利用外资若干措施的通知》（国发〔2017〕5号）。该通知要求"修订《外商投资产业指导目录》及相关政策法规，放宽服务业、制造业、采矿业等领域外资准入限制。支持外资参与创新驱动发展战略实施、制造业转型升级和海外人才在华创业发展。"[②]

2017年8月8日，国务院印发了《关于促进外资增长若干措施的通知》（国发〔2017〕39号）。该通知要求"全面实施准入前国民待遇加负面清单管理制度。尽快在全国推行自贸试验区试行过的外商投资负面清单，进一步增强投资环境的开放度、透明度、规范性。"[③]此外，"进一步扩大市场准入对外开放范围。持续推进专用车和新能源汽车制造、船舶设计、支线和通用飞机维修、国际海上运输、铁路旅客运输、加油站、互联网上网服务营业场所、呼叫中心、演出经纪、银行业、证券业、保险业对外开放，明确对外开放时间表、路线图。"[④]

2018年6月10日，《国务院关于积极有效利用外资推动经济高质量发展若干措施的通知》（国发〔2018〕19号）中也明确指出，"全面落实准入前国民待遇加负面清单管理制度。2018年7月1日前修订出台全国和自贸试验区外商投资准入特别管理措施（负面清单），与国际通行规则对接，全面提升开放水平，以开放促改革、促发展、促创新。负面清单之外的领域，各地区各部门不得专门针对外商投资准入进行限制。"[⑤]

2018年6月28日，国家发改委、商务部正式出台《外商投资准入特别管理措施（负面清单）（2018年版）》（2018年第18号），明确使用了"负面清

[①] 发改委就《外商投资产业指导目录（2017年修订）》答问，2017年6月28日。https://www.scio.gov.cn/xwfbh/gbwxwfbh/xwfbh/fzggw/Document/1556552/1556552.htm.

[②]《国务院关于扩大对外开放积极利用外资若干措施的通知》第（一）条。

[③]《国务院关于促进外资增长若干措施的通知》第一（一）条。

[④]《国务院关于促进外资增长若干措施的通知》第一（二）条。

[⑤]《国务院关于积极有效利用外资推动经济高质量发展若干措施的通知》第（一）条。

单"的措辞，废止之前施行的《外商投资产业指导目录（2017年修订）》中的外商投资准入特别管理措施（外商投资准入负面清单），鼓励类目录继续执行。2018年版《外商投资准入特别管理措施（负面清单）》出台，"兑现了中国领导人对世界投资者扩大开放的承诺，再次彰显了中国政府主动扩大对外开放、主动对接国际做法的坚定决心，彰显了中国持续推动经济全球化，实现携手共进、共同发展的坚定决心。"① 2018年版外商投资负面清单主要有几个亮点：

第一是开放力度大，"在22个领域推出开放措施，限制措施减少到48条，减少近1/4。"具体而言，"金融领域，取消银行业外资股比限制，将证券公司、基金管理公司、期货公司、寿险公司的外资股比放宽至51%，2021年取消金融领域所有外资股比限制。制造业领域，汽车行业取消专用车、新能源汽车外资股比限制，2020年取消商用车外资股比限制，2022年取消乘用车外资股比限制，以及合资企业不超过两家的限制。取消船舶、飞机设计、制造、维修等各领域限制，基本形成全行业开放。"②

第二是提高负面清单的透明度和规范性。该清单"统一列明了股权要求、高管要求等特别管理措施，删除了'我国法律法规另有规定的，从其规定'的说明，按照全面落实'准入前国民待遇加负面清单'管理制度的要求，明确负面清单之外的领域，按照内外资一致原则实施管理。"③

第三，提高了国际化水平，也就是说，"外商投资负面清单，借鉴了自贸试验区负面清单的体例与形式，从《外商投资产业指导目录》中独立出来，单独发布，按照《国民经济行业分类》，以列表方式列明了股权比例、高管要求等主要的外资限制措施。"④

外资准入负面清单经过几次修订，2018年版保留的限制措施与2011年版相比减少约3/4，制造业基本放开，服务业和其他领域也有序推进开放。在《外商投资法》通过后，国务院责令国家发改委和商务部修改2018年外资准

---

① ② ③ ④ 商务微新闻.商务部外资司负责人解读新版外商投资准入负面清单，2018年6月30日。

入负面清单。2019 年版外资准入负面清单将于 2019 年 7 月 30 日实施。2018 年版全国和自贸试验区外资准入负面清单相应废止。

2019 年修订外资准入负面清单主要把握三个原则：一是推动各领域全方位扩大对外开放，在更多领域允许外资控股或独资经营；二是负面清单只减少、不新增限制。2019 年版外资准入负面清单进一步缩短了清单长度，在所有行业领域均没有新增或加严限制；三是通过内外资统一监管能够防范风险的不列入负面清单。凡是可以实现内外资统一有效监管的领域，取消单独针对外资的准入限制，各类市场主体平等竞争。按照"只做减法、不做加法"的要求，2019 年版外资准入负面清单进一步缩短了清单长度，新推出一批开放措施。其中，全国外资准入负面清单条目由 48 条减至 40 条，压减比例 16.7%；自贸试验区外资准入负面清单条目由 45 条减至 37 条，压减比例 17.8%。

总体来看，我国采取的"负面清单"大大减少了《外商投资产业指导目录》时期对于外商投资的禁止和限制，大幅度地向外国投资者开放了我国市场。

另外一方面，也是与"负面清单"的引入相配套的，我国逐步取消了外资三法时期对于外资准入的逐案审批制度，改为备案和审批制并行，进一步放松了对于外资进入的管制。

以《中外合资经营企业法》为例，"合营各方签订的合营协议、合同、章程，应报审查批准机关审查批准。"[1] "约定合营期限的合营企业，合营各方同意延长合营期限的，应在距合营期满六个月前向审查批准机关提出申请。"[2] "合营企业如发生严重亏损、一方不履行合同和章程规定的义务、不可抗力等，经合营各方协商同意，可终止合同，但应报请审查批准机关批准，并向国家工商行政管理主管部门登记。"[3] 与之类似，《外资企业法》中对外资企业的设立（第六条），分立、合并或者其他重要事项变更（第十条），经营

---

[1] 《中外合资经营企业法》第三条。

[2] 《中外合资经营企业法》第十三条。

[3] 《中外合资经营企业法》第十四条。

期限及其延长（第二十条）要求由审查批准机关批准。《中外合作经营企业法》中对设立合作企业过程中中外合作者签订的协议、合同、章程等文件（第五条），中外合作者在合作期限内协商同意对合作企业合同作重大变更（第七条），中外合作者的一方转让其在合作企业合同中的全部或者部分权利、义务的（第十条），合作企业成立后改为委托中外合作者以外的他人经营管理的（第十二条第二款）、延长合作期限（第二十四条）等事项要求经审查批准机关批准。

2016 年 9 月 3 日，根据自贸试验区取得的可复制推广的经验，第十二届全国人民代表大会常务委员会第二十二次会议审议通过《关于修改〈中华人民共和国外资企业法〉等四部法律的决定》，将《外资企业法》《中外合资经营企业法》《中外合作经营企业法》以及《台湾同胞投资保护法》这四部法律中不涉及国家规定实施准入特别管理措施的外商投资企业的设立及变更，由审批制改为备案制。①

与之配套的 2018 年版《外商投资企业设立及变更备案管理暂行办法》（商务部令 2016 年第 3 号，经商务部令 2017 年第 2 号、商务部令 2018 年第 6 号修改），"外商投资企业的设立及变更，包括并购类的外商投资，不涉及国家规定实施准入特别管理措施的，适用本办法规定的备案管理制度。"②

随着《外商投资法》第四条和第二十八条有关"准入前国民待遇加负面清单"制度的实施，我国长期施行的对于外商新设企业投资的逐案审批制废止。外资准入特别管理措施（负面清单）范围之内的仍需经过审批，但该清单之外的投资领域仅需经过备案即可。至于备案和审批所需提交的文件和程序，则需进一步的实施细则的出台。就目前来说，商务部 2018 年版《外商投资企业设立及变更备案管理暂行办法》仍然适用，之后是否修改有待商务部进一步解释。（注：商务部业务系统统一平台受理外商投资企业设立和变更的

---

① 全国人民代表大会常务委员会《关于修改〈中华人民共和国外资企业法〉等四部法律的决定》，2016 年 9 月 3 日第十二届全国人民代表大会常务委员会第二十二次会议通过。

②《外商投资企业设立及变更备案管理暂行办法》第二条。

备案和审批 . http://wzzxbs.mofcom.gov.cn/entpIndex.html.）

继而，本法第二十九条规定：

外商投资需要办理投资项目核准、备案的，按照国家有关规定执行。

对于外商投资的项目管理，我国经历了一个逐步放松的变化过程。

在具体阐述这一过程之前，首先对本条中所指称的"投资项目"做一个界定。应该看出，本条不同于上述《外商投资法》第二条第（三）项的规定，采用了"投资项目"而非"投资新建项目"，包括了更多的内容和范围。根据 2002 年 2 月 11 日发布的《指导外商投资方向规定》（国务院令第 346 号），外商投资项目既包括新设企业的投资，也包括其他类型的投资。[1] 发改委于 2004 年 10 月 9 日出台《外商投资项目核准暂行管理办法》（国家发展和改革委员会令第 22 号），则适用于中外合资、中外合作、外商独资、外商购并境内企业、外商投资企业增资等各类外商投资项目的核准。[2] 而之后于 2014 年 5 月 17 日出台的《外商投资项目核准和备案管理办法》（国家发展和改革委员会令 12 号）取代了原先的《暂行管理办法》，并将适用范围扩大到中外合资、中外合作、外商独资、外商投资合伙、外商并购境内企业、外商投资企业增资及再投资项目等各类外商投资项目。[3]

在具体的管理模式上，2002 年的《指导外商投资方向规定》要求根据《外商投资产业指导目录》和《中西部地区外商投资优势产业目录》指导审批外商投资项目。[4]

2004 年《外商投资项目核准暂行管理办法》中仍规定了核准制。根据该《暂行管理办法》，"按照《外商投资产业指导目录》分类，总投资（包括增资额，下同）1 亿美元及以上的鼓励类、允许类项目和总投资 5000 万美元及以

---

[1]《指导外商投资方向规定》第二条。

[2]《外商投资项目核准暂行管理办法》第二条。

[3]《外商投资项目核准和备案管理办法》第二条。

[4]《指导外商投资方向规定》第三条。

上的限制类项目，由国家发展改革委核准项目申请报告，其中总投资 5 亿美元及以上的鼓励类、允许类项目和总投资 1 亿美元及以上的限制类项目由国家发展改革委对项目申请报告审核后报国务院核准。"① "总投资 1 亿美元以下的鼓励类、允许类项目和总投资 5000 万美元以下的限制类项目由地方发展改革部门核准，其中限制类项目由省级发展改革部门核准，此类项目的核准权不得下放。地方政府按照有关法规对上款所列项目的核准另有规定的，从其规定。"②

　　而在"准入前国民待遇和负面清单"的外资管理模式逐渐确立后，我国对于外资进入的要求逐渐简化。2014 年发改委废止之前的《外商投资项目核准暂行管理办法》，重新颁布《外商投资项目核准和备案管理办法》。根据新办法的规定，"外商投资项目管理分为核准和备案两种方式。"③第四条规定，"根据《核准目录》，实行核准制的外商投资项目的范围为：（一）《外商投资产业指导目录》中有中方控股（含相对控股）要求的总投资（含增资）3 亿美元及以上鼓励类项目，总投资（含增资）5000 万美元及以上限制类（不含房地产）项目，由国家发展和改革委员会核准。（二）《外商投资产业指导目录》限制类中的房地产项目和总投资（含增资）5000 万美元以下的其他限制类项目，由省级政府核准。《外商投资产业指导目录》中有中方控股（含相对控股）要求的总投资（含增资）3 亿美元以下鼓励类项目，由地方政府核准。（三）前两项规定之外的属于《核准目录》第一至十一项所列的外商投资项目，按照《核准目录》第一至十一项的规定核准。（四）由地方政府核准的项目，省级政府可以根据本地实际情况具体划分地方各级政府的核准权限。由省级政府核准的项目，核准权限不得下放。"④不在核准范围内的备案即可。⑤

---

①《外商投资项目核准暂行管理办法》第三条。

②《外商投资项目核准暂行管理办法》第四条。

③《外商投资项目核准和备案管理办法》第三条。

④《外商投资项目核准和备案管理办法》第四条。

⑤《外商投资项目核准和备案管理办法》第五条。

此处所指的《核准目录》是指《政府核准的投资项目目录》。①这是 2004 年 7 月 16 日国务院出台的《国务院关于投资体制改革的决定》（国发〔2004〕20 号）的附件。该决定改革了原先的逐案审批制，设立了《政府核准的投资项目目录（2004 年版）》，仅对目录内的项目实行核准制，而对于目录外的企业投资项目则实行备案制。②该决定统一适用于内外资，也是我国对于内外资一致原则的早期实践。随后，国务院陆续更新了《政府核准的投资项目目录（2013 年版）》（国发〔2013〕47 号）、《政府核准的投资项目目录（2014 年版）》（国发〔2014〕53 号）和《政府核准的投资项目目录（2016 年版）》（国发〔2016〕72 号）。现行 2016 年版投资项目目录中规定，"《外商投资产业指导目录》中总投资（含增资）3 亿美元及以上限制类项目，由国务院投资主管部门核准，其中总投资（含增资）20 亿美元及以上项目报国务院备案。《外商投资产业指导目录》中总投资（含增资）3 亿美元以下限制类项目，由省级政府核准。"③上述即为我国现行对于投资项目备案和核准制的基本内容。

此外，本法第三十六条规定：

外国投资者投资外商投资准入负面清单规定禁止投资的领域的，由有关主管部门责令停止投资活动，限期处分股份、资产或者采取其他必要措施，恢复到实施投资前的状态；有违法所得的，没收违法所得。

外国投资者的投资活动违反外商投资准入负面清单规定的限制性准入特别管理措施的，由有关主管部门责令限期改正，采取必要措施满足准入特别管理措施的要求；逾期不改正的，依照前款规定处理。

外国投资者的投资活动违反外商投资准入负面清单规定的，除依照前两款规定处理外，还应当依法承担相应的法律责任。

---

① 国家发展改革委关于修改《境外投资项目核准和备案管理办法》和《外商投资项目核准和备案管理办法》有关条款的决定（国家发展和改革委员会令第 20 号），2014 年 12 月 27 日。

②《国务院关于投资体制改革的决定》（国发〔2004〕20 号），2004 年 7 月 16 日。

③《政府核准的投资项目目录（2016 年版）》第十一项。

这一条规定了外国投资者违反负面清单的法律责任。虽然我国已经大幅度向外国投资者开放了国内市场，但是对于部分敏感行业我国政府仍然出于保护主权和国家安全的需要对外资的进入做出禁止或限制。外国投资者不得违反我国政府规定。如果外国投资者违反负面清单进入禁止投资领域的，要求由有关主管部门责令停止投资活动，限期处分股份、资产或者采取其他必要措施，恢复到实施投资前的状态；有违法所得的，没收违法所得。如果外国投资者违反负面清单进入限制投资领域的，要求由有关主管部门责令限期改正，采取必要措施满足准入特别管理措施的要求；逾期不改正的，依照前款规定处理。这一条的规定也是负面清单的配套内容，同时保障了我国国家利益。

2. 内外资一致原则

新《外商投资法》强调了"内外资一致原则"，这也是国民待遇的基本要求。第二十八条第三款就已经规定，"外商投资准入负面清单以外的领域，按照内外资一致的原则实施管理。"有关"内外资一致原则的"具体表现有：

第一，对于行业许可方面的内外资一致原则。本法第三十条规定：

外国投资者在依法需要取得许可的行业、领域进行投资的，应当依法办理相关许可手续。

有关主管部门应当按照与内资一致的条件和程序，审核外国投资者的许可申请，法律、行政法规另有规定的除外。

原先的外资三法并没有明确的关于行业许可的规定。2003 年 8 月 27 日第十届全国人民代表大会常务委员会通过了《行政许可法》，规定了有关行政许可的基本框架。行政许可，是指"行政机关根据公民、法人或者其他组织的申请，经依法审查，准予去从事特定活动的行为。"[1]我国现在对许多行业都有准入许可的要求。比如，交通部 2018 年 10 月 22 日出台的《快递业务经

---

[1]《行政许可法》第二条。

营许可管理办法》（交通运输部令 2018 年第 23 号）规定了快递业的行业许可。[1] 再比如，食药监局于 2017 年 11 月 17 日修正的《食品经营许可证管理办法》和《药品经营许可证管理办法》（国家食品药品监督管理总局令第 37 号）规定了食品药品行业的准入许可。[2] 类似的行业许可需要专门查阅相关行业主管部门的法律法规。除了部分特别管理措施（负面清单）内的投资项目，外商投资还需要跟内资一样，遵守相应行业的准入许可的管理规范。

第二，对于企业组织形式等方面的内外资一致原则。本法第三十一条规定：

外商投资企业的组织形式、组织机构及其活动准则，适用《中华人民共和国公司法》《中华人民共和国合伙企业法》等法律的规定。

本条依据内外资一致的原则要求外商投资的形式遵循我国《公司法》、《合伙企业法》等法律有关企业的组织形式、组织机构及其活动准则的规定，体现了准入前国民待遇原则。根据 2019 年 3 月 12 日第十三届全国人民代表大会第二次会议主席团第二次会议通过的《第十三届全国人民代表大会宪法和法律委员会关于〈中华人民共和国外商投资法（草案）〉审议结果的报告》，特别写入外商投资企业"活动准则"，明确《公司法》、《合伙企业法》等企业组织法所规制的范围。

在本法颁布实施以前，外资三法规定了外商投资的主要形式，包括了中外合资经营企业、中外合作经营企业和外商独资企业。事实上，1979 年《中外合资经营企业法》颁布之时，中国还没有基本的企业组织法。《中外合资经营企业法》既承担了外资管理法的功能，又承担了企业组织法的功能。与之相对应的 1986 年《外资企业法》和 1988 年《中外合作经营企业法》均涉及

---

[1]《快递业务经营许可管理办法》（交通运输部令 2018 年第 23 号），2018 年 10 月 22 日。

[2]《国家食品药品监督管理总局关于修改部分规章的决定》（国家食品药品监督管理总局令第 37 号），2017 年 11 月 17 日。

大量外资企业设立、变更、股权转让和其他事项的规定。

1993 年 12 月 29 日第八届全国人民代表大会常务委员会第五次会议通过《中华人民共和国公司法》，使我国有了第一部现代意义上的公司法。[①] 这也带来了外资三法和公司法的协调问题。1993 年《公司法》在第十八条中做出专门规定："外商投资的有限责任公司适用本法，有关中外合资经营企业、中外合作经营企业、外资企业的法律另有规定的，适用其规定。"[②] 现行《公司法》的主体部分是在 2005 年 10 月 27 日的第十届全国人民代表大会常务委员会第十八次会议上通过的。第二百一十八条规定，"外商投资的有限责任公司和股份有限公司适用本法；有关外商投资的法律另有规定的，适用其规定。"[③] 后来的《公司法》2013 年修订版和 2018 年修订版均保留了这一条款，仅是编号上调整为第二百一十七条。

与之类似，《合伙企业法》于 1997 年 2 月 23 日在第八届全国人民代表大会常务委员会第二十四次会议上通过，并于 2006 年 8 月 27 日在第十届全国人民代表大会常务委员会第二十三次会议上修订。[④] 根据现行《合伙企业法》的规定，"外国企业或者个人在中国境内设立合伙企业的管理办法由国务院规定。"[⑤]

在进一步扩大开放，提高外资管理水平的时代背景下，将外商投资企业统一纳入《公司法》和《合伙企业法》的框架下是本次立法的重要目标，也

---

①《中华人民共和国公司法》，1993 年 12 月 29 日第八届全国人民代表大会常务委员会第五次会议通过，1999 年 12 月 25 日第九届全国人民代表大会常务委员会第十三次会议《关于修改〈中华人民共和国公司法〉的决定》第一次修正，2004 年 8 月 28 日第十届全国人民代表大会常务委员会第十一次会议《关于修改〈中华人民共和国公司法〉的决定》第二次修正，2005 年 10 月 27 日第十届全国人民代表大会常务委员会第十八次会议修订，2013 年 12 月 28 日第十二届全国人民代表大会常务委员会第六次会议《关于修改〈中华人民共和国海洋环境保护法〉等七部法律的决定》第三次修正。

② 1993 年《公司法》第十八条。

③ 2005 年《公司法》第二百一十八条。

④《中华人民共和国合伙企业法》，1997 年 2 月 23 日第八届全国人民代表大会常务委员会第二十四次会议通过，2006 年 8 月 27 日第十届全国人民代表大会常务委员会第二十三次会议修订。

⑤《合伙企业法》第一百零八条。

是"内外资一致原则"的重要体现。依据本条的规定，原先有关外资三法的具体企业设立规则不再适用。外资企业从设立，到运营管理，乃至最后的解散清算均按照《公司法》或者《合伙企业法》的规定执行。相比较而言，主要变化包括：

（1）有关三资企业的设立管理规定不再适用，而是统一适用《公司法》或者《合伙企业法》的规定。外商投资不再区分特殊的中外合资企业、中外合作企业或者外商独资企业，而是根据工商管理的要求登记为公司或者合伙企业。

（2）有关三资企业新设投资的要求将不再适用，而是适用《公司法》或《合伙企业法》对于公司和合伙企业设立的要求。比如，《中外合资经营企业法》中规定，"在合营企业的注册资本中，外国合营者的投资比例一般不低于百分之二十五。"[1]此法不再适用。相反，如果外国投资者想成立外商投资企业，将会适用《公司法》或者《合伙企业法》的规定。[2]

（3）有关权利转让的问题不再适用。《中外合资经营企业法》规定，"合营者的注册资本如果转让必须经合营各方同意。"[3]相类似的，《中外合作经营企业法》规定，"中外合作者的一方转让其在合作企业合同中的全部或者部分权利、义务的，必须经他方同意，并报审查批准机关批准。"[4]这些规定都不再适用。《公司法》和《合伙企业法》均有权利转让的规定。

根据《公司法》的规定，"有限责任公司的股东之间可以相互转让其全部或者部分股权。股东向股东以外的人转让股权，应当经其他股东过半数同意。股东应就其股权转让事项书面通知其他股东征求同意，其他股东自接到书面通知之日起满三十日未答复的，视为同意转让。其他股东半数以上不同意转让的，不同意的股东应当购买该转让的股权；不购买的，视为同意转让。"[5]而

---

①《中外合资经营企业法》第四条。

②《公司法》第二十三条、第七十六条；《合伙企业法》第十四条等。

③《中外合资经营企业法》第四条。

④《中外合作经营企业法》第十条。

⑤《公司法》第七十一条。

股份有限公司股东转让其股份，"应当在依法设立的证券交易场所进行或者按照国务院规定的其他方式进行。"[①] 根据《合伙企业法》的规定，"除合伙协议另有约定外，合伙人向合伙人以外的人转让其在合伙企业中的全部或者部分财产份额时，须经其他合伙人一致同意。"[②]

（4）有关三资企业公司管理的规定不再适用。外资三法主要强调的是董事会的权利。比如在《中外合资经营企业法》中规定，"董事会的职权是按合营企业章程规定，讨论决定合营企业的一切重大问题：企业发展规划、生产经营活动方案、收支预算、利润分配、劳动工资计划、停业，以及总经理、副总经理、总工程师、总会计师、审计师的任命或聘请及其职权和待遇等。"[③]《中外合作经营企业法》规定，"合作企业应当设立董事会或者联合管理机构，依照合作企业合同或者章程的规定，决定合作企业的重大问题。中外合作者的一方担任董事会的董事长、联合管理机构的主任的，由他方担任副董事长、副主任。董事会或者联合管理机构可以决定任命或者聘请总经理负责合作企业的日常经营管理工作。总经理对董事会或者联合管理机构负责。"[④]这些规定也不再适用。

根据《公司法》规定，有限责任公司的股东会是公司的权力机构。[⑤] 有限公司可以设置董事会，对股东会负责。[⑥] 与之类似，股份有限公司以股东大会为公司的权力机构。[⑦] 股份有限公司设置董事会，由五至十九人组成，行使有限责任公司董事会的职权。[⑧] 有限责任公司和股份有限公司均须设立监事会或监事。[⑨] 而《合伙企业法》则规定，合伙事务的执行，"按照合伙协议的约定或

---

① 《公司法》第一百三十八条。
② 《合伙企业法》第二十二条。
③ 《中外合资经营企业法》第六条。
④ 《中外合作经营企业法》第十二条。
⑤ 《公司法》第三十六条。
⑥ 《公司法》第四十六条。
⑦ 《公司法》第九十八条。
⑧ 《公司法》第一百零八条。
⑨ 《公司法》第五十一条、第一百一十七条。

者经全体合伙人决定，可以委托一个或者数个合伙人对外代表合伙企业，执行合伙事务。"①

将外商投资企业统一纳入《公司法》和《合伙企业法》的管理范畴符合现在商事运作的国际惯例。

第三，新《外商投资法》规定了劳动保护、社会保险、税收、会计、外汇等方面的内资外资一致原则。本法第三十二条规定：

外商投资企业开展生产经营活动，应当遵守法律、行政法规有关劳动保护、社会保险的规定，依照法律、行政法规和国家有关规定办理税收、会计、外汇等事宜，并接受相关主管部门依法实施的监督检查。

在劳动保护和社会保险领域，《中外合资经营企业法》、《外资企业法》和《中外合作经营企业法》中均有关于劳动保护等问题的规定。《中外合资经营企业法》第六条规定，"合营企业职工的录用、辞退、报酬、福利、劳动保护、劳动保险等事项，应当依法通过订立合同加以规定。"②第七条规定，"合营企业的职工依法建立工会组织，开展工会活动，维护职工的合法权益。合营企业应当为本企业工会提供必要的活动条件。"③《外资企业法》第十二条规定，"外资企业雇用中国职工应当依法签订合同，并在合同中订明雇用、解雇、报酬、福利、劳动保护、劳动保险等事项。"第十三条规定，"外资企业的职工依法建立工会组织，开展工会活动，维护职工的合法权益。外资企业应当为本企业工会提供必要的活动条件。"④《中外合作经营企业法》第十三条规定，"合作企业职工的录用、辞退、报酬、福利、劳动保护、劳动保险等事项，应当依法通过订立合同加以规定。"⑤第十四条规定，"合作企业的职工依法建立

---

①《合伙企业法》第二十六条。

②《中外合资经营企业法》第六条。

③《中外合资经营企业法》第七条。

④《外资企业法》第十二条。

⑤《中外合作经营企业法》第十三条。

工会组织，开展工会活动，维护职工的合法权益。合作企业应当为本企业工会提供必要的活动条件。"[1]

1994 年 7 月 5 日第八届全国人民代表大会常务委员会第八次会议通过的《劳动法》正式确立了我国在劳动领域的法律规范。[2]《劳动法》明确了促进就业、劳动合同和集体合同、工作时间和休息休假、工资、劳动安全卫生、女职工和未成年工特殊保护、社会保险和福利、劳动争议、监督检查等问题。此外，2007 年 6 月 29 日第十届全国人民代表大会常务委员会第二十八次会议通过的《劳动合同法》也是规范劳动关系的主要法律规范。[3]《劳动合同法》明确了劳动合同的订立、劳动合同的履行和变更、劳动合同的解除和终止、集体合同、劳务派遣、非全日制用工等问题。社会保险领域，2010 年 10 月 28 日第十一届全国人民代表大会常务委员会第十七次会议通过《社会保险法》。[4]《社会保险法》明确了基本养老保险、基本医疗保险、工伤保险、失业保险、生育保险的社会保障制度，统称"五险"。另外，也规定了社会保障基金、社会保险经办和社会保险监督等内容。

在此之前，国务院曾于 1980 年 7 月 26 日发布《中外合资经营企业劳动管理规定》（国发〔1980〕199 号），劳动部、对外经济贸易合作部曾于 1994 年 8 月 11 日发布《外商投资企业劳动管理规定》（劳部发〔1994〕246 号）。不过，根据 2001 年 10 月 6 日《国务院关于废止 2000 年底以前发布的部分行政法规的决定》（国务院令第 319 号）的说明，《中外合资经营企业劳动管理

---

①《中外合作经营企业法》第十四条。

②《中华人民共和国劳动法》，1994 年 7 月 5 日第八届全国人民代表大会常务委员会第八次会议通过，2009 年 8 月 27 日第十一届全国人民代表大会常务委员会第十次会议《关于修改部分法律的决定》第一次修正，2018 年 12 月 29 日第十三届全国人民代表大会常务委员会第七次会议《关于修改〈中华人民共和国劳动法〉等七部法律的决定》第二次修正。

③《中华人民共和国劳动合同法》，2007 年 6 月 29 日第十届全国人民代表大会常务委员会第二十八次会议通过，2012 年 12 月 28 日第十一届全国人民代表大会常务委员会第三十次会议《关于修改〈中华人民共和国劳动合同法〉的决定》修正。

④《中华人民共和国社会保险法》，2010 年 10 月 28 日第十一届全国人民代表大会常务委员会第十七次会议通过，2018 年 12 月 29 日第十三届全国人民代表大会常务委员会第七次会议《关于修改〈中华人民共和国社会保险法〉的决定》修正。

规定》因与《劳动法》不相适应被废止。相类似，2007 年 11 月 9 日劳动和社会保障部《劳动和社会保障部关于废止部分劳动和社会保障规章的决定》（劳动和社会保障部令第 29 号）、《外商投资企业劳动管理规定》在被《劳动法》等代替而废止。可以看出，自从《劳动法》等在劳动领域立法实施以来，已经统一适用于外商投资企业。

在税收领域，改革开放初期，我国为加快招商引资力度，对外商投资企业实行各类税收优惠政策。《中外合资经营企业法》第八条规定，"合营企业获得的毛利润，按中华人民共和国税法规定缴纳合营企业所得税后，扣除合营企业章程规定的储备基金、职工奖励及福利基金、企业发展基金，净利润根据合营各方注册资本的比例进行分配。合营企业依照国家有关税收的法律和行政法规的规定，可以享受减税、免税的优惠待遇。外国合营者将分得的净利润用于在中国境内再投资时，可申请退还已缴纳的部分所得税。"①《外资企业法》第十七条规定，"外资企业依照国家有关税收的规定纳税并可以享受减税、免税的优惠待遇。外资企业将缴纳所得税后的利润在中国境内再投资的，可以依照国家规定申请退还再投资部分已缴纳的部分所得税税款。"②《中外合作经营企业法》第二十条规定，"合作企业依照国家有关税收的规定缴纳税款并可以享受减税、免税的优惠待遇。"③这些规定都不再适用。

1991 年 4 月 9 日第七届全国人民代表大会第四次会议通过的《外商投资企业和外国企业所得税法》规定了外商投资企业的特殊税收制度。④1991 年 6 月 30 日国务院为此发布《外商投资企业和外国企业所得税法实施细则》（国务院令第 85 号）。⑤随着我国进一步对外开放，这种税收上的特殊处理的弊端随之显现。一方面是造成了"超国民待遇"，不利于民族企业的发展。另外一

---

① 《中外合资经营企业法》第八条。

② 《外资企业法》第十七条。

③ 《中外合作经营企业法》第二十条。

④ 2007 年 3 月 16 日全国人民代表大会发布《中华人民共和国企业所得税法》，此文件被宣布废止。

⑤ 2007 年 12 月 6 日国务院发布《中华人民共和国企业所得税法实施条例》，此文件被宣布废止。

方面，国内个人或企业可通过设立离岸公司、借用他人外国主体的身份创造涉外元素，享受外商投资的优惠，事实上造成了国家税收的流失和监管上的混乱。2007 年 3 月 16 日第十届全国人民代表大会第五次会议通过的《企业所得税法》废止了上述特殊的外资企业税收制度，实现了内外资企业在所得税上的统一。^①本法该条再次明确内外资适用统一的税收制度。

在会计领域，《外资企业法》第十四条规定，"外资企业必须在中国境内设置会计账簿，进行独立核算，按照规定报送会计报表，并接受财政税务机关的监督。外资企业拒绝在中国境内设置会计账簿的，财政税务机关可以处以罚款，工商行政管理机关可以责令停止营业或者吊销营业执照。"^②《中外合作经营企业法》第十五条规定，"合作企业必须在中国境内设置会计账簿，依照规定报送会计报表，并接受财政税务机关的监督。合作企业违反前款规定，不在中国境内设置会计账簿的，财政税务机关可以处以罚款，工商行政管理机关可以责令停止营业或者吊销其营业执照。"《中外合资经营企业法》并没有对会计问题做出明确的规定。上述规定都不再适用。

根据财政部 1992 年 6 月 24 日公布的《外商投资企业会计制度》（〔1992〕财会字第 33 号），外商投资适用特殊的会计制度。这样的做法根据 2001 年 11 月 29 日《外商投资企业执行〈企业会计制度〉有关问题的规定》（财会（〔2001〕62 号）废止。至此，内外资企业统一适用《企业会计制度》（财会（〔2000〕25 号）。本次立法明确将外资企业的会计制度统一纳入我国会计制度，享受与我国境内企业一致的待遇。

在外汇领域，《中外合资经营企业法》第九条规定，"合营企业应凭营业执照在国家外汇管理机关允许经营外汇业务的银行或其他金融机构开立外汇账户。合营企业的有关外汇事宜，应遵照中华人民共和国外汇管理条例办理。

---

①《中华人民共和国企业所得税法》，2007 年 3 月 16 日第十届全国人民代表大会第五次会议通过，2017 年 2 月 24 日第十二届全国人民代表大会常务委员会第二十六次会议《关于修改〈中华人民共和国企业所得税法〉的决定》第一次修正，2018 年 12 月 29 日第十三届全国人民代表大会常务委员会第七次会议《关于修改〈中华人民共和国电力法〉等四部法律的决定》第二次修正。

②《外资企业法》第十四条。

合营企业在其经营活动中，可直接向外国银行筹措资金。"① 第十一条规定，"外国合营者在履行法律和协议、合同规定的义务后分得的净利润，在合营企业期满或者中止时所分得的资金以及其他资金，可按合营企业合同规定的货币，按外汇管理条例汇往国外。鼓励外国合营者将可汇出的外汇存入中国银行。"② 《外资企业法》第十八条规定，"外资企业的外汇事宜，依照国家外汇管理规定办理。外资企业应当在中国银行或者国家外汇管理机关指定的银行开户。"③ 第十九条规定，"外国投资者从外资企业获得的合法利润、其他合法收入和清算后的资金，可以汇往国外。外资企业的外籍职工的工资收入和其他正当收入，依法缴纳个人所得税后，可以汇往国外。"④ 《中外合作经营企业法》第十六条规定，"合作企业应当凭营业执照在国家外汇管理机关允许经营外汇业务的银行或者其他金融机构开立外汇账户。合作企业的外汇事宜，依照国家有关外汇管理的规定办理。"⑤ 这些规定都不再适用。

在不断深化改革、对外开放的过程中，我国对于外汇管制的方式逐渐放松，尤其是几年来不断简化的行政程序。在本章上述"加强对外商投资企业的知识产权保护"的部分有关《外商投资法》第二十一条的评述中已经详细谈及外汇管理的历史发展。本条再次强调对于外汇管理的内外资一致原则。

第四，有关反垄断经营者集中审查的内外资一致原则。本法第三十三条规定：

外国投资者并购中国境内企业或者以其他方式参与经营者集中的，应当依照《中华人民共和国反垄断法》的规定接受经营者集中审查。

本条所明确指出的经营者集中审查正是《反垄断法》所规制的第三种形

---

① 《中外合资经营企业法》第九条。
② 《中外合作经营企业法》第十一条。
③ 《外资企业法》第十八条。
④ 《外资企业法》第十九条。
⑤ 《中外合作经营企业法》第十六条。

式，也就是业界俗称的并购过程中的反垄断审查。经营者集中是指下列情形：
"（一）经营者合并；（二）经营者通过取得股权或者资产的方式取得对其他经营者的控制权；（三）经营者通过合同等方式取得对其他经营者的控制权或者能够对其他经营者施加决定性影响。"①"经营者集中达到国务院规定的申报标准的，经营者应当事先向国务院反垄断执法机构申报，未申报的不得实施集中。"②"经营者集中有下列情形之一的，可以不向国务院反垄断执法机构申报："（一）参与集中的一个经营者拥有其他每个经营者百分之五十以上有表决权的股份或者资产的；（二）参与集中的每个经营者百分之五十以上有表决权的股份或者资产被同一个未参与集中的经营者拥有的。"③"审查经营者集中，应当考虑下列因素：（一）参与集中的经营者在相关市场的市场份额及其对市场的控制力；（二）相关市场的市场集中度；（三）经营者集中对市场进入、技术进步的影响；（四）经营者集中对消费者和其他有关经营者的影响；（五）经营者集中对国民经济发展的影响；（六）国务院反垄断执法机构认为应当考虑的影响市场竞争的其他因素。"④

配套法规《国务院关于经营者集中申报标准的规定》于 2008 年 8 月 3 日出台（国务院令第 529 号）。⑤ 其规定，"经营者集中达到下列标准之一的，经营者应当事先向国务院商务主管部门申报，未申报的不得实施集中：（一）参与集中的所有经营者上一会计年度在全球范围内的营业额合计超过 100 亿元人民币，并且其中至少两个经营者上一会计年度在中国境内的营业额均超过 4 亿元人民币；（二）参与集中的所有经营者上一会计年度在中国境内的营业额合计超过 20 亿元人民币，并且其中至少两个经营者上一会计年度在中国境内

---

① 《反垄断法》第二十条。

② 《反垄断法》第二十一条。

③ 《反垄断法》第二十二条。

④ 《反垄断法》第二十七条。

⑤ 2018 年 9 月 18 日国务院发布《国务院关于修改部分行政法规的决定》（实施时间：2018 年 9 月 18 日），此文件被修订。

的营业额均超过 4 亿元人民币。"①

《反垄断法》第三十一条明确指出，"对外资并购境内企业或者以其他方式参与经营者集中的，依照《反垄断法》进行经营者集中审查。"②据此，2009年 6 月 22 日商务部对 2006 年《关于外国投资者并购境内企业的规定》（商务部、国务院国有资产监督管理委员会、国家税务总局、国家工商行政管理总局、中国证券监督管理委员会、国家外汇管理局令 2006 年第 10 号）进行了修改，对内外资经营者集中审查的标准进行了统一。③

3. 信息报告制度

本次新《外商投资法》建立起了信息报告制度。第三十四条规定：

国家建立外商投资信息报告制度。外国投资者或者外商投资企业应当通过企业登记系统以及企业信用信息公示系统向商务主管部门报送投资信息。

外商投资信息报告的内容和范围按照确有必要的原则确定；通过部门信息共享能够获得的投资信息，不得再行要求报送。

2015 年 5 月 5 日《中共中央国务院关于构建开放型经济体制的若干意见》（中发〔2015〕13 号）指出，"完善外商投资监管体系。按照扩大开放与加强监管同步的要求，加强事中事后监管，建立外商投资信息报告制度和外商投资信息公示平台，充分发挥企业信用信息公示系统的平台作用，形成各政府部门信息共享、协同监管、社会公众参与监督的外商投资全程监管体系，提升外商投资监管的科学性、规范性和透明度，防止一放就乱。"④事实上，传统外商投资法侧重于准入阶段的监管，而忽略了准入后的监管。本次修法加

---

① 《国务院关于经营者集中申报标准的规定》第三条。
② 《反垄断法》第三十一条。
③ 《关于外国投资者并购境内企业的规定》（商务部令第 6 号），2009 年 6 月 22 日，第一条。
④ 《中共中央国务院关于构建开放型经济体制的若干意见》第（七）项。

入的此条信息报告制度补充了准入后监管的不足，更加适应"准入前国民待遇和负面清单"模式下越来越简便化的准入监管。本条所确定的确有必要的原则也是投资保护和投资促进的一种表现形式，能够有效减少外商投资者在投资过程中的行政成本。

事实上，根据 2017 年 6 月 20 日《商务部关于进一步加强对外商投资信息报告制度和信息公示平台建设有关工作的通知》（商资函〔2017〕318 号），我国目前已经实施外商投资企业设立及变更备案报告、外商投资者企业年度投资经营信息联合报告制度，并建立外商投资信息公示平台。[①] 本条则将外商投资信息报告制度以人大立法的形式确认下来。

与第三十四条信息报告制度配套，第三十七条规定：

外国投资者、外商投资企业违反本法规定，未按照外商投资信息报告制度的要求报送投资信息的，由商务主管部门责令限期改正；逾期不改正的，处十万元以上五十万元以下的罚款。

据此，不履行信息报告义务也会承担相应的法律责任，行政处罚措施包括责令限期改正以及处十万元以上五十万元以下的罚款。这也是为了督促外商投资企业依法进行信息报告。

在第三十八条中也规定：

对外国投资者、外商投资企业违反法律、法规的行为，由有关部门依法查处，并按照国家有关规定纳入信用信息系统。

这也要求外国投资者、外商投资企业遵守我国的法律法规。

---

①《商务部关于进一步加强对外商投资信息报告制度和信息公示平台建设有关工作的通知》（商资函〔2017〕318 号），2017 年 6 月 20 日。

4. 安全审查制度

在外商投资管理体系中，一项重要的措施就是安全审查问题，这也是传统外商投资管理体系中必不可少的一部分。新《外商投资法》第三十五条规定：

国家建立外商投资安全审查制度，对影响或者可能影响国家安全的外商投资进行安全审查。

依法做出的安全审查决定为最终决定。

本条对国家安全审查做出了原则性规定。其中，第二款强调依法做出的安全审查决定为最终决定。

在涉及外商投资的安全审查过程中，国家安全问题一直是投资法领域关注的重点。虽然在外资三法中没有明确的安全审查制度，但在本法出台之前我国就关注到安全审查的问题。在 2007 年的《反垄断法》中就指出，"对外资并购境内企业或者以其他方式参与经营者集中，涉及国家安全的，还应当按照国家有关规定进行国家安全审查。"[①]

2011 年 2 月 3 日，国务院办公厅发布《关于建立外国投资者并购境内企业安全审查制度的通知》（国办发〔2011〕6 号），将并购安全审查的范围确定为"外国投资者并购境内军工及军工配套企业，重点、敏感军事设施周边企业，以及关系国防安全的其他单位；外国投资者并购境内关系国家安全的重要农产品、重要能源和资源、重要基础设施、重要运输服务、关键技术、重大装备制造等企业，且实际控制权可能被外国投资者取得。"[②] 外国投资者并购境内企业，是指下列情形："（1）外国投资者购买境内非外商投资企业的股权或认购境内非外商投资企业增资，使该境内企业变更设立为外商投资企业。（2）外国投资者购买境内外商投资企业中方股东的股权，或认购境内外商投资企业增资。（3）外国投资者设立外商投资企业，并通过该外商投资企业协

---

① 《反垄断法》第三十一条。
② 《关于建立外国投资者并购境内企业安全审查制度的通知》第一（一）条。

议购买境内企业资产并且运营该资产，或通过该外商投资企业购买境内企业股权。（4）外国投资者直接购买境内企业资产，并以该资产投资设立外商投资企业运营该资产。"①外国投资者取得实际控制权，是指"外国投资者通过并购成为境内企业的控股股东或实际控制人"，包括："（1）外国投资者及其控股母公司、控股子公司在并购后持有的股份总额在50%以上。（2）数个外国投资者在并购后持有的股份总额合计在50%以上。（3）外国投资者在并购后所持有的股份总额不足50%，但依其持有的股份所享有的表决权已足以对股东会或股东大会、董事会的决议产生重大影响。（4）其他导致境内企业的经营决策、财务、人事、技术等实际控制权转移给外国投资者的情形。"②并购安全审查内容包括："（1）并购交易对国防安全，包括对国防需要的国内产品生产能力、国内服务提供能力和有关设备设施的影响。（2）并购交易对国家经济稳定运行的影响。（3）并购交易对社会基本生活秩序的影响。（4）并购交易对涉及国家安全关键技术研发能力的影响。该通知授权商务部进行外资并购安全审查。"③

商务部在《实施外国投资者并购境内企业安全审查制度有关事项的暂行规定》（商务部公告2011年第8号）的基础上，于2011年8月25日出台《商务部实施外国投资者并购境内企业安全审查制度的规定》（商务部公告2011年第53号），明确了申请人应提交的文件和安全审查程序。"对于外国投资者并购境内企业，应从交易的实质内容和实际影响来判断并购交易是否属于并购安全审查的范围；外国投资者不得以任何方式实质规避并购安全审查，包括但不限于代持、信托、多层次再投资、租赁、贷款、协议控制、境外交易等方式。"④

自贸试验区建立后，国务院办公厅于2015年4月8日印发《自贸试验区外商投资国家安全审查试行办法》（国办发〔2015〕24号）。总的原则是，"对

---

① 《关于建立外国投资者并购境内企业安全审查制度的通知》第一（二）条。

② 《关于建立外国投资者并购境内企业安全审查制度的通知》第一（三）条。

③ 《关于建立外国投资者并购境内企业安全审查制度的通知》第一条。

④ 《商务部实施外国投资者并购境内企业安全审查制度的规定》第九条。

影响或可能影响国家安全、国家安全保障能力，涉及敏感投资主体、敏感并购对象、敏感行业、敏感技术、敏感地域的外商投资进行安全审查。"①安全审查范围为："外国投资者在自贸试验区内投资军工、军工配套和其他关系国防安全的领域，以及重点、敏感军事设施周边地域；外国投资者在自贸试验区内投资关系国家安全的重要农产品、重要能源和资源、重要基础设施、重要运输服务、重要文化、重要信息技术产品和服务、关键技术、重大装备制造等领域，并取得所投资企业的实际控制权。"②审查内容包括："（1）外商投资对国防安全，包括对国防需要的国内产品生产能力、国内服务提供能力和有关设施的影响。（2）外商投资对国家经济稳定运行的影响。（3）外商投资对社会基本生活秩序的影响。（4）外商投资对国家文化安全、公共道德的影响。（5）外商投资对国家网络安全的影响。（6）外商投资对涉及国家安全关键技术研发能力的影响。"③区别于原先由商务部负责外资并购安全审查，"自贸试验区外商投资安全审查由外国投资者并购境内企业安全审查部际联席会议（以下简称联席会议）具体承担。在联席会议机制下，国家发展改革委、商务部根据外商投资涉及的领域，会同相关部门开展安全审查。"④

　　本条所规定的国家安全审查是外资管理不可或缺的重要环节，对于国计民生有着重大影响。另外，本条第二款所说的安全审查决定为最终决定应该理解为安全审查部门做出的决定不可进行行政复议。总体来说，规定安全审查是对于我国国家利益的重要保护。

三、《外商投资法》的评析

　　《外商投资法》改变了改革开放以来我国形成的外资三法为主要法律依据的外商投资管理局面，将之前众多繁杂且分散的规定集中到了一部法律规范

---

①《自贸试验区外商投资国家安全审查试行办法》第一条。
②《自贸试验区外商投资国家安全审查试行办法》第一（一）条。
③《自贸试验区外商投资国家安全审查试行办法》第二条。
④《自贸试验区外商投资国家安全审查试行办法》第三（一）条。

之中，有利于外商投资者更好地了解我国的外商投资政策。就具体内容而言，《外商投资法》主要规定了投资准入、投资促进、投资保护和投资管理等方面的内容，基本涵盖从外商投资准入前到准入后的各个环节。无论是"准入前国民待遇和负面清单"模式的确认，还是"内外资一致原则"的重申，均体现了我国适应国际开放新潮流、积极吸引外资、促进经济蓬勃发展的立法理念和改革开放新时期符合国际商业规范和管理水平的立法技术。此外，本次立法中所涉及的知识产权保护、信息报告制度、安全审查制度等都是新法的特色和亮点，体现了我国新时期外商投资管理体制的新风貌。

《外商投资法》的成就

与以外资三法为核心的外商投资管理法律体系相比，《外商投资法》主要实现了四个方面的创新：第一点是从企业组织法转型为投资管理法；第二点是加强投资保护和投资促进；第三点是落实国民待遇原则；第四点是覆盖外商投资多类实践行为。从这四个方面而言，《外商投资法》的创新可圈可点。

1. 立法技术转变：从企业组织法转型为投资管理法

众所周知，外资三法是将来自外国的投资按照组织类型区分成三种模式：外商独资企业、中外合资企业和中外合作企业，按照这三种组织模式来对外资进行分门管理，规制外商投资企业的组织形式和设立变更。但事实上在立法内容上三者存在诸多重合，在后续出台的部门规章中也很难割裂地将三者区分管理。此外，这种分类方式还导致外资三法的相关规定与后来制定的《公司法》、《合伙企业法》等一般性企业组织法存在大量重复和局部冲突（例如《中外合资经营企业法》规定合营企业不设股东会，董事会为最高权力机构）。更重要的是，外资三法难以专注于处理与外商投资行为直接相关的特别问题。

与此相比，《外商投资法》是以投资管理为着眼点，统领投资的促进、保护和管理等。《外商投资法》第三十一条明确规定："外商投资企业的组织形式、组织机构及其活动准则，适用《中华人民共和国公司法》、《中华人民共和国合伙企业法》等法律的规定。"换言之,《外商投资法》将外商投资所涉及的企业组织形式方面的内容交由上述法律制度去统一调整和规范,自身则集中于与外商投资行为直接相关的特色性内容,包括外资界定、外资准入、外资保护、外资审查等。这符合国际通行的立法模式。

与此同时,《外商投资法》设置了5年过渡期,具体实施办法由国务院另行规定。这有助于保持制度的稳定性和连续性,保护投资者的合理预期。

2. 覆盖外商投资多类形式

在外资三法中,仅规定了"新设投资"一种外商投资类型,而没有规定"投资并购"行为。这与实践产生极大脱节。更没有涉及通过协议控制等方式进行的间接投资行为。在实践中,主要通过《关于外国投资者并购境内企业的规定》、《外商投资企业设立及变更备案管理暂行办法》、《最高人民法院关于审理外商投资企业纠纷的若干问题的规定》等部门规章和司法解释的方式,对相关实践予以规范。由于只能通过大量部门规章来补充说明,长期以来,一系列与外资并购有关的部门规章和司法解释作为下位法或者层级较低的法律形式长期占据和填补着上位法的空白,导致法律位阶不平衡,纷繁复杂的外资并购规则导致外资管理法律体系不透明。除此之外,涉及反垄断经营者集中的审查和国家安全审查等涉及外商投资行为的特殊问题,外资三法并未给予任何答复,导致在立法层面不能周全地涵盖多种类型的外资形式。

这一点在《外商投资法》中也得到了一定程度的解决。第二条规定:"本法所称外商投资,是指外国的自然人、企业或者其他组织(以下称外国投资者)直接或者间接在中国境内进行的投资活动,包括下列情形:(一)外国投资者单独或者与其他投资者共同在中国境内设立外商投资企业;(二)外国投资者取得中国境内企业的股份、股权、财产份额或者其他类似权益;(三)外国投资者单独或者与其他投资者共同在中国境内投资新建项目;(四)法律、行政法规或者国务院规定的其他方式的投资。"就这一条的安排而言,它覆盖了多种投资形式,包括直接和间接投资,囊括设立企业、股权类投资、新建项目类投资及其他类型的投资。

此外，第三十三条规定了外国投资者并购中国境内企业或者以其他方式参与经营者集中的，应当依照我国反垄断法的规定接受经营者集中审查。第三十五条规定了国家建立外商投资安全审查制度，对影响或者可能影响国家安全的外商投资进行安全审查。从这个角度上看，《外商投资法》回应了当前社会最关注的两大问题：反垄断审查和国家安全审查。这一方面实现了《外商投资法》与国际投资协定的对接，另一方面能一定程度上应对中美在贸易争端中存在的诸多分歧。总的来说，《外商投资法》对各类外商投资实践都予以更加全面的规制。

3. 加强投资保护和投资促进

不同于外资三法仅侧重于组织形式和投资管理行为，《外商投资法》更注重对外商投资的促进与保护。比如《外商投资法》第一条就明确指出："为了进一步扩大对外开放，积极促进外商投资，保护外商投资合法权益，规范外商投资管理，推动形成全面开放新格局，促进社会主义市场经济健康发展，根据宪法，制定本法。"紧接着，在第二章中对"投资促进"进行了多层次的安排，包括总共十一条规定。在第三章中又对"投资保护"做了详尽安排，包括总共八条规定。此外在第一章总则中也有关于促进和保护投资的概览性条款。就其篇幅而言，远远超过第四章"投资管理"的法条数量（八条）。

此外，从保护力度上看，《外商投资法》也展现了比以往其他立法更大的开放程度和更高的保护水平。比如，第三条第二款提出了，"国家实行高水平投资自由化便利化政策，建立和完善外商投资促进机制，营造稳定、透明、可预期和公平竞争的市场环境。"这为整个《外商投资法》奠定了保护和促进的基调。第十八条规定"县级以上地方人民政府可以根据法律、行政法规、地方性法规的规定，在法定权限内制定外商投资促进和便利化政策措施。"这一条款主要是为了应对外国方面提出中国外商投资管理体制在国家规则和地方规则之间存在冲突的情况。此外，第二十条规定："国家对外国投资者的投资不实行征收。在特殊情况下，国家为了公共利益的需要，可以依照法律规定对外国投资者的投资实行征收或者征用。征收、征用应当依照法定程序进行，并及时给予公平、合理的补偿。"再者，第十条规定了"制定与外商投资有关的法律、法规、规章，应当采取适当方式征求外商投资企业的意见和建议。与外商投资有关的规范性文件、裁判文书等，应当依法及时公布。"第二十二条强调了保护外国投资者和外商投资企业的知识产权，禁止行政机关及其工作人员利用行政手段强制转让技术。第二十六条为外商投资企业投诉设立了专门的工作机制。并明确规定了司法和行政复议保障的可能性："外商投资企业或者其投资者认为行政机关及其工作人员的行政行为侵犯其合法权益的，可以通过外商投资企业投诉工作机制申请协调解决。外商投资企业或者其投资者认为行政机关及其工作人员的行政行为侵犯其合法权益的，除依照前款规定通过外商投资企业投诉工作机制申请协调解决外，还可以依法申请行政复议、提起行政诉讼。"第二十七条规定了"外商投资企业可以依法成立和自愿参加商会、协会。商会、协会依照法律法规和章程的规定开展相关活动，维护会员的合法权益。"促进各类商会在中国境内的发展有利于宣传中国的营商环境，也有利于各外资企业通过商会或其他协会有关部门表达诉求。

总体上，《外商投资法》越来越淡化行政审批色彩，允许外商投资企业在企业组织和运营方面同内资企业一样贯彻公司自治、企业自治，在企业设立、股权转让、变更终止等方面赋予中外投资者更多契约自由和更大的自主权。这符合国际社会对中国的期待，也恰好说明了中国在国际投资条约中积极履行了国民待遇原则的义务。

4. 落实国民待遇原则

由于在外资三法时代外国投资者和外商投资企业所享有的国民待遇仅限于准入后，只有进入中国市场的外国投资者方可享有国民待遇。这虽然与中国在 WTO 框架下的义务是一致的，但是却逐渐成为中国吸引外资的一大法律障碍。所谓准入后国民待遇，也就是说，外国投资者并不享有国民待遇，而是同中国投资者区别对待的，在中国投资就要经过专门的申请和审批程序，亦即所谓"外商投资审批"。这种模式的转变是在 2013 年上海自贸试验区试行"准入前国民待遇加负面清单"的投资准入管理模式开始才慢慢进入人们的视野中的。所谓"准入前国民待遇加负面清单"，就是说，自投资准入阶段起就给予外国投资者国民待遇。直到 2018 年 6 月，我国推出了全国版外商投资负面清单，将自贸试验区的成功经验正式推广到全国。当推广"准入前国民待遇加负面清单"的社会和经济条件成熟，中国就迅速地将其法律体系武装起来，以配合市场经济发展的需求。

全面落实国民待遇也被写入《外商投资法》第四条。第四条规定，"国家对外商投资实行准入前国民待遇加负面清单管理制度。前款所称准入前国民待遇，是指在投资准入阶段给予外国投资者及其投资不低于本国投资者及其投资的待遇；所称负面清单，是指国家规定在特定领域对外商投资实施的准入特别管理措施。国家对负面清单之外的外商投资，给予国民待遇。"这也标志着，至此，我国正式实现了与国际并轨的外商投资准入管理模式。

除此之外，《外商投资法》还通过多个条款确保和强化准入后国民待遇，落实内外资一视同仁的基本原则。第九条规定，"外商投资企业依法平等适用国家支持企业发展的各项政策。"第十六条规定，"国家保障外商投资企业依法通过公平竞争参与政府采购活动。政府采购依法对外商投资企业在中国境内生产的产品、提供的服务平等对待。"第三十条规定，"外国投资者在依法需要取得许可的行业、领域进行投资的，应当依法办理相关许可手续。"这些规定都表现出中国对待外商投资更加自由开放的心态，也体现了中国在立法理念上的转变——由一个保守型政府转向一个开放型政府的路径。

通过本章的论述可以看出，自 2013 年中美 BIT 谈判以及上海等地自贸试验区建立以来，我国已经建立了"准入前国民待遇和负面清单"的外资管理模式。2019 年《外商投资法》的出台，标志着我国进一步扩大开放的决心和意图，能够为吸引外资、提高外资管理水平提供良好的法律基础。

附件

外商投资准入特别管理措施
（负面清单）（2019 年版）

说　明

一、《外商投资准入特别管理措施（负面清单）》（以下简称《外商投资准入负面清单》）统一列出股权要求、高管要求等外商投资准入方面的特别管理措施。《外商投资准入负面清单》之外的领域，按照内外资一致原则实施管理。

二、《外商投资准入负面清单》对部分领域列出了取消或放宽准入限制的过渡期，过渡期满后将按时取消或放宽其准入限制。

三、境外投资者不得作为个体工商户、个人独资企业投资人、农民专业合作社成员，从事投资经营活动。

四、境外投资者不得投资《外商投资准入负面清单》中禁止外商投资的领域；投资《外商投资准入负面清单》之内的非禁止投资领域，须进行外资准入许可；投资有股权要求的领域，不得设立外商投资合伙企业。

五、境内公司、企业或自然人以其在境外合法设立或控制的公司并购与其有关联关系的境内公司，涉及外商投资项目和企业设立及变更事项的，按照现行规定办理。

六、《外商投资准入负面清单》中未列出的文化、金融等领域与行政审批、资质条件、国家安全等相关措施，按照现行规定执行。

七、《内地与香港关于建立更紧密经贸关系的安排》及其后续协议、《内地与澳门关于建立更紧密经贸关系的安排》及其后续协议、《海峡两岸经济合作框架协议》及其后续协议、我国与有关国家签订的自由贸易区协议和投资协定、我国参加的国际条约对符合条件的投资者有更优惠开放措施的，按照相关协议或协定的规定执行。在自贸试验区等特殊经济区域对符合条件的投资者实施更优惠开放措施的，按照相关规定执行。

八、《外商投资准入负面清单》由发展改革委、商务部会同有关部门负责解释。

外商投资准入特别管理措施（负面清单）（2019 年版）

序号	特别管理措施
一、农、林、牧、渔业	
1	小麦、玉米新品种选育和种子生产须由中方控股
2	禁止投资中国稀有和特有的珍贵优良品种的研发、养殖、种植以及相关繁殖材料的生产（包括种植业、畜牧业、水产业的优良基因）
3	禁止投资农作物、种畜禽、水产苗种转基因品种选育及其转基因种子（苗）生产
4	禁止投资中国管辖海域及内陆水域水产品捕捞
二、采矿业	
5	禁止投资稀土、放射性矿产、钨勘查、开采及选矿
三、制造业	
6	出版物印刷须由中方控股
7	禁止投资放射性矿产冶炼、加工，核燃料生产
8	禁止投资中药饮片的蒸、炒、炙、煅等炮制技术的应用及中成药保密处方产品的生产
9	除专用车、新能源汽车外，汽车整车制造的中方股比不低于50%，同一家外商可在国内建立两家及两家以下生产同类整车产品的合资企业。（2020 年取消商用车制造外资股比限制。2022 年取消乘用车制造外资股比限制以及同一家外商可在国内建立两家及两家以下生产同类整车产品的合资企业的限制）
10	卫星电视广播地面接收设施及关键件生产
四、电力、热力、燃气及水生产和供应业	
11	核电站的建设、经营须由中方控股
12	城市人口50 万以上的城市供排水管网的建设、经营须由中方控股
五、批发和零售业	
13	禁止投资烟叶、卷烟、复烤烟叶及其他烟草制品的批发、零售
六、交通运输、仓储和邮政业	
14	国内水上运输公司须由中方控股

序号	特别管理措施
15	公共航空运输公司须由中方控股,且一家外商及其关联企业投资比例不得超过25%,法定代表人须由中国籍公民担任
16	通用航空公司的法定代表人须由中国籍公民担任,其中农、林、渔业通用航空公司限于合资,其他通用航空公司限于中方控股
17	民用机场的建设、经营须由中方相对控股
18	禁止投资空中交通管制
19	禁止投资邮政公司、信件的国内快递业务
七、信息传输、软件和信息技术服务业	
20	电信公司:限于中国入世承诺开放的电信业务,增值电信业务的外资股比不超过50%(电子商务、国内多方通信、存储转发类、呼叫中心除外),基础电信业务须由中方控股
21	禁止投资互联网新闻信息服务、网络出版服务、网络视听节目服务、互联网文化经营(音乐除外)、互联网公众发布信息服务(上述服务中,中国入世承诺中已开放的内容除外)
八、金融业	
22	证券公司的外资股比不超过51%,证券投资基金管理公司的外资股比不超过51%。(2021年取消外资股比限制)
23	期货公司的外资股比不超过51%(2021年取消外资股比限制)
24	寿险公司的外资股比不超过51%(2021年取消外资股比限制)
九、租赁和商务服务业	
25	禁止投资中国法律事务(提供有关中国法律环境影响的信息除外),不得成为国内律师事务所合伙人
26	市场调查限于合资、合作,其中广播电视收听、收视调查须由中方控股
27	禁止投资社会调查
十、科学研究和技术服务业	
28	禁止投资人体干细胞、基因诊断与治疗技术开发和应用
29	禁止投资人文社会科学研究机构

序号	特别管理措施
30	禁止投资大地测量、海洋测绘、测绘航空摄影、地面移动测量、行政区域界线测绘,地形图、世界政区地图、全国政区地图、省级及以下政区地图、全国性教学地图、地方性教学地图、真三维地图和导航电子地图编制,区域性的地质填图、矿产地质、地球物理、地球化学、水文地质、环境地质、地质灾害、遥感地质等调查
十一、教育	
31	学前、普通高中和高等教育机构限于中外合作办学,须由中方主导(校长或者主要行政负责人应当具有中国国籍,理事会、董事会或者联合管理委员会的中方组成人员不得少于1/2)
32	禁止投资义务教育机构、宗教教育机构
十二、卫生和社会工作	
33	医疗机构限于合资、合作
十三、文化、体育和娱乐业	
34	禁止投资新闻机构(包括但不限于通讯社)
35	禁止投资图书、报纸、期刊、音像制品和电子出版物的编辑、出版、制作业务
36	禁止投资各级广播电台(站)、电视台(站)、广播电视频道(率)、广播电视传输覆盖网(发射台、转播台、广播电视卫星、卫星上行站、卫星收转站、微波站、监测台及有线广播电视传输覆盖网等),禁止从事广播电视视频点播业务和卫星电视广播地面接收设施安装服务
37	禁止投资广播电视节目制作经营(含引进业务)公司
38	禁止投资电影制作公司、发行公司、院线公司以及电影引进业务
39	禁止投资文物拍卖的拍卖公司、文物商店和国有文物博物馆
40	禁止投资义艺表演团体

第四章 比较法视野下的《外商投资法》

本章重点讨论本次新制定《外商投资法》与世界各国投资管理体系的差异。通过比较，本章试图分析新《外商投资法》对接国际标准的程度。本章选择了美国、澳大利亚、加拿大、俄罗斯、韩国和新加坡六个代表性国家作为样本，分别比较外资准入、安全审查、反垄断审查、投资促进、投资保护、信息报告等方面的内容。

一、外资准入

1. 准入审查与内外资一致原则

在本节比较的是外资准入的问题。本书在前面的章节已经论及，自 2013 年中美 BIT 谈判以来，我国逐步建立起"准入前国民待遇和负面清单"的外资管理模式。在负面清单之外的领域进行外商投资的，采用备案制；负面清单列出的特殊管理措施，则根据负面清单的各项具体要求进行审核。从整体发展来看，我国负面清单中禁止类和限制类的外商投资领域都在逐年减少，我国国内市场的不断向外商开放，并且外资进入的程序进一步简化。《外商投资法》更是在第四条和第二十八条明确"准入前国民待遇和负面清单"模式，以人大立法的方式确认这一制度。此外，第二十八条也明确指出，"外商投资准入负面清单以外的领域，按照内外资一致的原则实施管理。"[1]"内外资一致原则"包括了外资设立各个环节的内容，包括特殊行业许可，[2] 组织形式，[3] 劳动法律规范、税收会计外汇管理等。[4] 新《外商投资法》可以说在外商准入管

---

[1]《外商投资法》第二十八条第三款。

[2]《外商投资法》第三十条。

[3]《外商投资法》第三十一条。

[4]《外商投资法》第三十二条。

理方面已经满足了国际资本对于我国更加开放式外资准入的期待。

本节第一部分针对各国准入审查进行比较分析，下一部分重点考查负面清单的问题。

在本章所比较的六个国家中，加拿大的外商投资准入审查制度与我国新《外商投资法》设立的新审查机制比较类似。加拿大对于外资的政策较为自由，限制较少。《加拿大投资法》设定了外商投资的三种不同程序：通知（notification）、加拿大"净利益"（net benefit）标准下的经济审查，以及国家安全审查。本节重点介绍前两种制度。国家安全审查制度详见下一节的内容。

通知是一种表格式的登记，通常在非加拿大投资者完成收购加拿大企业的控制权或新企业的设立完成后提交。该种制度类似于我国现行《外商投资法》框架下的备案制度。通知程序不涉及政府审批。涉及通知制度的活动包括：（a）建立一个新加拿大企业的投资；（b）获得加拿大企业控制权的投资，并且并非需要经过经济审查的。[1]《加拿大投资法》要求最晚在完成投资的 30 天内需要提交文件，也可以在完成交易前提交。[2]

如果非加拿大投资者收购加拿大企业并取得控制权，超过了特定的门槛，[3] 则必须通过加拿大净利益标准审查。[4] 对于需要经过该标准审查的交易，非加拿大的投资者须向主管部门主动提交相关文件。[5] 提交文件的时间根据各

---

[1]《加拿大投资法》第 11 条。

[2]《加拿大投资法》第 12 条。

[3] 关于净利益标准的门槛，参见加拿大政府网站：https://www.ic.gc.ca/eic/site/ica-lic.nsf/eng/h_lk00050.html.《加拿大投资法》对外国投资者分成几类分别规定了净利益审查，包括 WTO 成员的私人部门的投资；与加拿大签订贸易协定国家或地区的私人部门的投资；WTO 成员的国有企业投资；非WTO 成员投资和对文化产业投资。"文化产业"是加拿大一个比较特殊的规定，是指从事下列任何一种业务（即使只占全部业务的一小部分）的加拿大企业：（1）出版、发行或销售印刷或机读形式的书籍、杂志、期刊或报纸，但单纯书籍、杂志、期刊或报纸的印刷或排版业务除外；（2）电影或视频录像的制作、发行、销售或放映；（3）音频或视频音乐录像的制作、发行、销售或放映；（4）印刷或机读形式的音乐的制作、发行或销售；（5）由普通公众直接接受传输信号的无线电通讯，任何广播、电视及有限电视广播事业、以及任何卫星节目和广播网络服务。参见《加拿大投资法》第 14.1（6）条中的定义规定。

[4]《加拿大投资法》第 14 条。

[5]《加拿大投资法》第 17 条。

种情况的不同可以是投资完成前、投资完成之后 30 天内，或者收到审查通知之后。① 投资必须经过批准才能继续进行，批准的标准即是否给加拿大带来"净利益"。对于该制度项下的审查，应该考虑的因素包括：(a) 该项投资对于加拿大经济活动水平和质量的影响，包括但不限于，对于劳动雇佣、资源处理，以及加拿大产出或出口产品及其成分以及服务的使用；(b) 加拿大人在加拿大企业或者加拿大企业参与的经济活动过程中参与的程度和重要性；(c) 投资对于加拿大生产率、工业效率、技术发展、产品创新和产品多样化的影响；(d) 投资对于加拿大工业竞争的影响；(e) 投资与国民工业、经济和文化政策的匹配度，要考虑到可能被影响的政府或者省级立法者制定的工业、经济和文化政策目标；(f) 投资对于加拿大国际竞争力的贡献。② 有关"净利益"的审查的时间为 45 天，符合规定的情况下可以延长。③

一般来说，只要是非加拿大人在加拿大投资，无论是绿地投资还是并购类投资，都必须经过通知或者审查，除非满足法律规定的例外情况。《加拿大投资法》规定的例外情形包括：(a) 作为证券商或证券交易者的任何人，在日常业务中取得的有表决权股份或有表决权利益；(b) 任何人在向加拿大境内提供合资资金时所开展的日常业务中取得有表决权的利益，并且其提供合资资金所依据的条件和状况与部长确定的一致；(c) 如加拿大业务与实现贷款担保或其他财政援助的担保有关，并且该业务并非为了与本法条款相关的任何目的，并且该交易获得《银行法》、《信用合作社法》、《保险公司法》或者《信托和贷款公司法》的批准，则本法不适用于取得对该加拿大业务控制权的情形；(d) 为促进财务状况而非本法条款相关的任何目的，取得对加拿大业务的控制权，并且在取得控制权后两年内或部长批准的更长的时期内，取得人将放弃控制权；(e) 因混合、兼并、合并或法人重组而对加拿大业务取得控制权，并且取得控制权后，通过行使有表决权利益的所有权，仍在事实上最终

---

① 《加拿大投资法》第 17.2 条。
② 《加拿大投资法》第 20 条。
③ 《加拿大投资法》第 21 条。

直接或间接控制着该加拿大业务;(f)取得代表加拿大或州利益的女王陛下代理人开展的加拿大业务之控制权或取得《财政管理法》意义上的王国公司开展的加拿大业务之控制权;(g)根据《所得税法》第149条第1款第d项规定,无须交纳该法第I部分规定所得税的公司开展加拿大业务时,取得对该加拿大业务的控制权;(h)适用《银行法》第522条之规定的任何交易;(i)在财产转移中或根据法律的规定非自愿地取得对加拿大业务的控制权;(j)通过下列方式,取得对加拿大业务的控制权:①公司通过成立于加拿大、适用《保险公司法》的保险公司取得控制权,并且在根据《所得税法》第138条第9款计算该公司收入时,该公司从加拿大业务中取得的总投资收入被计算在内。②公司经金融机构主管人根据《保险公司法》第XIII部分之规定批准取得在加拿大从事保险的非居民保险公司的控制权,并且在根据《所得税法》第138条第9款之规定计算该公司收入时,该公司从加拿大业务中取得的总投资收入被计算在内,同时,开展加拿大业务的实体之表决权利益或开展加拿大业务时使用的财产,须根据《保险公司法》第XIII部分之规定信托取得。③通过在加拿大成立的公司取得控制权,并且该公司所有已发行的、除有表决权的董事资格股以外的有表决权股份由前述①或②中所指保险公司拥有,或由前述保险公司通过行使有表决权利益的所有权直接或间接控制的公司拥有,如保险公司为②中所指的保险公司,则开展加拿大业务的实体之有表决权利益或开展加拿大业务时使用的财产已根据《保险公司法》第XIII部分之规定信托取得。(k)取得对加拿大业务的控制权,并且该加拿大业务的收入来自于同一交易中取得的不动产之上开展的农业。[1]

韩国对外商投资的准入前采取了申报制度。根据韩国《外商投资促进法》等法律的规定,外国投资者在韩国投资大致需要经过六道程序,即外商投资申报、投资资金汇款、法人设立登记、法人设立申报和营业注册、缴纳资本金汇入法人账户、外商投资企业注册。相比较于韩国人的国内投资,增加了

---

[1]《加拿大投资法》第10条。

第一步申报和最后一步外商投资企业注册的程序。①在第一步申报程序中，分为在股票取得前的"事前申报"和股票取得后或合约签订后的"事后申报"两种不同的程序。②事前申报涉及新股、原始股取得或捐助，或者长期贷款方式的外商投资。③事后申报涉及其他情况，比如取得因合并形成的股票。事后申报应该在事后60天内完成。④事实上，无论是事前申报，还是事后申报，都仅仅是备案性质的形式审查。根据《外商投资促进法》的规定，主管部门，即韩国产业通商资源部在收到外国投资者的申报后，就应该颁发完成申报的证明。⑤换言之，主管机关并不进行实质性审查。这与我国的外商投资准入备案制度和加拿大外商投资准入的通知程序类似。

除了申报程序外，涉及国防工业的投资还需要经过主管部门的批准。主管部门是韩国产业通商资源部，但其在决定过程中也需征询其他主管部委的意见，最终决定是否批准或者附条件批准。未经批准获得股权的，没有投票权，主管部门也有权要求投资者向第三人转让股权。⑥

此外，在完成同国内公司登记程序一致的相关手续之后，外商投资企业在法律规定的情形下，应该登记为外商投资企业。这些情形包括：（1）已经完成投资目的的支付；（2）已经完成股票的收购；（3）已经完成向非营利法人的捐助。⑦

除了加拿大和韩国以外，其他国家的外商投资准入制度并不完全一致。美国和新加坡基本上完全符合国民待遇的要求，不具体设置特殊的审查机制。在美国，除了下文即将谈到的安全审查之外，美国对于外资的进入并不设置特殊的审批/备案程序。外资企业基本上与美国企业遵守同样的法律要求和程

---

① 大韩贸易投资振兴公社，《外商投资指南》，第18页。

② 大韩贸易投资振兴公社，《外商投资指南》，第18页。

③ 韩国《外商投资促进法》第5条。

④ 韩国《外商投资促进法》第5条。

⑤ 韩国《外商投资促进法》第5（4）条。

⑥ 韩国《外商投资促进法》第6条。

⑦ 韩国《外商投资促进法》第21条。

序。值得注意的是，美国很多方面的立法是由州立法而非联邦立法，比如公司法，所以外商投资均需遵循联邦和州政府两级的法律规定。基本上，外国人在美国设立公司的程序和美国人一致，一般包括准备公司章程，包括公司名称、公司经营期限、认可股数和类别；签署和认证公司章程；将公司章程连同所需费用提交拟注册州；收到州务卿颁发的公司执照等六道程序。①

与美国类似，新加坡对于外资的准入也基本不设限制。在上文中已经提及，新加坡与美国一样，没有外商投资管理的专法，基本上对外国投资者给予国民待遇。根据新加坡法律，进入新加坡的外国投资者都需要向会计与企业管制局（ACRA）进行注册。注册官有权根据其所认为的情况拒绝或取消注册，包括：（1）提交注册申请的企业有可能有不法意图，或者有危害新加坡公共和平、福利和秩序的意图，或者（2）允许该公司注册可能不利于国家安全和利益。② 这些注册的要求同时也适用于新加坡人。

俄罗斯对于外商投资的准入标准总体而言是注册制。此处所称注册等同于国内企业或公司的注册。对于大部分在俄罗斯的外商投资而言，并没有特殊的针对外资的要求，只需要遵循俄罗斯的国内公司法的相关规定即可。

然而，不同于美国和新加坡，俄罗斯《战略领域外国投资法》对于涉及敏感行业的外资准入进行了限制，事实上也承担了安全审查的职能。该法列出了46种战略性行业，包括核原料生产、核反应堆项目的建设运营、核装置、辐射源、核材料、放射性物质、核废料的处置、运输、存放、埋藏，武器、军事装备和弹药的研发、生产、销售、修理和销毁，以及用于武器和军事装备生产必须的特重金属和合金的研制生产销售、宇航设施和航空器研究维修等、密码加密设备研究、部分自然垄断部门（公共电信、公共邮政、供热供电、港口服务除外）的服务、联邦级的地下资源区块开发、水下资源、覆盖

---

① 《投资美国指南》，参见商务部网站：http://us.mofcom.gov.cn/article/zt_investguide/lanmutwo/201201/20120107935079.shtml#4.2.

② 《新加坡公司法》第二十条第二款。

俄罗斯领土一半区域的广播媒体、发行量较大的报纸和出版公司等。^① 俄罗斯对于这些领域的并购持股有着严格的限制：有外国政府背景的外资对拥有联邦级地下资源公司的控股权不得超过 5%，对其他战略性公司的控股权不得超过 25%~50%；而对于外国私人投资或者私营公司投资战略领域并且想获得50% 以上股权的，必须经过俄罗斯政府专门委员会的审核，该专门委员会由政府经济部门和国家安全机关的代表组成。^②

澳大利亚对于外国投资者在澳设立企业基本上根据国内公司法进行规范。然而，值得注意的是，如果外国投资者是在澳大利亚收购一家公司或其一部分，则需要根据《外商收购与接管法》进入相应的程序。根据该法规定，外国人收购澳大利亚公司的股份、资产或者澳大利亚土地，以及开展与澳大利亚实体（包括有关公司或者单位信托）和业务有关的行为，并使得原先控制权转让的，且在一定交易额度以上的，^③ 受到该法的规制和监管。^④ 这些行为统称为"重要行为"（significant actions）。^⑤ 与之对应的，收购澳大利亚实体或者农业业务获得直接利益的，收购澳大利亚实体获得实质利益的，以及获得澳大利亚土地利益的交易，满足上述交易额度门槛以上的行为则需在行为发生前主动向财政部长告知（notification），这些行为则被称为"需告知行为"（notifiable actions）。^⑥ 需告知行为不一定转移控制权。外国投资者也可以主动告知非需告知行为的交易。财政部长在获悉相关交易后，可以做出不反对的结论、对该交易的部分内容进行限制、禁止该交易的决定或者要求取消已进

---

① 商务部国际贸易经济合作院，中国驻俄罗斯大使馆经济商务参赞处，商务部对外投资和经济合作司．对外投资合作国别（地区）指南俄罗斯（2018 年版），p.58-59.

② 商务部国际贸易经济合作院，中国驻俄罗斯大使馆经济商务参赞处，商务部对外投资和经济合作司．对外投资合作国别（地区）指南俄罗斯（2018 年版），p.60-61.

③ 澳大利亚《外商收购与接管法》第 51 到 53 条。关于交易额度门槛的具体金额，澳大利亚定期会根据市场价格的变化而调整。现行门槛参见澳大利亚外商投资审查委员会网站：http://firb.gov.au/exemption-thresholds/monetary-thresholds/.

④ 澳大利亚《外商收购与接管法》第 3 条。

⑤ 澳大利亚《外商收购与接管法》第 39 条。

⑥ 澳大利亚《外商收购与接管法》第 46 条。

行的交易。[1] 审查期限为收到告知起 40 天，或自做出临时决议起 90 天。[2] 外商投资应告知而未告知的，可能会受到处罚。[3] 财政部长在审查过程中可以参考澳大利亚外商投资审查委员会（FIRB）的意见。[4]

总而言之，本章所比较的六个国家基本上采取了与我国新《外商投资法》一致的开放外资准入的态度。不过在具体程序上还是有所不同。外资准入程序最简单的应该是美国和新加坡，外资和内资的投资程序基本一致。俄罗斯和澳大利亚对满足特定条件的外商投资采取审核制度，分别是俄罗斯的"战略领域"审核制度，以及澳大利亚对于部分"重要行为"和"需告知行为"的审核。加拿大和我国一样，采用了备案 / 通知加审核的制度。大部分的投资只需备案，特定条件下的投资需要审核。加拿大采取"净利益"标准，综合考虑各项因素。韩国同样采取了备案加审核的制度。只不过，韩国的备案分为事前备案和事后备案，即韩国法下的"事前申报"和"事后申报"制度。此外，韩国对于涉及国防工业的投资采取审批制度。

2. 负面清单

在上一部分已经写到，各国对于外商投资都采取了一个比较开放的态度，当然，对于部分行业，尤其是涉及国防安全、国家利益的重要行业，外资准入是禁止或者受到限制的，即所谓的"负面清单"。本部分则重点讨论这一问题。

在本章所讨论的六个国家中，只有韩国与我国一样配套实施一个完整的负面清单。韩国《外商投资促进法》将公共行政、外务、国防等 61 个行业规定为外商投资禁止行业（禁止行业）；在 1135 个投资对象行业中，有 28 个行业针对外商投资比例做出了限制规定 (限制行业)。[5] 具体而言，《外商投资相

---

① 澳大利亚《外商收购与接管法》第 66 条。

② 澳大利亚《外商收购与接管法》第 80 条。

③ 澳大利亚《外商收购与接管法》第 83 条。

④ 参见澳大利亚外商投资审查委员会（FIRB）网站：http://firb.gov.au/.

⑤ 大韩贸易投资振兴公社. 外商投资指南，p.13.

关规定》附表 1 明确规定了外商投资的禁止行业，包括邮政、金融等；附表 2 则规定了外商投资的限制行业，包括农业、发电、运输等。[1] 对于限制行业，要求外商的准入符合限制列表里的要求。据此，韩国的外商投资负面清单与我国外商投资的特别管理措施（负面清单）基本一致。

俄罗斯虽然没有像我国和韩国这样一个明确的负面清单，但上文中提到的《战略领域外国投资法》事实上承担了负面清单的功能。俄罗斯对于该法认定的战略领域的投资，都有严格的限制，比如对于某些行业的外资持股比例的限制。此外，俄罗斯还禁止外商投资赌博业、人寿保险业，禁止外资银行设立分行、禁止外国保险公司参与其强制保险方案。[2]

更多的国家则是在单行法中设立了外资准入的限制。以美国为例，在具体的对于特定行业准入的限制上，美国没有在国内法上列明完整的负面清单。但在其各个单行法里针对特定行业有着外商投资的限制要求。[3] 比如，在航空领域，美国只允许美国公民、永久居民、公司和政府实体在美国注册航空器。[4] 美国法律通过许可限制的方式要求外国人投资美国航空公司的投票股权不超过 25%。[5] 在通信领域，1996 年《通讯法》（The Telecommunications Act of 1996）禁止外国政府或政府代表直接申请广播电台等许可，[6] 外国政府、个人和企业所持有的美国广播电台公司的股权不得超过 20%。[7] 能源方面，一般情况下只允许美国公民和公司申请矿产、油气土地租赁许可。[8] 核能设施许可方面，也禁止外国人、外国政府或外国企业控制的公司申请。[9]

---

① 大韩贸易投资振兴公社.外商投资指南，p.13-17.

② 商务部国际贸易经济合作院，中国驻俄罗斯大使馆经济商务参赞处，商务部对外投资和经济合作司.对外投资合作国别（地区）指南俄罗斯（2018 年版），p.59.

③ Shawn Cooley and Christine Laciak. "The United States", in Calvin S Goldman (ed), The Foreign Investment Regulation Review (6th edn, Law Business Research Ltd 2018).

④ 49 U.S.C § 44102(a).

⑤ 49 U.S.C § 44102(a)(15).

⑥ 47 U.S.C § 310(a).

⑦ 47 U.S.C § 310(b)(3).

⑧ 30 U.S.C § 181.

⑨ 42 U.S.C § 2133(d).

在澳大利亚，银行业外国所有权必须符合 1959 年《银行法》（Banking Act 1959）、1998 年《金融业（股权）法》（Financial Sector (Shareholding) Act）以及相关银行业的政策。航空业领域，《1996 年机场法》（Airport Act 1996）限定某些机场的外国所有权不超过 49%。船舶业方面，根据 1981 年《船只登记法》（Shipping Registration Act 1981）规定，如果船只要在澳大利亚登记，就必须大部分为澳大利亚拥有，除非指定为受澳大利亚经营者特许。电信领域，Telstra（澳大利亚电讯）的累计外国所有权限于 35%，而且个人外来投资者仅可拥有不超过 5%。[①]

加拿大对于外商投资除了上述"净利益"审查之外，还对某些行业的投资有所限制，主要包括铀的生产、金融服务、交通服务以及文化产业。[②] 具体而言，个人持有的对于资产达到或超过 50 亿加元的大型银行的投票股权不得超过 20%，非投票股权不得超过 30%，个人持有的对于资产在 10 亿加元以下的中小银行需事先得到财政部的批准；外商持股大众传播企业不得超过 46.7%；外商持股渔业加工企业不得超过 49%；外商持股铀矿开采和加工企业不得超过 49%；外商持股航空运输公司不得超过 25%；海运业只允许悬挂加拿大国旗的船只，但可以是外国船东所有；除固定卫星服务以及海底光缆外，外商持股电信服务供应商不得超过 46.7%，而基本电信设施企业的董事会至少 80% 为加拿大人；收购加拿大保险公司超过 10% 的股份需要财政部批准；部分省区对土地的所有权限制；部分联邦和省级法律对于石油、天然气、农牧、图书发行和销售、航空、渔业、酒类销售、采矿、典当机构、工程、验光行业、医药以及证券交易行业的外资进入有限制。[③]

与之相类似，新加坡虽然没有确定的负面清单，但是对于部分行业的外

① 有关澳大利亚特殊行业准入的总结，参加澳大利亚议会网站：Kali Sanyal, Australia's Foreign Investment Policy, https://www.aph.gov.au/About_Parliament/Parliamentary_Departments/Parliamentary_Library/pubs/BriefingBook44p/AustForeignInvest.

② 商务部国际贸易经济合作院，中国驻加拿大大使馆经济商务参赞处，商务部对外投资和经济合作司 . 对外投资合作国别（地区）指南加拿大（2018 年版），p.60-61.

③ 商务部国际贸易经济合作院，中国驻加拿大大使馆经济商务参赞处，商务部对外投资和经济合作司 . 对外投资合作国别（地区）指南加拿大（2018 年版），p.61.

资有限制，包括银行和金融服务、保险、电信、广播、报纸、印刷、房地产和游戏等。[①] 具体而言，广播服务企业外商持股不得超过 49% 且不得为外商所控制；报业公司的董事要求都是新加坡人，其管理股的发行或转让需经媒体局批准；外国律师事务所不得雇佣新加坡律师从事与新加坡法律相关、超出国际商业仲裁范围或与新加坡国际商业法庭有关的服务；未经新加坡土地管理局土地交易审批部门批准，外国人不能购买某些受限制的住宅房地产等。[②]

整体而言，虽然大部分国家并不包含一个明确的负面清单，但是本章所比较的国家基本上都对某些特殊行业有外资准入的限制，比如国防工业、能源、媒体、金融、运输等。在这一点上可以看出各国的共识。事实上，我国和韩国采取的完整的负面清单的模式能更有效更透明地明确外资准入的程序，也方便外国投资者了解相关的行业信息。

二、安全审查

国家安全审查是外商投资的过程中一项重要程序。在上文中已经多次提及各国对于国家安全问题的重视。比如，俄罗斯《战略领域外国投资法》对于涉及敏感行业的外资准入进行了限制。韩国对于涉及国防工业的投资还需要经过主管部门的批准。新加坡对于可能危害新加坡公共和平、福利和秩序和不利于国家安全和利益的企业可以不予注册。这些在准入阶段实施的有关国家安全方面的考量都可以算作国家安全审查的一部分。而在美国、加拿大和澳大利亚，更有专门的法律规定了安全审查制度。

以美国为例，在上文中已经提及，美国最主要的对于外商投资管理机制就是埃克森—弗洛里奥条款中规定的国家安全审查制度。[③] 该法案设立了外

---

① ② 商务部国际贸易经济合作院，中国驻新加坡大使馆经济商务参赞处，商务部对外投资和经济合作司. 对外投资合作国别（地区）指南新加坡（2018 年版），p.45.

③ Section 721 of the Defense Production Act of 1950, 50 U.S.C App. 2170.

资委员会（CIFUS）作为国家安全审查的主管机关。[①]2018 年，这项制度根据《2018 外国投资风险审查现代化法》进行修订。[②] 根据现行法律的新的要求，外资委员会有权审查外商投资过程中可能发生的国家安全问题。[③] 外资委员会主席由财政部长担任，财政部投资安全局局长负责外资委员会的具体工作，外资委员会的成员还包括司法部、国土安全部、商务部、国防部、国务院、能源部、美国贸易代表办公室、科技部的部分负责人，其他参与外资委员会的部门还包括管理和预算办公室、经济顾问委员会、国家安全委员会、国际经济委员会和国土安全委员会。[④] 国家安全审查的启动可以是由外商投资的交易方自动提交申请，[⑤] 或者也可以由总统或者外资委员会依职权主动发起。[⑥] 国家安全审查应该自收到书面自动申请或依职权开启后 45 天内结束。[⑦] 如果审查结果认为被审查的交易危害国家安全并且此种危害在审查过程中并未得到消除，或者被审查交易是被外国政府控制的，或者被审查交易会让外国人控制美国的关键设施，或者外资委员会或者参与的部门认为必要的，外资委员会继续开展国家安全调查。[⑧] 国家安全调查应该在调查开始后 45 天内结束，[⑨] 但是在法律规定的情况下可以延长 15 天。[⑩] 如果外资委员会认为被调查交易不存在危害美国国家安全的情况，应该向议会提交证明报告。[⑪] 美国国家情报机关负责人负责提供涉及国家安全的分析。[⑫] 在审查和调查过程中，外商投资

[①] 参见 CIFUS 网站，https://home.treasury.gov/policy-issues/international/the-committee-on-foreign-investment-in-the-united-states-cfius.

[②] The Foreign Investment Risk Review Modernization Act of 2018 (FIRRMA).

[③] 50 U.S.C. § 4656(b)(1)(A).

[④] 参见 CFIUS 网站，Composition of CFIUS，https://www.treasury.gov/resource-center/international/foreign-investment/Pages/cfius-members.aspx.

[⑤] 50 U.S.C. § 4656(b)(1)(C).

[⑥] 50 U.S.C. § 4656(b)(1)(D).

[⑦] 50 U.S.C. § 4656(b)(1)(F).

[⑧] 50 U.S.C. § 4656(b)(2)(B).

[⑨] 50 U.S.C. § 4656(b)(2)(C)(i).

[⑩] 50 U.S.C. § 4656(b)(2)(C)(ii)(I).

[⑪] 50 U.S.C. § 4656(b)(3).

[⑫] 50 U.S.C. § 4656(b)(4).

交易的交易方也可以被要求提供额外的信息。[①] 外资委员会可以在审查或调查期间中止交易的进行，[②] 或者将被审查的交易提交总统决定。[③] 总统应该在调查结束或者收到外资委员会提交信息之日（两者之间选择前者）15 天之内做出是否禁止该项交易的决定。[④] 国家安全审查中可以考虑的因素包括：（1）国防要求需要的国内生产；（2）国内工业满足国防需要的能力；（3）外国人控制国内企业和商业活动；（4）可能对于军事物资、设备和技术的影响；（5）对于国际技术领导力的影响；（6）对于关键设施的影响；（7）对于关键技术的影响；（8）是否为外国政府控制的交易；（9）外国投资者所在的国家情况；（10）对于美国能源和其他关键资源和材料的影响；（11）其他总统或者投资委员会认为应该考虑的因素。[⑤] 值得注意的是，总统做出的决定不受司法审查。[⑥] 但是可以在哥伦比亚特区联邦巡回上诉法院提起民事诉讼。[⑦]

《加拿大投资法》中专节规定了国家安全审查程序。[⑧] 若主管部门认为某项投资可能危害国家安全，无论是新设企业还是并购加拿大企业，均可能进行国家安全审查。[⑨] 外国投资者收到国家安全审查的通知后，不得继续投资活动，除非主管部门同意不采取后续措施，或者授权投资的继续进行。[⑩] 如果主管部门认为该项投资是不利于国家安全的，可以要求投资者停止投资，或者要求投资者做出承诺或对投资的形式和条件做出限制，或者要求投资者分散其对于加拿大企业的控制权。[⑪]《加拿大投资法》也明确指出，主管部门做出

---

① 50 U.S.C. § 4656(b)(5).

② 50 U.S.C. § 4656(l)(1).

③ 50 U.S.C. § 4656(l)(2).

④ 50 U.S.C. § 4656(d).

⑤ 50 U.S.C. § 4656(f).

⑥ 50 U.S.C. § 4656(e)(1).

⑦ 50 U.S.C. § 4656(e)(2).

⑧ 参见《加拿大投资法》Investment Injurious to National Security 的部分。

⑨《加拿大投资法》第 25.1 条。

⑩《加拿大投资法》第 25.3（3）条。

⑪《加拿大投资法》第 25.4（1）条。

的国家安全审查的决定是终局的，仅能根据《联邦法院法》进行司法审查。[①] 此外，《国家安全审查投资条例》也进一步规定了国家安全审查的内容，主要对于安全审查的时限做出了规定。[②] 根据加拿大《投资国家安全审查指南》[③] 对于"国家安全"的判断，应综合考虑资产、商业活动以及当时各方的性质，包括可能的第三方的影响。具体而言，可以考虑如下几点：（1）对于加拿大国防能力和利益的潜在影响；（2）对于将敏感技术和信息转移至加拿大境外的潜在影响；（3）《国防产品法》中涉及的研究、制造或者货物／技术的销售；（4）对于加拿大关键基础设施的潜在影响；（5）对于向加拿大国民或加拿大政府提供关键货物和服务有潜在影响；（6）外国监控和间谍的可能性；（7）对于当下或未来智力或者法律运行的潜在阻碍；（8）对于加拿大国际利益，包括国际关系的潜在影响；（9）可能的涉及非法活动的投资行为，比如恐怖袭击、恐怖组织或有组织犯罪。[④]

澳大利亚比较特殊，其没有所谓的国家安全审查制度，但是有类似的国家利益审查（national interest test）。[⑤] 根据澳大利亚《外商收购与接管法》，如果在某项投资有损于澳大利亚的国家利益的情况下，财政部长在听取外商投资审查委员会（FIRB）的建议后有权阻止该项外资的进入。该项制度并没有明确的法律界定，而是依据财长的个案审查，这是基于最大化投资流以及保护澳大利亚利益的考量。根据澳大利亚 2019 年的外商投资政策报告，[⑥] 在国家利益审查过程中，考察的因素包括社区的影响，目标企业的性质、雇员人数、市场份额，敏感行业（媒体、通信、交通、国防和军队相关行业，以及铀和钍的提取和核能及其他基础设施运营），投资的影响（比如发展额外生产

---

① 《加拿大投资法》第 25.6 条。

② National Security Review of Investments Regulations (SOR/2009-271).

③ Guidelines on the National Security Review of Investments, https://www.ic.gc.ca/eic/site/ica-lic.nsf/eng/lk81190.html.

④ 《投资国家安全审查指南》第 6 条。

⑤ ⑥ 有关该制度的具体内容，参见 2019 年 1 月 1 日的 Australia's Foreign investment Policy, https://cdn.tspace.gov.au/uploads/sites/82/2018/12/1-January-2019-Policy_.pdf.

能力或者新技术），是否基于市场经济等。

可以看出，美国、加拿大都有比较明确的国家安全审查制度。澳大利亚的国家利益审查制度也能够担任国家安全审查的职能。其他国家，包括俄罗斯、韩国和新加坡都对国家安全问题非常重视。安全利益问题是各国对于外国投资者和外商投资审查的重点内容。安全审查制度一般都是基于个案审查，不同于上一节准入审查对于某些特定敏感行业的准入限制，安全审查几乎可以覆盖所有的外商投资活动，通过非明确化的方式保护国家安全利益。这是外商投资管理机制里非常重要的环节。本次《外商投资法》明确了在外商投资过程中的安全审查机制，[①]这是在不断开放我国市场，促进经济发展的同时，保护我国根本利益的有效措施。

三、竞争政策

在竞争政策方面，本章所考察各国大部分都采用了反垄断的审查机制对外资准入，尤其是并购类的外资活动，进行审查。需要注意的是，一国的竞争政策并不区分纯内资的并购以及涉及外资的并购。

以美国为例，美国1890年《谢尔曼反托拉斯法》，[②]1914年《联邦贸易委员会法》[③]和1914年《克莱顿法》[④]规定了美国竞争政策的主要内容。美联邦贸易委员会（FTC）以及司法部（DOJ）被授权作为联邦机关对可能产生限制竞争的行为进行管理。[⑤]对于在并购过程中的反垄断审查，1976年《哈特—斯科特—罗迪诺反垄断改进法》（HSR 法）[⑥]对此进行了改革。达到一定额度的

---

① 《外商投资法》第三十五条。

② The Sherman Antitrust Act of 1890, 26 Stat. 209.

③ The Federal Trade Commission Act of 1914, 38 Stat.717.

④ The Clayton Antitrust Act of 1914, Pub. L. 63-212, 38 Stat. 730.

⑤ 参见 FTC 有关 The Enforcers 的内容，https://www.ftc.gov/tips-advice/competition-guidance/guide-antitrust-laws/enforcers.

⑥ Hart–Scott–Rodino Antitrust Improvements Act of 1976, Pub. L. 94-435, 90 Stat. 1383.

并购类交易必须根据法律的要求向主管机关提交一份并购前的说明。[1] 关于交易门槛的设定每年都会更新。根据 FTC 在 2019 年 3 月发布的说明，最低交易额门槛为 9000 万美元。[2] HSR 法设立了一个等待期间，在此期间内，FTC 和 DOJ 负责反垄断审查，而被审查的交易不能完成。审查期限一般为 30 天，如果是现金交易则为 15 天。[3] 如果需要额外信息的，审查期限可以延长 30 天，如果是现金交易则延长 10 天。[4] 在审查期限结束后，如果主管机关认可交易的，交易可以继续进行；如果主管机关认为此项交易有限制竞争造成垄断的效果，[5] 可以颁布临时禁令，并向法院要求终止这项交易。[6]

澳大利亚根据其《竞争和消费者法》，[7] 授权澳大利亚竞争和消费者委员会（Australian Competition and Consumer Commission）规制和审查公平竞争的问题。该法针对的不正当竞争的行为包括：实际上减少竞争或者包含独占或卡塔尔条款的合同、安排或者谅解；实际上减少竞争的收购和兼并；滥用市场地位；排除交易，包括第三人强制（比如，供应商提供货物或服务要求消费者必须从供应商制定的某一类第三人处获得货物或服务）；转售维修价格。本法禁止限制竞争的并购行为，[8] 也包括发生在澳大利亚境外的并购行为。[9] 并购交易方需要向主管部门提交申请。主管部门在评估限制竞争的影响时，需要

---

[1] 15 U.S.C. § 18a(a).

[2] 参见 FTC 网站说明，HSR Threshold Adjustments and Reportability for 2019, https://www.ftc.gov/news-events/blogs/competition-matters/2019/03/hsr-threshold-adjustments-reportability-2019.

[3] 15 U.S.C. § 18a(b)(1)(B).

[4] 15 U.S.C. § 18a(e)(2).

[5] 15 U.S.C. § § 18 and 45.

[6] 15 U.S.C. § 18a(f).

[7] The Competition and Consumer Act 2010; The Competition and Consumer Amendment (Misuse of Market Power) Act 2017.

[8] 澳大利亚《竞争和消费法》第 50 条。

[9] 澳大利亚《竞争和消费法》第 50A 条。

合理考虑各类市场因素。① 一般情况下，主管部门需要在 90 天内做出决定。② 主管部门可以允许或者不允许交易的继续进行，③ 或者附条件允许。④

在加拿大，《竞争法》是其主要的法律依据。⑤ 加拿大竞争署（Competition Bureau）是主要负责审查相关交易的主管部门。与此同时，竞争仲裁庭和法院拥有《竞争法》的解释权。加拿大《竞争法》所规制的行为包括垄断协议、滥用市场支配地位等。对于达到一定资产额度的企业和交易额度的并购交易，交易方需要在交易完成之前向竞争署申报。⑥ 对于交易额度门槛，加拿大竞争署会根据每年的情况更新。目前 2019 年的门槛是 9200 万加元。⑦ 竞争署在收到申报后，应该在 30 天内完成初始审查。⑧ 竞争署认为没有问题的，交易可以继续进行；竞争署认为交易方需要提供额外的资料的，审查期限可以再延长 30 天。⑨ 竞争署认为并购交易可能影响公平竞争的，可以提交竞争仲裁院审查。⑩ 竞争仲裁院可以做出禁止交易继续进行的决定或者对于已完成的交易要求拆分并购后的企业。⑪ 法庭可以对有关反垄断决定进一步审查。⑫

《俄罗斯联邦外国投资法》明确竞争政策对外国投资者和外商投资企业的

---

① 澳大利亚《竞争和消费法》第 50(3) 条。

② 有关审查的程序问题，参见澳大利亚竞争和消费委员会出版的并购授权指南（Merger Authorisation Guidelines），https://www.accc.gov.au/system/files/Merger%20Authorisation%20 Guidelines%20-%20October%202018.pdf.

③ 澳大利亚《竞争和消费法》第 90(1) 条。

④ 澳大利亚《竞争和消费法》第 87B 条。

⑤ Competition Act (R.S.C., 1985, c. C-34).

⑥ 加拿大《竞争法》第 109-110 条。

⑦ 参见加拿大政府网站 2019 pre-merger notification transaction-size threshold, https://www.canada. ca/en/competition-bureau/news/2019/01/2019-pre-merger-notification-transaction-size-threshold.html.

⑧ 加拿大《竞争法》第 123(1)(a) 条。

⑨ 加拿大《竞争法》第 114(2) 和 112(1)(b) 条。

⑩ 加拿大《竞争法》第 92(1) 条。

⑪ 加拿大《竞争法》第 92(1)(e)-(f) 条。

⑫ 加拿大《竞争法》第 74.18 条。

适用。①其《联邦保护竞争法》是主要的反垄断的法律依据。②该法第七章规定了对于经营者集中的审查，即并购审查。资产超过一定数额的交易方以及交易达到一定数额或股权占比的并购行为，应该在交易前获得反垄断审查机构的批准。③交易方应该在45天内向主管部门报备。④主管部门应该在30天内进行研究，并以书面形式告知申请人，结论可以是允许交易的进行，或者附条件允许交易的进行，或者决定延长审批时间，或者直接禁止交易；延长审批不得超过2个月。⑤对于反垄断机构做出的决议或指令可以提出申诉，或者向仲裁法院起诉。⑥

韩国《垄断规制和公平贸易法》⑦是反垄断审查的主要法律规范，禁止限制竞争的经营者集中。⑧韩国公平贸易委员会（KFTC）负责投资并购的反垄断审查。根据该法的要求，达到一定资产规模的公司进行一定数额以上的并购交易，需要向公平贸易委员会报告。⑨公平贸易委员会下设合并和收购部门（M&A Division）负责具体审查。审查期限为30天，如果认为有需要的，可以再延长90天。⑩公平贸易委员会可以允许交易的进行，在附条件的情况下允许交易的继续进行，或者禁止交易的完成。⑪交易方可以对公平贸易委员会的决定申诉，⑫也可以向首尔上诉法院起诉。⑬需要注意的是，新修订的《外商投资促进法》不顾反垄断法的规定，在一般控股公司的孙公司和外商合作设

① 《俄罗斯联邦外国投资法》第18条。

② Federal Law "On Protection of Competition". 参见俄罗斯反垄断服务部网站，http://en.fas.gov.ru/documents/documentdetails.html?id=14737.

③ 俄罗斯《联邦保护竞争法》第27-28条。第29条专门规定了有关金融机构的特殊要求。

④ 俄罗斯《联邦保护竞争法》第30条。

⑤ 俄罗斯《联邦保护竞争法》第33条。

⑥ 俄罗斯《联邦保护竞争法》第52条。

⑦ 韩国1980年 Korean Monopoly Regulation and Fair Trade Act (MRFTA).

⑧ 韩国《垄断规制和公平贸易法》第7条。

⑨ 韩国《垄断规制和公平贸易法》第12条。

⑩ 韩国《垄断规制和公平贸易法》第12(7)条。

⑪ 韩国《垄断规制和公平贸易法》第16条。

⑫ 韩国《垄断规制和公平贸易法》第53条。

⑬ 韩国《垄断规制和公平贸易法》第53-54条。

立曾孙公司外商投资企业时，允许针对曾孙公司的持股份额取消限制。[①]

新加坡的竞争政策规定在其《竞争法》中，[②] 由新加坡竞争和消费者委员会（CCCS）负责管理。《竞争法》第五十四条至六十条规定了有关于经营者集中的审查。对于审查的门槛，新加坡竞争和消费者委员会在其 2012 年的《并购程序指南》中提及，仅对某些比较大型的交易进行审查。[③] 根据新加坡法律，投资者可以选择自愿进行并购审查，委员会也可以依据职权主动提起审查。[④] 委员会的审查分为两个阶段。第一阶段为 30 个工作日，如果认为被审查交易没有限制竞争的效果，则允许交易继续进行。[⑤] 如果认为被审查交易可能有限制竞争的效果，则进入第二阶段进行进一步的审查，[⑥] 审查时限为 120 个工作日，之后委员会做出允许交易进行或者不允许交易进行的决定，或者允许交易方做出承诺保障公平竞争。[⑦] 在特殊情况下，审查期限可以延长。[⑧] 对于委员会做出的决定，可以向竞争上诉机构（CAB）申诉。[⑨] 对于上诉机构的决定，也可以再向法院提起诉讼。[⑩]

可以看出，本章所比较的国家都有各自的竞争政策。尤其是在并购交易方面，各国都出台了对于限制竞争类并购的规制措施。这与我国《反垄断法》鼓励有序竞争的基本精神一致。与此同时，在外商投资过程中，对于外商并购内资的限制竞争的影响也同样适用国内的竞争法规则。本次《外商投资法》第三十三条明确了外商并购中国企业适用《反垄断法》关于经营者集中的规定。[⑪]

---

① 大韩贸易投资振兴公社. 外商投资指南，p.11.

② Competition Act (Chapter 50B).

③ CCCS Guidelines on Merger Procedures 2012.

④ 新加坡《竞争法》第 56 条；《并购程序指南》第 2.3 和 2.4 条。

⑤ 新加坡《并购程序指南》第 2.7 条。

⑥ 新加坡《并购程序指南》第 2.8 条。

⑦ 新加坡《并购程序指南》第 4.76-4.87 条

⑧ 新加坡《并购程序指南》第 4.55 和 4.61 条。

⑨ 新加坡《竞争法》第 71 条。

⑩ 新加坡《竞争法》第 74 条。

⑪ 《外商投资法》第三十三条。

四、投资促进

投资促进是各国投资政策中的重要组成部分。外资能够很好地激活当地市场、促进就业、支持经济增长。故而，各国都积极吸引外资，这其中就包括了很多投资促进的内容，包括税收优惠、融资渠道、咨询服务等各个方面。

在美国，美国联邦和州政府都为投资者提供激励方案，具体内容可在"选择美国"网站上查询。[①] 联邦政府层面，主要的激励或支持措施包括（1）出口项目；（2）金融和贷款；（3）基金和赞助；（4）知识产权项目；（5）其他帮助和咨询；（6）小企业项目；（7）税收信用和减免等。这些激励和支持措施会给跨国公司或从事国际贸易的公司予以政策上的指导以及金融和税务方面的便利。其中，国际其他帮助和咨询项目涉及税务和食品安全相关政策法规的指导和支持计划。州政府层面，以纽约州为例，其提供的投资激励和支持措施包括：税收、运营支持（比如培训）、增长支持（融资支持）和创新发展支持（财政激励措施）。其他各州政府也会出台类似的激励措施。

澳大利亚贸易和投资委员会（Australian Trade and Investment Commission）是澳大利亚官方的贸易促进机构。[②] 在该委员会的官网上就提供了很多有关投资澳大利亚各个产业的信息。此外，澳大利亚也提供了很多促进投资的措施。具体而言，这些投资促进措施包括：（1）信息提供：澳大利亚贸易和投资委员会以及其他机构向外国投资者提供有关投资澳大利亚的信息；（2）地方政府协助：澳大利亚地方政府也出台了很多便利投资者的项目；（3）项目资金：澳大利亚政府为投资者提供了设立企业、扩大生产或者研究活动等的项目资金，投资者可以向政府申请补助；（4）劳动力：澳大利亚政府，尤其是澳大利亚劳动部，设立了各种项目帮助投资者找到符合条件的雇员，包括融资协助等措施；（5）税收：澳大利亚提供了很多投资有关的税收优惠，尤其是对于科研（R&D）的业务有很多税收激励措施；（6）主要项目协助：对于某些符合条件

---

① 参见美国国际贸易管理部组建的选择美国网站：https://www.selectusa.gov/welcome. 激励措施具体参见 Programs and Incentives：https://www.selectusa.gov/programs-and-incentives.

② 参见澳大利亚贸易和投资委员会官网：https://www.austrade.gov.au/International/invest.

的主要项目，澳大利亚政府有提供特殊的协助项目；（7）旅游业：对于涉及旅游业的投资，澳大利亚政府有专门的协助项目；（8）出口：澳大利亚政府对于企业出口也有相关支持和激励措施。[1]

加拿大也长期鼓励外商投资。比如加拿大投资局（Invest in Canada）就是针对外商直接投资的促进机构。[2] 加拿大对于外商投资提供了很多投资激励措施，包括：（1）科学研究和实验性开发税收激励项目：该项目对加拿大境内符合要求的直接研发成本提供税务优惠；[3]（2）全球技能战略：对于有特殊技能的外国劳动者提供签证便利措施；[4]（3）对于清洁技术的支持项目；[5]（4）战略创新政府基金等。[6]

俄罗斯在《俄罗斯联邦外国投资法》中明确规定了投资促进的内容。具体包括：（1）给予外国投资者和外商投资企业在海关税费方面的优惠；[7]（2）政府，包括地方政府，对于外国投资项目的激励措施，包括拨款或者其他方式的支持。[8]

韩国也对外商投资有各种促进措施。韩国《外商投资促进法》中就在第三章规定了外商投资的支持措施，包括税收减免、[9] 对于土地的租赁和买卖、[10]

---

① 参见澳大利亚贸易和投资委员会网站上有关 Understanding government support programs in Australia 的说明，https://www.austrade.gov.au/International/Invest/Guide-to-investing/Australian-Government-support-programs.

② 参见加拿大投资局的网站，https://www.investcanada.ca/.

③ 参见该项目 Scientific Research and Experimental Development Tax Incentive 网站，https://www.canada.ca/en/revenue-agency/services/scientific-research-experimental-development-tax-incentive-program.html.

④ 参见该项目 Global Skills Strategy 网站，https://www.canada.ca/en/employment-social-development/campaigns/global-skills-strategy.html.

⑤ 参见该项目 Clean Growth Hub 网站：http://www.ic.gc.ca/eic/site/099.nsf/eng/home.

⑥ 参见该项目 Strategic Innovation Fund 网站：http://www.ic.gc.ca/eic/site/125.nsf/eng/home.

⑦《俄罗斯联邦外国投资法》第16条。

⑧《俄罗斯联邦外国投资法》第17条。

⑨ 韩国《外商投资促进法》第9条。

⑩ 韩国《外商投资促进法》第13条。

地方政府支持措施、[1]现金支持、[2]现金奖励、[3]外商投资支持中心、[4]投诉管理、[5]外商投资促进局[6]以及民事行为申请。[7]特别是，（1）在税收方面，对于特定外商企业，或者有高新技术的产业有特殊的税收优惠。地方可能给予购置税、财产税的减免。也可能对外商企业特定货物的关税予以减免。（2）此外，对于满足条件的，比如属于新成长动力产业并有技术转移效果的外商企业，韩国政府可以予以现金补贴。[8]

在新加坡，联系新加坡（Contact Singapore）是新加坡经济发展局的部门之一，为投资者提供了有效信息。[9]（1）政府扶植：新加坡政府为投资者制定了一套完整的激励机制，包括政府拨款与税收激励以及政府部门的协调支持等措施。[10]（2）全球商业投资者计划：对于有兴趣在新加坡创业或投资的投资者，可以通过该计划申请新加坡永久居留权。[11]

为了加大吸引外资，可以看出，各国都出台了各类外商促进措施。

五、投资保护

投资保护向来也是投资法律规范中的重要内容。比如，《俄罗斯联邦外国投资法》中就规定了要对外商投资进行保护的内容。具体包括：第一，对于外国投资者和外商投资企业给予不低于本国国民和企业的待遇，即国民待遇

---

① 韩国《外商投资促进法》第 14 条。

② 韩国《外商投资促进法》第 14-2 条。

③ 韩国《外商投资促进法》第 14-3 条。

④ 韩国《外商投资促进法》第 15 条。

⑤ 韩国《外商投资促进法》第 15-2 条。

⑥ 韩国《外商投资促进法》第 16 条。

⑦ 韩国《外商投资促进法》第 17 条。

⑧ 大韩贸易投资振兴公社 . 外商投资指南，p.35-65.

⑨ 参见联系新加坡中文网站：https://www.contactsingapore.sg/cn/about.

⑩ 参见联系新加坡中文网站"政府扶植"部分的内容：https://www.contactsingapore.sg/cn/investors-business-owners/invest-in-singapore/government-assistance.

⑪ 参见联系新加坡中文网站"全球商业投资者计划"部分的内容：https://www.contactsingapore.sg/cn/investors-business-owners/invest-in-singapore/global-investor-programme.

条款;[①] 第二，明确对于外国投资者和外商投资的保护;[②] 第三，外国投资者有权在俄罗斯境内投资;[③] 第四，外国投资者有权将权利和义务转移给其他人;[④] 第五，对于征收和征用的限制和补偿;[⑤] 第六，外国投资者和外商投资企业不因俄罗斯法律的变化而受到不利影响;[⑥] 第七，外国投资者和外商投资企业能够在俄罗斯境内进行合适的争端解决;[⑦] 第八，对于俄罗斯境内的合法收入和利润可以使用或者汇出境外;[⑧] 第九，外国投资者有权将最初作为外国投资带入俄罗斯境内的财产和信息以文件或电子载体记录形式无障碍地带出俄罗斯;[⑨] 第十，外国投资者享有购买证券的权利;[⑩] 第十一，外国投资者参与私有化的权利;[⑪] 第十二，使用土地、其他自然资源、建筑物、设施和其他不动产的权利。[⑫]

韩国的《外商投资促进法》第三条明确了"保护外商投资"的内容。根据该条的规定：第一，韩国保护外国投资者将在韩国经营所得的股息、利益等收益汇出韩国的权利；第二，强调对于外国投资者和外商投资企业的给予与韩国投资者和韩国企业一样的待遇，即国民待遇条款；第三，强调给予韩国投资者和韩国企业的税收优惠同样适用于外国投资者和外商投资者企业。[⑬]

然而，很多国家的外商投资法并没有明确的对于投资保护的规定。比如，澳大利亚的《外商收购与接管法》等法律规范主要规定了外商准入的审核内

---

① 《俄罗斯联邦外国投资法》第 4 条。
② 《俄罗斯联邦外国投资法》第 5 条。
③ 《俄罗斯联邦外国投资法》第 6 条。
④ 《俄罗斯联邦外国投资法》第 7 条。
⑤ 《俄罗斯联邦外国投资法》第 8 条。
⑥ 《俄罗斯联邦外国投资法》第 9 条。
⑦ 《俄罗斯联邦外国投资法》第 10 条。
⑧ 《俄罗斯联邦外国投资法》第 11 条。
⑨ 《俄罗斯联邦外国投资法》第 12 条。
⑩ 《俄罗斯联邦外国投资法》第 13 条。
⑪ 《俄罗斯联邦外国投资法》第 14 条。
⑫ 《俄罗斯联邦外国投资法》第 15 条。
⑬ 韩国《外商投资促进法》第 3 条。

容，并没有关于投资保护的规定。《加拿大投资法》中也没有专章明确表示对于投资者的保护，但是该法中明确投资者对于主管部门或者法院做出的决定有寻求法律救济的途径。[①] 事实上，如前所述，各国基本认可内外资一致的原则，国内法上的救济措施同时适用于外国投资者。

值得注意的是，对于外国投资者的保护同样还通过签订双边投资协定的方式来进行。目前，我国与本章比较的几个国家已经签订的双边投资协定包括：《中华人民共和国政府与澳大利亚政府相互鼓励和保护投资协定》、《中华人民共和国政府和加拿大政府关于促进和相互保护投资的协定》、《中华人民共和国政府和俄罗斯联邦政府关于促进和相互保护投资协定》、《中华人民共和国政府和大韩民国政府关于鼓励和相互保护投资协定》、《中华人民共和国政府和新加坡共和国政府关于促进和保护投资协定》。第三章也谈及了我国跟美国的双边投资协定的谈判。此外，我国在与别国签订的自由贸易协定中，其中包括投资章节的有：《中华人民共和国政府和澳大利亚政府自由贸易协定》（第九章投资）《中华人民共和国政府和大韩民国政府自由贸易协定》（第十二章投资）《中华人民共和国政府和新加坡共和国政府》（第十章投资）。此外我国正在研究与加拿大的自由贸易协议。[②]

虽然不是所有的法律都规定了投资保护的内容，但应该认为投资保护是各国外商投资法律体系中的一部分。

六、信息报告

信息报告制度并不是外商投资过程中的一个常见的制度。在本章比较的六个国家中，美国和澳大利亚的信息报告制度比较有代表性。韩国对于外资企业在运营过程中的事项变更也要求报告。

在美国，根据其《国际投资和贸易服务调查法》，外国所有 10% 以上的

①《加拿大投资法》第 25.6 和 40(5) 条。

② 参见商务部自由贸易区服务网的内容：http://fta.mofcom.gov.cn/.

企业需要定期向经济分析局提交有关报告。[1] 有关针对外资的信息报告有如下几种：

第一种是与有关新外国直接投资的调查（BE-13 表），对于新设的外国直接投资，无论是绿地投资还是扩大经营抑或是并购投资，均须向 BEA 提交报告。原始文件必须于交易完成后的 45 天内提交。根据交易类型不同，分成：A 类针对并购投资，超过 300 万美元并获得 10% 以上的投票权；B 类针对绿地投资，超过 300 万美元并获得 10% 以上的投票权；D 类针对扩大经营，扩大部分超过 300 万美元；E 类针对满足 B 或者 D 的情况的在建项目。此外，未满足条件或者不满足 300 万美元门槛的可以免于提交报告。

第二种是季度报告（BE-605 表），针对美国实体及其外国母公司以及美国实体与外国实体之间的交易。每一年度／会计季度结束后 30 天内或者最后一个年度／会计季度结束后的 45 天内需要提交季度报告，要求总资产、年度销售额、总运营收益以及年度净收益等超过 6000 万美元。不满足条件的可以免于提交该报告。

第三种是年度报告（BE-15 表），报告美国实体的年度资产和运营情况，包括：A 类报告针对外来投资者占多数股权并且总资产、销售或总运营收益或者净收益超过 3 亿美元；B 类报告针对外来投资者占多数股权并且总资产、销售或总运营收益或净收益超过 1.2 亿美元小于 3 亿美元，或者外来投资者占少数股权并且总资产、销售或总运营收益或净收益大于 1.2 亿美元；C 类报告针对总资产、销售或总运营收益或净收益超过 4000 万但小于 1.2 亿美元。不满足条件的可以免于报告。

第四种是基准调查（BE-12 表）。该调查每 5 年实施一次，最近的一次于2012 年完成。其中，A 类报告针对外来投资者占多数股权并且总资产、销售或总运营收益或者净收益超过 3 亿美元；B 类报告针对外来投资者占多数股权并且总资产、销售或总运营收益或净收益超过 6000 万美元小于 3 亿美元，或

---

[1] 有关美国信息报告制度，参见美国经济分析局网站：https://www.bea.gov/surveys/pdf/a-guide-to-bea-direct-investment-surveys.pdf.

者外来投资者占少数股权并且总资产、销售或总运营收益或净收益大于 6000 万美元；C 类报告针对总资产、销售或总运营收益或净收益小于 6000 万美元。小于 2000 万的只要求选择性报告。

此外，根据《外资房地产税法》（the Foreign Investment in Real Property Tax Act），外国人投资房地产还需要另外向美国税收部门提交报告。有关农业用地的获得和转让必须向美国农业部报告。不动产的获得也需要向非联邦部门报告。[1]

在澳大利亚，外国公司在注册之后仍然需要在运营过程中提供法律规定的信息。根据向澳大利亚证券和投资委员会（ASIC）的要求，[2]（1）至少每一个日历年，以及每年总会议（如有）一个月内提供每年的利润；（2）至少每一个日历年，且间隔不得超过 15 个月，提供财务信息，包括资产负债表、盈利亏损说明、现金流量说明（截至上一会计年度）的副本，财务信息陈述，以及其他母国要求的文件；（3）报告公司名称、章程、董事、当地代理、营业时间、注册地址、开设分部、停止营业、取消注册以及相关信息变更情况。

在韩国，没有一个定期的信息报告制度，但是在运营过程中如果出现持股变动、商号变更，则需要进行相关的投资申报和企业变更注册申请。[3]

虽然信息报告制度并不常见，但这是对外国投资者和外商投资企业进行管理的重要补充。现阶段《外商投资法》实施"准入前国民待遇和负面清单"的制度，外资进入的门槛大大降低，但也加大了管理外资的难度。信息报告制度作为一种事后机制，在不加大准入门槛的情况下，可以有效管理已经进入的外资。

---

① Baker & McKenzie. A Legal Guide to Acquisitions and Doing Business in the United States. 康奈尔大学网站：http://digitalcommons.ilr.cornell.edu/cgi/viewcontent.cgi?article=1037&context=lawfirms.

② 这些要求参见 ASIC 网站，https://asic.gov.au/for-business/registering-a-company/steps-to-register-a-company/foreign-companies/#ongoing.

③ 韩国《外商投资促进法》第 21 条、22 条。

七、小结

根据上述比较可以看出，我国的《外商投资法》以一部专法的形式确认了我国外商投资的管理体制。与我国类似的还包括澳大利亚、加拿大、俄罗斯和韩国。但是也有例外，比如美国和新加坡。

可以说，我国适时推出的《外商投资法》顺应了当下国际外商投资管理的发展潮流，有效建立了推动外商投资进一步发展的法律基础。下一部分将对具体的投资管理体制进行详细的比较和分析。

我国新的《外商投资法》已经具备了国际先进的外商投资管理模式。尤其是"准入前国民待遇和负面清单"模式大大降低了外商投资准入门槛，能够有效进一步吸引外资、扩大开放，促进我国经济高效发展。准入阶段所涉及的国家安全审查和反垄断审查也跟其他国家采取的外商投资管理政策一致。此外，我国也与其他各国一样，强调了投资促进和投资保护的内容，构建了全方位的外商投资法律体系。

附件 4.1

各国外商投资管理制度对比

	美国	澳大利亚	加拿大	俄罗斯	韩国	新加坡	中国（《外商投资法》）
外资准入							
准入审查	N/A	部分行为审核	通知+净利益	战略领域审核	申报+审批	N/A	备案+审批
负面清单	负面清单	负面清单	负面清单	负面清单	负面清单	负面清单	负面清单
其他							
安全审查	国家安全审查	国家利益审查	国家安全审查	战略领域审核	国防工业	注册审查	国家安全审查
竞争政策	反垄断审查	反垄断审查	反垄断审查	反垄断审查	反垄断审查	反垄断审查	反垄断审查
投资促进	投资促进	投资促进	投资促进	投资促进	投资促进	投资促进	投资促进

续 表

	美国	澳大利亚	加拿大	俄罗斯	韩国	新加坡	中国 (《外商投资法》)
投资保护	投资保护	投资保护	投资保护	投资保护	投资保护	投资保护	投资保护
信息报告	信息报告	信息报告	N/A	N/A	企业信息 登记	N/A	信息报告

资料来源：根据各国法规整理。

注：N/A 表示该国没有此项制度。

第五章 《外商投资法》实施的前瞻

《中华人民共和国外商投资法》自 2020 年 1 月 1 日起施行，作为专门的外资法典，该法将重构我国的外资基础性法律。《外商投资法》的目标包括"进一步扩大对外开放，积极促进外商投资，保护外商投资合法利益，规范外商投资管理，推动形成全面开放新格局，促进社会主义市场经济健康发展"。[①]它专注于政府对外商投资的促进和保护，以及对外商投资、外国投资者和外商投资企业的管理，而其他领域的外商投资管理问题将由其他法律法规承担。为保障外国投资者和外商投资企业的合法权益，确保外商投资的有序发展和有效管理，《外商投资法》能否与其他法律法规之间良好地衔接就显得格外重要。

一、《外商投资法》与外商投资准入特别管理措施目录的衔接

外商投资特别管理措施包括不符合国民待遇原则的外商投资准入特别管理措施和其他针对外商投资的特别管理措施，后者包括不符合国民待遇原则的与国家安全、公共秩序、文化、金融审慎、政府采购、补贴、特殊手续、非营利组织和税收相关的特别管理措施。外商投资准入特别管理措施目录一般称"负面清单"，负面清单之内的禁止投资领域，境外投资者不得实施投资，负面清单之内的限制投资领域，境外投资者须进行外资准入许可申请。

外商投资准入特别管理措施目录一定程度上反映了外商投资产业政策的内容，实际上起到了执行外商投资产业政策的作用。外商投资准入特别管理措施与《外商投资法》共同构成了与外商投资准入的管理有关的核心制度。

---

①《外商投资法》第一条。

《外商投资法》是相对稳定的，而外商投资准入特别管理措施目录需随形势和政策调整。因此，外商投资准入特别管理措施不宜直接在《外商投资法》中规定，《外商投资法》第四条授权负面清单由国务院发布或者批准发布。需要注意的是，《外商投资法》此处规定与目前实践存在差别，更加严格地限定了负面清单的制定。自2013年以来我国的负面清单一直由国家发改委和商务部起草并联合发布（上海自贸试验区的负面清单最初是授权上海市人民政府颁布的）。① 在《外商投资法》通过并生效后，应当注意特别管理措施目录的更新和修订程序。具体而言，负面清单由国家发改委和商务部起草后，一定要经过国务院批准，并由国务院发布；严格意义上讲，负责起草的国家发改委和商务部甚至不能将负面清单交由国务院批准后由其自己联合发布。

二、《外商投资法》与单行的外商投资特定产业管理条例的衔接

在吸引和利用外资的过程中，中国政府还颁布了大量的外商投资特定产业的管理条例，如《中外合资、合作医疗机构管理办法》、② 《外资银行管理条例》、③ 《外商投资电信企业管理规定》、④ 《外商投资民用航空业规定》、⑤ 《外商投资商业领域管理办法》、⑥ 《中外合作办学条例》、⑦ 《外商投资国际货物运输代理

---

① 我国目前现行的是2018年7月28日实施的由发改委、商务部发布的《外商投资准入特别管理措施（负面清单）（2018年版）》。

② 2000年5月15日公布。

③ 2006年11月11日公布，迄今已做两次修订，2018年10月25日颁布《外资银行管理条例》修订征求意见。该条例还有相伴的《外资银行管理条例实施细则》（2015年7月1日公布），2018年11月28日中国银保监会发布《外资银行管理条例实施细则》的修订征求意见稿。

④ 2001年12月11公布，迄今已做了两次修订，最近一次修订发生于2016年2月6日。

⑤ 2002年6月21日公布。

⑥ 2004年4月16日公布，2009年公布其补充规定。

⑦ 2003年2月19日公布。《中外合作办学条例实施办法》于2004年7月1日公布。

企业管理办法》①《旅行社条例》②等。在《外商投资法》生效后，这些条例或办法的效力如何，值得关注。总的原则应该是：如果该条例或办法调整的行业没有列入负面清单，该条例或办法就应废止；如果其调整的行业被列入负面清单，那可以继续保留，但与《外商投资法》相抵触的部分条款应予废止。事实上，《外商投资道路运输业管理规定》就因为与负面清单相抵触，已于2018年废止。外商投资道路运输业的立项审批已取消，之后外商投资道路运输业将享受国民待遇。

三、《外商投资法》与国家安全审查相关法律法规和规章的衔接

《外商投资法》确立了一项备受关注的制度：外商投资安全审查制度。《外商投资法》第三十五条规定：

国家建立外商投资安全审查制度，对影响或者可能影响国家安全的外商投资进行安全审查。

依法做出的安全审查决定为最终决定。

安全审查不仅仅是各国在传统外商投资管理体系中十分关注的一项内容，也成为国际双边投资协定谈判中的重中之重。国家安全审查是东道国在国家经济主权上的体现，主要对外商投资行为进行审查以评估对本国安全的影响。在更加开放的负面清单模式下，安全审查制度成为主权国家保有经济自主权的最重要防线之一，应当在立法层面加以构建。《反垄断法》第三十一条提到要"对外资并购境内企业或者以其他方式参与经营者集中，涉及国家安全的，还应当按照国家有关规定进行国家安全审查。"而我国现行的安全审查制度主要建立在国务院于2011年2月发布的《关于建立外国投资者并购境内企业安全审查制度的通知》以及同年8月由商务部公布的《商务部实施外国投资者

---

① 2005年12月11日公布。

② 2009年1月21日公布，2017年3月1日修订。其相伴的《旅行社条例实施细则》于2009年4月2日通过，2016年12月12日修改。

并购境内企业安全审查制度的规定》的基础上，依据的规范性法律文件效力层级低、调整范围小，审查内容集中在并购的投资形式上，这与安全审查制度的重要性极其不相称。考虑到国家安全审查制度是涉及外商投资领域的敏感问题，而我国现有的安全审查制度无论在审查范围还是在审查程序上，尚未能结合负面清单模式较好运行，无疑不能再满足《外商投资法》的审查需求。

《外商投资法》无法对安全审查的程序规则做详细的规定，更为具体的内容仍需要做专项的立法安排予以重构，现行的外资并购国家安全审查制度有待以单行的外商投资安全审查实施细则的方式逐步进行扩充。《外商投资法》通过并生效后，现有的国家安全审查相关的法律法规和规章，在纳入尚未处于正式立法进程中的外商投资安全审查的相关细则性规定时，涉及以下几个方面内容的规定应予以调整：

一是安全概念的调整。一方面，在现有的关于外国投资者并购境内企业安全审查制度的构建中，尚未对国家安全的概念有全面的认识，在并购安全审查内容的规定中，采取列举的方式列明包括国防安全、国家经济稳定运行、社会基本生活秩序、国家安全关键技术研发能力四个考量因素。法理上讲，《外商投资法》直接援引了"国家安全"这一概念，《国家安全法》应是外商投资安全审查实施细则的上位法之一。而基于总体国家安全观的《国家安全法》中的国家安全除了传统国土安全、军事安全外，还包括政治安全、经济安全、文化安全、社会安全、环境安全、生态安全等，如果以此国家安全概念适用于外商投资国家安全审查，将大大超出了原有并购安全审查下的考量因素。另一方面，以往在外资产业准入安全审查的配合下，并购的安全审查制度尚能满足对国家安全的保护需求，但随着负面清单管理模式的实施，原先的外资产业准入安全审查发生根本改变，部分在产业准入中的安全审查职能将归入统一的安全审查制度中。因此外商投资国家安全审查的相关细则性规定有必要在现有的国家安全概念的基础上扩充丰富安全审查的考虑因素，宜对《国家安全法》第二条的国家安全定义进行适当扩大解释。一个平衡的外商投资安全审查制度既要考虑国家安全的需要，也要注意外资自由化和对外开放的需要，因此要对国家安全的范围做适度的界定。

二是审查范围的调整。外商投资安全审查实施细则作为统一的安全审查制度，有必要对适用范围予以扩大，对任何危害或可能危害国家安全的外商投资项目都进行国家安全审查。该条例应当沿用《国家安全法》的规定，不宜对外商投资安全审查的适用条件做过多的限制，应突破原先并购国家安全审查制度中对外商投资项目投资形式的限制。

国家安全问题一直是国家主权在国内法和国际法交界中最直接的体现，因为在进行国家安全审查的过程中，主权不再只是具有纯宣誓性的效果，而具有更加直接的威力——成为拒绝外国投资进入本国境内的一大万能法宝。特别是第三十五条第二款指出，"依法做出的安全审查决定为最终决定。"这也说明了这种安全审查一方面在国内行政机构层面是不可复议的，另一方面在国际仲裁或其他国际争端解决上都是不可裁的，这与我国在国际投资条约中有关"安全审查"问题的条约实践是一致的。比如在《中华人民共和国政府和加拿大政府关于促进和相互保护投资的协定》（2014年）中排除了对"安全审查决定"的争端解决。①

除了不许行政复议和国际诉讼之外，外资国家安全审查决定在各个不同国家的实践中也是一般都不受司法审查的，即投资者如不服东道国政府的国家安全审查决定，不得在国内法院提起诉讼。考虑到外商投资国家安全审查实施细则将由国务院颁布，而国家安全审查决定也将是国务院最终做出，因此不宜在外商投资国家安全审查实施细则中规定外资国家安全审查决定不受

---

①《中华人民共和国政府和加拿大政府关于促进和相互保护投资的协定》第四部分第三十四条的附录《排除》部分规定：

一、加拿大根据关于在加拿大投资的法律——《加拿大投资法》做出的如下审查决定：

（一）关于是否初始批准受审查的投资的决定；或

（二）关于是否准许投资的国家安全审查决定；

不适用本协定第十五条和第三部分的争端解决规定。

二、中国依据有关外国投资管理的法律、法规及规章做出的如下审查决定：

（一）关于是否初始批准受审查的投资的决定；或

（二）关于是否准许投资的国家安全审查决定；

不适用本协定第十五条和第三部分的争端解决规定。

司法审查。相关规定应该在作为外资基本法的《外商投资法》或作为调整国家安全事务的高位阶的《国家安全法》中做出。

本书在第三章也分析了现行涉及安全审查的法规规章，包括《关于建立外国投资者并购境内企业安全审查制度的通知》（2011年）、《商务部实施外国投资者并购境内企业安全审查制度的规定》（2011年）、《自贸试验区外商投资国家安全审查试行办法》（2015年）等。本章就此不加赘述。

四、《外商投资法》与原核准和备案制度相关法律法规和规章的衔接

外商投资在过去的审批事项包括：设立、变更、终止、分立、合并、延长经营期限和委托他人经营等事项。在《外商投资法》颁布后，除负面清单以外，全部改为备案制，由"全面审批制"变为"普遍备案制"与"负面清单下的审批制"，原有的关于审批和备案制度的法律法规和规章也应做相应调整。

经自贸区试验后，商务部于2016年10月8日颁布，后于2017年7月30日和2018年6月29日两次修订的《外商投资企业设立及变更备案管理暂行办法》在外资企业设立及变更管理方面为《外商投资法》的生效做了准备，但对于过去涉及外商投资企业设立等重大事项审批分别制定的专门规定，仍存在大量的法规清理工作，新法生效后原有的规章需要予以集中梳理、修订、废除。

关于外资项目核准及备案管理，国家发改委根据《指导外商投资方向规定》、《国务院关于投资体制改革的决定》、《国务院关于发布政府核准的投资项目目录》，对外商投资"项目"实行核准和备案管理，并相应地颁布了《外商投资项目核准和备案管理办法》。该管理办法对于《外商投资产业指导目录》中有中方控股要求的鼓励类项目、限制外商投资类项目和《国务院关于发布政府核准的投资项目目录》中规定需要政府投资的项目规定了核准程序；对于其他外商投资项目则规定了备案程序。前述国家发改委下的项目核准和备案管理程序属于事前备案，且国家发改委有权不予备案，本质上属于外资

准入的实质性门槛，这与《外商投资法》以及《外商投资企业设立及变更备案管理暂行办法》所确立的"普遍备案制"与"负面清单下的审批制"存在一定重合，但更多的是矛盾。《外商投资法》通过并生效后，国家发改委的项目核准和备案制度如何继续实施，或者予以整合，有待进一步修订明确。

关于外国投资者并购境内企业的一系列法规和部门规章，特别是《商务部关于外国投资者并购境内企业的规定》，其法律基础就在于外商投资企业设立的审批制度，该规章第十一条明确规定"境内公司、企业或自然人以其在境外合法设立或控制的公司名义并购与其有关联关系的境内的公司，应报商务部审批。当事人不得以外商投资企业境内投资或其他方式规避前述要求"。《外商投资法》取消了负面清单以外的审批制度，而外资并购境内企业不宜纳入负面清单范畴，故此针对外国投资者并购境内企业的一系列部门规章，不应继续有效，而需要做相应的调整。

关于外商投资企业境内再投资的核准备案问题，在《关于外商投资企业境内投资的暂行规定》中规定，外商投资企业购买被投资公司投资者的股权，被投资公司经营范围属于鼓励类或允许类领域的，被投资公司应向原公司登记机关备案。被投资公司经营范围涉及限制类领域的，应向省级审批机关申请同意批复才得以申请变更登记。这与《外商投资法》和《特殊管理措施目录》可能存在不符，应进行修订予以统一。

五、《外商投资法》与知识产权法的衔接

《外商投资法》出台后，其中有关"知识产权"的规定备受关注。这些规定旨在给外国投资者提供更加全面有效的知识产权法律保障。这体现了我国在外商投资政策问题上吸引和留住外资的目的。在立法上进行明确的保障能够回应外资的诉求，增强我国对高质量外资的吸引力。更重要的是，这有利于优化中国营商环境，符合我国建设创新型国家的需要。

需要说明的是,《专利法》、《商标法》和《著作权法》对相关知识产权的保护已有一系列明确规定,包括对知识产权侵权行为的认定和赔偿。① 此外,《专利法实施细则》、《商标法实施条例》和《著作权法实施条例》都对此有进一步的细化规定。② 也就是说,在《外商投资法》中,只是笼统地规定了国家对外国投资者和外商投资企业知识产权合法权益的保护,并将对知识产权侵权行为依法追究法律责任。这说明了有关外国投资者和外商投资企业的知识产权保护适用,《专利法》、《商标法》、《著作权法》与《外商投资法》属于特别法和一般法的关系:《外商投资法》是一般法,其他知识产权专门立法是特别法,由于特别法优于一般法的关系,涉及外国投资者的知识产权问题,依然适用知识产权专门立法。以下将分别介绍《外商投资法》中有关知识产权的具体规定,并与相关知识产权立法进行比较,阐释两者之间的衔接问题。

1. 知识产权保护的一般规定

《外国投资法》第二十二条第一款再次确认了国家对外国投资者和外国投资企业知识产权的保护,包括知识产权权利人和相关权利人的合法权益。按照现行的知识产权法律,知识产权权利人非常宽泛,既包括知识产权权利人和其他相关权利人,这些权利人可以是知识产权的授权使用人、著作权集体管理人(作为信托管理的方式)甚至是知识产权的质押权人等。

《专利法》和《商标法》规定的"外国人、外国企业和其他外国组织"是指在中国没有经常居所或者营业所的外国人或者外国企业。《著作权法》规定的外国人是指不具有中国国籍的自然人。《外商投资法》规定的"外国投资者"包括了外国的自然人、企业或者其他组织;其中外国投资者在中国境内设立的外商投资企业具有中国法人身份。此外,《外商投资法》规定的其他外

---

① 《专利法》第七章"专利权的保护";《商标法》第七章"注册商标专用权的保护";《著作权法》第五章"法律责任和执法措施"。

② 《专利法实施细则》第七章"专利权的保护";《商标法实施条例》第八章"注册商标专用权的保护";《著作权法实施条例》第三十六条和第三十七条。

商投资方式包括：股权类的投资、新建项目的投资和兜底条款其他方式的投资。换言之，如果是《专利法》和《商标法》规定的不具有经常居所或者营业所的外国投资者，在中国投资时没有在中国设立外商投资企业，则需要依照其所属国同中国签订的协议或者共同参加的国际条约适用其相关规则，并实行互惠原则。但反之，如果在中国投资时在中国设立了外商投资企业，则其已经享有中国法人地位，其以企业为主体的法人机构是可以按照中国法人的程序申请专利和注册专用商标的；但是如果是其知识产权权利享有人为外国自然人、外国企业或者其他外国组织，则仍然应当按照国际条约的规定进行适用。

目前，中国已经是多个知识产权公约的缔约国，在一些中国参与的双边或者多边贸易协定或者投资协定中对知识产权也有相关规定，需要根据情形不同分别适用。以下简单列举中国参加的知识产权国际协定：其中适用范围最广的是 WTO 的《与贸易有关的知识产权协定》（Agreement on Trade-Related Aspects of Intellectual Property Rights，TRIPS 协定）和《建立世界知识产权组织公约》（Convention Establishing the World Intellectual Property Organization，简称 WIPO 公约）。

鉴于 WTO 有 164 个成员（包括我国港澳台地区），TRIPS 协定有最广泛的国际协同效应。按照 TRIPS 协定第 3 条，[①]中国政府给予其他 WTO 成员方不低于其给予国国民的优惠待遇。根据这一国民待遇规则，外国投资者在进入中国市场后应当享有跟本国国民一样的专利、商标和著作权保护待遇。再加上《外商投资法》确立了准入前国民待遇的原则。换言之，外国投资者在

---

①1. 在服从分别在 1967《巴黎公约》、1971《伯尔尼公约》、《罗马公约》或《有关集成电路知识产权条约》中已做的例外规定的条件下，在保护知识产权方面，每一成员方应给予其他成员方的待遇其优惠不得少于它给予自己国民的优惠。对于录音及广播机构的表演者、制作者，本项义务只对本协议中规定的权利适用。任何利用由 1971《伯尔尼公约》第 6 条或《罗马公约》第 16 条第 1 款第（2）子款所规定之可能性的成员方均应向与贸易有关的知识产权理事会做出在那些条款中预知的通报。

2. 第 1 款所允许的与司法及行政程序有关的例外，包括在一成员方司法管辖权范围内指定服务地址或委任代理人，只有在为确保与本协议规定不一致的法律、规章得到遵守所必要的，并且此种做法不以一种可能对贸易构成变相限制的方式被采用的条件下，各成员方方可利用。

进入中国市场之前其专利、商标和著作权也会得到与本国国民同等的保护和待遇。

2. 有关技术转让的规定

在《外商投资法》中，有一项备受瞩目的规定——技术转让。这项规定的出台意味着我国对外商投资技术的强有力法律保护，无疑给很多外国投资者提供了"定心丸"。《外商投资法》第二十二条第二款规定，"国家鼓励在外商投资过程中基于自愿原则和商业规则开展技术合作。技术合作的条件由投资各方遵循公平原则平等协商确定。行政机关及其工作人员不得利用行政手段强制转让技术。"这一条禁止了强制技术转让。强制技术转让一直是中美贸易争端中美方的一大核心诉求。美国、欧盟和日本的贸易部长多次召开三方会谈，并就"强制技术转让"等问题达成一致观点，坚决要在国际框架下规制以中国为典型的强制技术转让行为。三方发表联合声明说，"部长们确认了共同的目标，即解决一系列非市场导向的政策和做法，这些政策和做法导致严重的产能过剩，构成了对我们工人和企业的不公平的竞争条件，阻碍创新技术的开发和使用，并破坏国际贸易的正常运作，包括在现有规则不能有效运转的情况下。"[1] 具体而言，该联合声明还传达了一种共同观点，即不能通过合资要求、外国股权限制、行政审查和许可程序等手段，强制或者施加压力把技术从外国转移到国内企业。这已经成为美国、欧盟、日本方面的重大关切问题。美欧日高层认为，只有加强合作、交流有关信息和最佳做法，才能寻找机会解决第三国有害的强制性技术转让政策和做法。更重要的是，他们希望能将此类强制技术转让行为提交 WTO 争端解决机构或者是通过再谈判新的国际贸易协定来得到规制和解决。此外，该联合声明还强烈谴责某些政府在背后支持通过在海外进行系统性投资来盗取外国商业秘密和未经授权访问计算机网络，从而获得知识产权并最终实现把技术转移到国内企业的行为。更严重的是，他们还指责某些政府通过不公平的许可证措施给予国内实体高

---

[1] 美国贸易政策办公室，https://ustr.gov/about-us/policy-offices/press-office/press-releases/2019/may/joint-statement-trilateral-meeting.

于外国公司的优惠待遇。他们认为这已经是变相违反了国民待遇要求。比如
2018 年 6 月，欧盟又在 WTO 提起了一个争端磋商，理由是"中国的强制技
术转让违反了 TRIPS 协定"。①美国也在 2018 年 3 月提出过类似磋商，建议
根据美国 301 调查结果采取措施从中国知识产权实践的"不公平贸易行为中
得到补偿"。②

在这种背景下，中国在《外商投资法》中明确表明自己绝对不会进行强
制技术转让行为，这无疑是中国政府在国内法中对外国政府做出的一项有力
承诺，这也表明了中国应对中美贸易争端中更加自信和负责任的态度。

3. 自由汇兑知识产权所得的财产权益

《外商投资法》第二十一条规定，"外国投资者在中国境内的出资、利润、
资本收益、资产处置所得、知识产权许可使用费、依法获得的补偿或者赔偿、
清算所得等，可以依法以人民币或者外汇自由汇入、汇出。"该条规定了对外
国投资者知识产权许可的财产权益进行保护，这包括了它的使用费、依法获
得的补偿或者赔偿、清算所得等；用法律形式保障了对在中国境内的知识产
权财产权益的自由汇兑。

4. 小结

在外商投资过程中，知识产权与技术合作一直是外商投资法律制度的重
要组成部分。追溯到外资三法时期，《中外合资经营企业法》和《中外合作经
营企业法》均将工业产权等知识产权作为投资的重要内容，《外资企业法》将
"技术先进的外资企业"作为鼓励举办的对象。《外商投资法》将知识产权和
技术合作作为重要内容加以部署。《外商投资法》增加了关于商业秘密保护的
规定，使得知识产权保护的条款更加丰富完善。其次是进一步强化知识产权
保护，严格知识产权侵权责任的追究，增加相关表述"对知识产权侵权行为，

---

① 欧盟委员会，http://europa.eu/rapid/press-release_IP-18-4027_en.htm.

② WTO 网站，有关美国 301 针对中国的调查，2018 年 3 月，https://www.wto.org/english/news_e/
news18_e/good_28mar18_e.htm.

严格依法追究法律责任"。第三点是将技术合作条文内容从知识产权保护条文转移到技术转让条文，更加符合法律逻辑和实践需要。这些内容都与知识产权和技术合作息息相关，体现了《外商投资法》相较于外资三法更加重视知识产权和技术合作，更加注重保障外商投资的知识产权等合法权益。

六、《外商投资法》与《公司法》《合伙企业法》等法的衔接

（一）三资企业法与企业法之间的冲突

各国的企业法通常存在商业组织法（Law on Business Organizations）性质的企业法和产业政策与经济管理法性质的企业法之分。我国现行的外商投资企业法是融商业组织法与产业政策、经济管理法于一体的混合性立法。由于立法性质的差异，必然导致我国现行的外商投资企业法与包括《公司法》在内的企业法之间存在着明显的冲突。

1979 年 7 月，当全国人大为吸引外资通过《中外合资经营企业法》（以下简称《合资企业法》）的时候，中国还没有其他形式的企业立法，甚至连最基本的企业法——公司法也没有。这使《合资企业法》不但承担了外资管理的功能，而且承担了中国第一个正式的企业法的组织功能。在《合资企业法》以后陆续颁布的《中外合作经营企业法》（以下简称《合作企业法》）和《中华人民共和国外资企业法》（《外资企业法》）也部分承担了企业组织法的功能。三资企业法及其各自的实施条例与细则，以及大量涉及外商投资企业设立、变更、股权转让和其他相关事项的配套法规规章，在相当长时期内自成体系。制定《公司法》时，出现了将三资企业纳入企业法的统一体系并予以适当协调的努力，体现在《公司法》第二百一十七条："外商投资的有限责任公司和股份有限公司适用本法；有关外商投资的法律另有规定的，适用其规定。"[①] 但这一规定并没有实质性地解决外商投资企业法与《公司法》的冲突。

---

① 1993 年首次制定的《公司法》的相关条文为第十八条："外商投资的有限责任公司适用本法，有关中外合资经营企业、中外合作经营企业、外资企业的法律另有规定的，适用其规定。"

如果对于《公司法》有规定而三资企业法未予涉及的内容也同样理解为"另有特别规定"，所谓的"外商投资的公司适用公司法"的原则性规定就成了空话，《公司法》中没有可以适用于外商投资企业的内容。反之，如果不把对同样法律事项做出不同法律规定的情况看作外商投资企业法的"特别规定"而适用《公司法》，那么这是否意味着外商投资企业也要设股东会、监事会，也要实行最低资本额制度，也要给合营者签发"出资证明书"，这显然又走到了另一个荒唐的处境。

此外，全国人民代表大会常务委员会于 1997 年 2 月 23 日通过、2006 年 8 月 27 日修订的《中华人民共和国合伙企业法》也尝试协调外商投资企业相关法律文件与合伙企业法的关系，《合伙企业法》在第一百零八条中规定，"外国企业或者个人在中国境内设立合伙企业的管理办法由国务院规定。"国家工商行政管理总局于 2010 年 1 月 29 日以第 47 号令公布的《外商投资合伙企业登记管理规定》是外商投资合伙企业的规定。2018 年 7 月 28 日国务院《关于取消一批行政许可等事项的决定》取消了外商投资合伙企业设立、变更、注销分支机构备案。

新的《外商投资法》明确外商投资法改革的宏观目标和法律途径，给它以重新定位，其基本思路是：在舍弃其商业组织法内容的基础上，恢复其产业政策与经济管理法的单一性质；删除原有外商投资企业法内容，将企业组织设立、活动、组织机构的变更以及解散等内容交由《公司法》与《合伙企业法》等调整。这样，《外商投资法》与《公司法》的职能分工也十分明了，前者只规定管理外商投资的法律制度和规则，后者适用于包括外商投资企业在内的所有公司，两部法之间的关系被彻底理顺，相互之间将不存在对同一事项做不同规定的法律冲突。

（二）未来的《外商投资法》与企业法的衔接

在《外商投资法》生效之后，外商投资企业与公司的关系将得以明晰。中外合资经营企业、中外合作经营企业和外资企业所依赖的原外资三法将不复存在，按照《外商投资法》第四十二条，现有的中外合资经营企业、中外合作经营企业和外资企业将在五年内，重新改制并重新变更注册为《公司法》规定的有限责任公司、股份有限公司或一人有限公司，或《合伙企业法》规定的合伙企业。当然在五年过渡期内，现有的中外合资经营企业、中外合作经营企业和外资企业，只要尚在其各自的批准期限内，[①] 依然可以保留原来的形式，但在期限届满之后或五年过渡期后（以其中较短者为准），必须改制。其中具有法人地位的即属于公司中的有限责任公司和股份有限公司，统一适用《公司法》；非法人的外商投资企业也将根据其性质适用《合伙企业法》。问题是，在五年过渡期届满后原三资企业仍在批准期限内，要它们改制有可能会遭到抵触，比方原来在三资企业下不需要建立股东会，只需要建立董事会，而在《公司法》规定中，需要设立股东会和董事会，这样可能对一些小的外商投资企业增加经营管理上的负担和成本，事实上也侵犯其既得权。建议在《外商投资法》的实施条例中对此做出规定。

这里值得注意的是，中外合作企业受限于外商投资初期的政策性规定，《中外合作经营企业法》规定可以采取法人型的中外合作经营企业，而承包经营中外合资经营企业的规定[②] 的灵活性也给该法的执行带来很多实际的问题，如规定"外方投资者可以无条件提前回收投资""中外合作企业合作期满后，全部固定资产可以归中国合作者所有"等条款，都因为缺乏财务及税收的实操性而无从执行。如果原合作经营企业合同规定的合作期满之日在《外商投资法》生效五年后，如何协调该法规定的五年过渡期满前的改制和原合作合同规定的资产处理约定之间的关系，就是一个悬而未解的问题，同样，原承包经营合同规定的提前回收能否发生在《外商投资法》生效五年后，也是一个问题。

---

① 原《中外合资经营企业法》第十三条规定可以约定合营期限，《中外合作经营企业法》第二十四条规定合作合同应规定合作期限，《外资企业法》第九条规定了审批机关应核准外资企业的期限。

②《对外经济贸易部、国家工商行政管理局关于承包经营中外合资经营企业的规定》(1990 年 9 月 13 日)。

七、《外商投资法》与源于原外资三法的行政法规与部门规章的关系

《外商投资法》的生效，将导致原有的三资企业法废止，系新法替代旧法，这也是《外商投资法》第四十二条视立法技术需要明确规定的。从法理上讲，国务院依据原三资企业法制定的各自的实施条例或细则及国家工商行政管理局、商务部、国家发改委等部门以及各地方人大和政府针对外商投资中的具体问题出台的许多具体的规定（"部门规章"、"地方人大条例"和"地方政府规章"）也将因失去依据而失效。鉴于《外商投资法》作为外资基础性法律比较简洁，从操作性出发，国务院有必要制定该法的实施条例。

八、《外商投资法》与《合同法》的关系

中外合资经营企业[①]和中外合作经营企业[②]设立时，中外投资者会订立合营企业合同和合作企业合同；在合营企业或合作企业转让时，也会订立转让合同。原《合资经营企业法》和《合作经营企业法》规定，这些合同需要审批。由于立法不完善，它们并未对未经审批的合同效力进行说明，亦未对外商投资企业股权转让合同未经审批的效力进行说明。故此在这一领域存在大量的行政法规和部门规章，其中 1997 年工商总局出台的《外商投资企业投资者股权变更的若干规定》在司法实践中起到了很重要的影响作用，该文件规定外商投资企业股权变更审批的效力以及协议、章程生效的时间，同时，要求股权转让应符合国家产业政策、外资投资比限制，规定注册资本以及企业性质转变需要审批。

1999 年《合同法》出台，作为一般法，规范平等主体之间设立、变更、

---

① 中外合资经营企业是指中国合营者与外国合营者依照《中外合资经营企业法》等有关法律的规定，在中国境内设立的共同投资、共同经营、按出资比例分享利润、承担风险与亏损的企业。

② 中外合作经营企业是指中国合营者和外国合营者依照《中外合作经营企业法》等有关规定，在中国境内设立的、由合同确立双方权利和义务、并根据合同从事生产经营的企业。

终止民事权利义务关系的协议，前述几类特殊的企业设立合同或股权转让协议，尤其是涉及中外投资者转让合同权利或义务的协议，应当属于《合同法》第四十四条第二款，需要依其他法律法规特别规定，办理批准、登记等手续才生效的要式合同。《合同法司法解释一》与《合同法司法解释二》又做了进一步的说明，即未经审批合同不生效。但随着《合同法》与《公司法》等法律的出台，部分主管部门及地方制定的法规及规章与现行高位阶法存在不一致的现象，给司法实践造成了法律适用的难题。故此2010年《最高人民法院关于审理外商投资企业纠纷案件若干问题的规定（一）》（以下简称《规定一》）更进一步对外商投资企业在设立、变更等过程中的部分审理难题进行明晰，明确了一套关于外商投资企业设立和股权转让合同的规则，包括：（1）设立外商投资企业的合同和外商投资企业股权转让协议必须经过审批程序才能生效；（2）股权转让没有经过其他股东同意、优先购买的无效；（3）股权转让导致企业性质变更的需要额外审批；（4）股权转让违反法律相关规定和产业政策的无效。

　　《外商投资法》通过并生效后，作为产业政策与经济管理法，不宜对《合同法》调整的具体问题进行规范，事实上《外商投资法》也确实没有类似的规定。依照《合同法》第一百二十六条："涉外合同的当事人可以选择处理合同争议所适用的法律，但法律另有规定的除外。涉外合同的当事人没有选择的，适用与合同有最密切联系的国家的法律。在中华人民共和国境内履行的中外合资经营企业合同、中外合作经营企业合同、中外合作勘探开发自然资源合同，适用中华人民共和国法律。"《外商投资法》生效后，三资企业法及衍生的实施细则和部门规章均依法废止，那么届时与外商投资相关的合同适用中国法就只能是《合同法》本身。

　　当然，由于《合同法》的立法模式将需要审批的具体项目交由特别法规定，《外商投资法》生效后，股权转让没有经过其他股东同意、优先购买的效力问题，不再属于《外商投资法》的范畴，而须适用《公司法》规定。对于在负面清单（外商投资诸如特殊管理措施目录）内的外商投资项目涉及的前述合同依然适用审批，在负面清单之外的外商投资项目涉及的其他投资合同、股权转让合同、股权置换合同和股权变更合同以及其他合同，均适用《合同法》的规定。这里需要提及的是，《外商投资法》颁布后，国务院就废止了2001年制定、2011年修订的《中华人民共和国技术进出口管理条例》第二章"技术进口管理"第二十七条在内与《外商投资法》相抵触的条款。在该条例修改前，条例中涉及技术进口合同部分可以视为《合同法》的特别法，应适用于外商投资企业中外投资方之间的技术转让合同；在该条例修改后，有关外商投资企业的外方与中方之间的技术转让合同，就不再适用该条例中的相应规定如第二十七条；而在《外商投资法》生效之后，有关外商投资企业的外方与中方之间的技术转让合同，如涉及《外商投资法》第二十二条规定禁止的强制许可，就不适用该条例中的相应规定。

九、《外商投资法》和《反不正当竞争法》

2019年4月23日，第十三届全国人民代表大会常务委员会第十次会议通过关于修改《中华人民共和国反不正当竞争法》的决定。此次修法是呼应2019年3月份通过的《外商投资法》。《外商投资法》专门规定了对商业秘密保护的要求，并明确追究非法泄露商业秘密的法律责任。这两条规则具体体现在第二十三条和第三十九条。

《外商投资法》第二十三条规定，"行政机关及其工作人员对于履行职责过程中知悉的外国投资者、外商投资企业的商业秘密，应当依法予以保密，不得泄露或者非法向他人提供。"第三十九条还规定，"行政机关工作人员在外商投资促进、保护和管理工作中滥用职权、玩忽职守、徇私舞弊的，或者泄露、非法向他人提供履行职责过程中知悉的商业秘密的，依法给予处分；构成犯罪的，依法追究刑事责任。"

《外商投资法》的两条规定明确了行政人员对在履职过程中知悉的商业秘密，负有保密义务。新修订的《反不正当竞争法》第九条新增了侵犯商业秘密行为类型、扩大商业秘密侵权的主体范围，并引入举证责任倒置条款①，此外在第十七条②和第二十一条③还加大了对侵犯商业秘密行为的惩罚力度，提高了侵犯商业秘密的违法成本。

　　新修改的《反不正当竞争法》第九条有几大亮点：首先，侵权行为由三种扩大到四种，并规定经营者不得实施以"电子侵入"的方式获取权利人商业秘密，也不得教唆、引诱、帮助他人违规获取、披露、适用或允许他人适用权利人的商业秘密。随着近年来"电子侵入"作为侵犯商业秘密的行为日益增多，修法以后可以直接适用新法的明确规定而不必适用"其他不正当手段"来认定侵权行为。另外，不管是违反约定保密义务，还是违反法定保密义务，任何违反保密义务的人都可以构成侵犯商业秘密。其次，侵权责任主体进一步扩大。虽然实践中最高法院和各地法院均认为经营者以外的其他自然人、法人和非法人组织可以作为侵犯商业秘密的主体，但是本次修订法律对此予以法律形式的明确规定，有利于监督检查部门确定当事人、进行行政执法与行政处罚。再次，完善商业秘密的定义。在2017年《反不正当竞争法》

---

　　①《反不正当竞争法》（2019年）第九条　经营者不得实施下列侵犯商业秘密的行为：以盗窃、贿赂、欺诈、胁迫、电子侵入或者其他不正当手段获取权利人的商业秘密；披露、使用或者允许他人使用以前手段获取的权利人的商业秘密；违反保密义务或者违反权利人有关保守商业秘密的要求，披露、使用或者允许他人使用其所掌握的商业秘密；教唆、引诱、帮助他人违反保密义务或者违反权利人有关保守商业秘密的要求，获取、披露、使用或者允许他人使用权利人的商业秘密。经营者以外的其他自然人、法人和非法人组织实施前款所列违法行为的，视为侵犯商业秘密。第三人明知或者应知商业秘密权利人的员工、前员工或者其他单位、个人实施本条第一款所列违法行为，仍获取、披露、使用或者允许他人使用该商业秘密的，视为侵犯商业秘密。

　　本法所称的商业秘密，是指不为公众所知悉、具有商业价值并经权利人采取相应保密措施的技术信息、经营信息等商业信息。

　　②第十七条　经营者违反本法规定，给他人造成损害的，应当依法承担民事责任。经营者的合法权益受到不正当竞争行为损害的，可以向人民法院提起诉讼。因不正当竞争行为受到损害的经营者的赔偿数额，按照其因被侵权所受到的实际损失确定；实际损失难以计算的，按照侵权人因侵权所获得的利益确定。经营者恶意实施侵犯商业秘密行为，情节严重的，可以在按照上述方法确定数额的一倍以上五倍以下确定赔偿数额。赔偿数额还应当包括经营者为制止侵权行为所支付的合理开支。经营者违反本法第六条、第九条规定，权利人因被侵权所受到的实际损失、侵权人因侵权所获得的利益难以确定的，由人民法院根据侵权行为的情节判决给予权利人五百万元以下的赔偿。

　　③第二十一条　经营者以及其他自然人、法人和非法人组织违反本法第九条规定侵犯商业秘密的，由监督检查部门责令停止违法行为，没收违法所得，处十万元以上一百万元以下的罚款；情节严重的，处五十万元以上五百万元以下的罚款。

修改过程中，将商业秘密的构成要件，从原来的秘密性、保密性、价值性和实用性缩减为秘密性、保密性和价值性三个构成要件。本次修改将商业秘密由"技术信息和经营信息"修改为"技术信息、经营信息等商业信息"，使企业商业秘密保护范围更加广泛。随着社会的进步和经济的发展，也许未来司法实践中会出现不少既不属于技术信息又不属于经营信息的商业信息。

另外，《反不正当竞争法》此次新增了第三十二条举证责任倒置的情形：也就是侵犯商业秘密的侵权人应当自证清白。这是因为在实践中，认定侵犯商业秘密的行为有时存在举证困难的情况，常常导致民事诉讼中的权利人胜诉率低，侵权人逍遥法外的现象。为此，国家工商行政管理总局《关于禁止侵犯商业秘密行为的若干规定》第五条规定："权利人能证明被申请人所使用的信息与自己的商业秘密具有一致性或者相同性，同时能证明被申请人有获取其商业秘密的条件，而被申请人不能提供或者拒不提供其所使用的信息是合法获得或者使用的证据的，工商行政管理机关可以根据有关证据，认定被申请人有侵权行为。"

除了《反不正当竞争法》和《外商投资法》的规定之外，我国《民法总则》（2017 年）也将"商业秘密"纳入知识产权客体予以保护，这是我国民事实体法律对于商业秘密权的立法肯定。并且知识产权作为一种民事权益受到侵害的话，《民法总则》第一百二十条还规定了被侵权人对侵权人所享有的侵权债权。另外《刑法》也对"商业秘密"有相关保护。

因此有关"商业秘密"的各项规定从民事和刑事两个方面都保障了外国投资者在中国境内的商业秘密。不但从相关经手行政人员方面不会受到泄露；也禁止了其他经营者运用不正当竞争的方式获取外国投资者的商业秘密，侵害其利益。

十、《外商投资法》与《反垄断法》的关系

反垄断法是政府管理市场、维持良好市场秩序的最重要的监管工具之一，我国的反垄断审查制度正在逐步走向内外资统一。在之前的外资三法中，并

没有反垄断的相关内容。事实上，我国的《反垄断法》起步较晚，由第十届全国人民代表大会常务委员会第二十九次会议于 2007 年 8 月 30 日通过。①《反垄断法》的实施也是我国在保护市场公平竞争，提高经济运行效率，维护消费者利益和社会公共利益，促进社会主义市场经济健康发展的重要一步。② 我国《反垄断法》所规制的垄断行为包括：经营者达成垄断协议，经营者滥用市场支配地位，以及具有或者可能具有排除、限制竞争效果的经营者集中。

外国投资者在对我国营商环境做尽职调查的时候往往需要对我国法律环境和体系更加了解从而能够做出更加符合投资利益的判断。《外商投资法》中明确该类问题交由《反垄断法》决定，能够提升国内法律法规透明度，有助于提高中国在吸引外资环境的全球评价体系中的地位。另一方面，由于我国《反垄断法》既处理境内投资者之间的经营者集中问题，也处理境内和境外投资者之间的经营者集中者问题，因此，将有关经营者集中问题都交由《反垄断法》决定能更好地保障国民待遇实现，使得外国投资者能尽可能享有跟境内投资者在投资方面的同等待遇。因为根据《反垄断法》第三十一条的规定，"对外资并购境内企业或者以其他方式参与经营者集中的，依照《反垄断法》进行经营者集中审查。"这一条也确保了国民待遇原则在反垄断经营者集中审查中的体现。

从《反垄断法》的适用范围角度，我国反垄断审查制度的发展，伴随着是否只针对于外资限制的质疑，在 2007 年《反垄断法》出台后，终于在适用范围上对境内企业和境外企业达成了统一。以现有的框架来看，《反垄断法》足以涵盖各种形式的外商投资项目，并突破原先停留在并购阶段的审查模式，对于外商投资在各个阶段可能产生的垄断行为，都能依据《反垄断法》加以规制。

从反垄断执法机构角度，随着《深化党和国家机构改革方案》的公布，

①《中华人民共和国反垄断法》，2007 年 8 月 30 日第十届全国人民代表大会常务委员会第二十九次会议通过。

② 参见《反垄断法》第一条。

国务院原先关于反垄断执法工作的部门职责分工发生了很大的改变，原在国务院反垄断委员会的组织、协调、指导下，由商务部（反垄断局）、国家发改委（价格监督检查与反垄断局）与工商总局（反垄断与反不正当竞争执法局）组成的反垄断执法机构，相应的职责被进行整合，组建国家市场监督管理总局，作为国务院直属机构，承担反垄断统一执法。这种整合在一定程度上反映了反垄断审查程序一体化的趋势。

从申报标准角度，2009 年商务部对《关于外国投资者并购境内企业的规定》进行了修改，删除原第五章"反垄断审查"，在"附则"中新增一条，表述为："依据《反垄断法》的规定，外国投资者并购境内企业达到《国务院关于经营者集中申报标准的规定》规定的申报标准的，应当事先向商务部申报，未申报不得实施交易。"意在删掉关于外资并购需要申报的特殊标准，虽然外资企业与内资企业在程序上还有些差异，但是在标准上达成了统一。

在现有法律框架下，不论是从范围还是标准上来看，反垄断审查都没有刻意对外资企业和内资企业做明显区分。即便在外资并购审查中提及的反垄断审查，也只是以原则性的规定来与《反垄断法》中的审查机制进行对接，在审查程序和审查标准上并没有体现出特异性。这也是我国内外资企业所适用法律体系逐步统一的一种体现，特别是在"准入前国民待遇"实施后，市场主体地位差异逐渐减小，差别化外资政策已经没有操作空间。《外商投资法》规定"外国投资者并购中国境内企业或者以其他方式参与经营者集中的，应当依照《中华人民共和国反垄断法》的规定接受经营者集中审查。"这表明，该法生效后，外资通过并购方式或经营者集中的方式设立外商投资企业相关的活动，依然受《中华人民共和国法垄断法》的调整。目前针对外资并购的反垄断审查，可以维持其效力。

值得注意的是，目前《外商投资法》对反垄断调查与准入许可的衔接没有做出规定，在后续相关实施条例或细则中应当进一步明确。

十一、《外商投资法》和《行政许可法》

为配合《外商投资法》的实施、适应优化营商环境需要，全国人大通过一批法律修正案，其中就包括了《行政许可法》。这是为了对应《外商投资法》第三十条有关许可的规定。此次《行政许可法》第五条加入了非歧视原则。[①]

《外商投资法》第三十条规定：

外国投资者在依法需要取得许可的行业、领域进行投资的，应当依法办理相关许可手续。

有关主管部门应当按照与内资一致的条件和程序，审核外国投资者的许可申请，法律、行政法规另有规定的除外。

这一条款的加入是为了体现国内外竞争中性的原则，也是为了在需要许可的行业领域中更大程度地保证外国投资者的参与性，实现国民待遇原则。只有从营商环境和法治体系中保证外国投资者能够跟境内投资者在同一个平台上竞争，才有可能更大程度地吸引外资进入到中国境内进行投资。在《行政许可法》中引入非歧视原则也是给外资在申请许可失败的时候提供了寻求复议和诉讼的途径。

特许权纠纷一直是国际投资仲裁实践当中广受关注的争议类型，其争议焦点通常集中在国家撤销特许权行为是否构成"间接征收"以及投资者是否在获得特许权之后一直遵守当地法律法规。由此可见，在给予特许权的阶段就确保非歧视原则从来不是国际投资协定的常备条款，也不是中国参与的国际投资条约的条约义务内容，目前国际上几乎没有就特许权的授予没有遵守非歧视原则的情况发生过诉讼。因为此处存在一个悖论之处，如果是行政许可行为，那应是在负面清单中规定的需要许可的领域或者行业，但凡是需要许可的领域或者行业，就不适用于国民待遇原则，同样也无需适用非歧视原则。但是中国在《行政许可法》明确规定了"非歧视原则"，无疑是从国内法

---

①《行政许可法》第五条设定和实施行政许可，应当遵循公开、公平、公正、非歧视的原则。

中对自身提出了更高的国际义务要求，一方面体现了我国更加开放的引资态度；另一方面也存在一定风险，增加中国在国际仲裁中的应诉风险。

十二、《外商投资法》与《政府采购法》的关系

根据国民待遇条款，《外商投资法》第十六条规定，国家保障外商投资企业依法通过公平竞争参与政府采购活动。政府采购依法对外商投资企业在中国境内生产的产品平等对待。这里的产品宜做广义解释，包括服务和工程等。

现有的政府采购制度下，政府采购主要由两部分组成，一是对本国货物、工程和服务采购的一系列规定，二是对进口产品政府采购的规定。

虽然目前我国法律对"本国货物"并没有一个清楚的定义，但根据财政部于 2007 年 12 月 27 日制定并发布的《政府采购进口产品管理办法》第三条明确，进口产品是指通过中国海关报关验放进入中国境内且产自关境外的产品。反过来说，对于判断货物是本国货物还是进口产品，仅有"进关"一个标准，不符合"进关"标准的均为本国货物。外资企业作为根据中华人民共和国法律在中国设立的中国法人，企业在中国境内生产的产品，应当认定为本国货物。故此，外商投资企业的产品在现有的政府采购法中就能得到平等对待，在《外商投资法》立法后，我国与外商投资企业相关的政府采购管理，依然可以适用《政府采购法》和其他政府采购法规。同时必须注意到，外国投资者在中国境外生产的商品和提供的服务属于进口的产品，《外商投资法》关于政府采购的规定，并不适用于此。

十三、《外商投资法》实施条例制定的路径

（一）实施条例制定的必要性

《外商投资法》的规定总体上都限于原则性和概括性的规定。正如前文中提到的，相比于 2015 年商务部发布的《外国投资法（征求意见稿）》（170 条）的篇幅而言，最终出台的《外商投资法》只有 42 条。虽然《外国投资法（征

求意见稿)》在制度设计上要更加详尽，但是通过精简《外商投资法》的最终立法安排也是为了保障法律的灵活性，以适应不断发生的情势变化。这种缩减也一定程度上体现了我国政府转变思路、简政放权、减少对外商投资的管理性规定的外商投资管理理念。

　　无论如何，《外商投资法》的原则性规定都只是框架性的安排，如果没有详细具体的配套法规或者政策性文件，将没有办法实现本来的立法本意。正如李克强总理在博鳌论坛的发言表明，中国将在 2020 年 1 月 1 日之前制定出一系列配套法律法规，[①] 这给各立法执法部门带来了很大的挑战。但是，2019年也是中美贸易争端的关键一年，只有把握好时间和政策尺度，提出能够应对双方诉求的配套安排，才能在这场贸易争端中取得关键性的胜利。

（二）实施条例的内容：以外商投资定义的细化和现有三资企业改制为个案

　　就实施条例的内容而言，《外商投资法》规定的外商投资企业投诉工作机制、外商投资信息报告制度、外商投资安全审查制度都有待具体落实。其中还有大量法律法规都存在过时滞后的情况，亟待清理。再比如，外商投资定义的细化、5 年过渡期内现有外商投资企业如何保留原有企业组织形式、港澳台投资如何参照或者比照适用《外商投资法》等，也都有制定具体的实施办法的空间。此处仅以外商投资的定义的细化和现有三资企业改制为个案讨论实施条例的内容。

［个案一］外商投资定义的细化

　　《外商投资法》第二条是关于该法适用范围的，在该条第一款直接指出《外商投资法》的调整对象为"中国境内的外商投资"后，第二款对第一款所述的"外商投资"进行了定义。《外商投资法》沿用了我国外商投资立法的风

---

① 李克强，"携手应对挑战 实现共同发展——在博鳌亚洲论坛 2019 年年会开幕式上的主旨演讲"，2019 年 3 月 28 日，海南博鳌。

格，采用普通商人能够直观理解的定义方法，采用列举加兜底的方式对"外商投资"进行范围的划定，目的是为了使其能够清楚地知晓其投资行为是否要受本法调整。

然而，不得不指出，这个定义是比较粗糙的。最好是在接下来的《外商投资法实施条例》中予以明确。那么问题是：外商投资法实施条例如何在不违反《外商投资法》的基础上对外商投资进行详细的界定呢？

这里值得一提的是妥善利用第二条第二款第四项的"限制性兜底条款"，该条款既给今后《外商投资法》调整其他投资形式预留了空间，又将外商投资的定义限定在了"法律、行政法规或者国务院规定"中。换句话说，如果法律、行政法规或者国务院规定没有将其他形式视为外商投资，就不能适用《外商投资法》调整，这样就给《外商投资法实施条例》在外商投资定义上提供了极大的选择空间。

1. 实施条例处理外商投资定义的出发点

从理想角度，法律最好能给"外商投资"一个各方面普遍接受的定义。然而，任何定义都存在价值取向问题。一方面，定义的准确性本身就是建构主义的结果，它既受到价值导向的影响，也会因为不同时期的社会需求而发生改变；另一方面，一个定义能否被普遍接受要考虑该定义的目的。在外商投资领域，就是要考虑这一定义是为了满足本国经济发展的需求还是境外投资者获得投资保障的需求，抑或是履行国内法与相关国际条约一致性的义务要求等。从国际政治的角度考虑，投资定义的取舍既与各国的需求和国情有关，也要考虑不同国家在国际磋商能力上的差距。

就当今中国引进外来投资的基本现状及世界投资法律框架的国际形势而言，能得到各国投资者普遍接受的外商投资定义必然是给境外投资者尽可能大的保护，但这会给我国投资行政管理体制和司法体制带来过大的监管压力。因此，对于外商投资定义的回答和选择，既不能简单地参考某项投资协定的安排、照搬照抄，更不能罔顾中国的经济发展情况（包括增速放缓、产业升级换代等）。若要提供一个相对合理和妥帖的答案，还需要立法者扎根国情做比较法研究并将中国国际条约义务进行归整。

下文结合国际上通行的投资者和投资定义的标准以及中国外商投资的现实情况，具体阐释《外商投资法实施条例》对外商投资定义进行进一步立法的方向，并讨论几个相关的特殊问题。

2. 外商投资的外国属性界定标准

讨论外商投资定义，必然涉及外国投资者 / 外国人的界定。美国《国际投资和贸易服务调查法》中，对于外国人做出了界定：指任何居住在美国境外或者受到非美国管辖区管辖的人。[①] 美国双边投资协定（BIT）的 2012 年范本中也规定，"缔约方投资者"是指试图、正在或已在缔约另一方领土内投资的缔约一方或其国有企业，又或是其国民或企业。但是，自然人具有双重国籍的，被视为仅仅是与其本人有最密切联系并且赋予其有效国籍的那个国家的国民。[②]

国际法发展至今，"国籍依本国法确定"成为一项基本原则，公司的国籍认定标准也一样。世界各国对于公司国籍的确认标准主要分为成立地标准和控制地标准。

成立地标准是指公司的国籍由公司成立地来确定。1970 年的国际法院巴塞罗那电车、电灯和电力有限公司案（以下简称巴塞罗那公司案）在认定公司国籍方面产生了极为深远的影响。在该案中，国际法院即采取了成立地标准，认定公司的国籍国是该公司注册成立地的所在国。国际法院阐述道：国际法不得不承认公司是各国在基本上属于其国内管辖范围内创立的一个机构。这就要求，凡出现国家在公司和股东所受待遇方面的权利相关的法律问题时，而对这些权利国际法没有规定自己的规则，就必须按照有关的国内法规则

---

① 22 U.S. Code § 3102(5).

② 2012 U.S. Model Bilateral Investment Treaty, available on USTR Website at https://ustr.gov/sites/default/files/BIT%20text%20for%20ACIEP%20Meeting.pdf.

行事。①

采取成立地标准的优势在于：第一，它易于识别，这是很显然的。如果要确定一家公司的国籍，根据这个标准，只需要找到公司的最初设立地即可。第二，它有利于法人国籍的稳定。虽然公司可能会因为固有的逐利性和市场交易而不断调整自己的总部、财务中心等，或者变更股权和资本分布，但是相对来说，公司的成立地是一个比较稳定的因素。第三，更重要的是，该标准契合"授予和剥夺公司国籍属于一国国内管辖的事项"这一基本原则，使成立地国的国家主权得到最大维护。

成立地标准在具有诸多优点的同时，也存在许多弊端，比如容易产生欺诈风险，滋生规避法律行为，最突出的就是"假外来公司"和外国投资者规避本国禁止和限制外资进入的法律法规的风险。前者是指当事人完全可能选择在设立限制较为宽松的外国成立公司，而将经营中心设于本国，以达到逃避本国税收和管理等目的，后者则是指外国投资者为了进入东道国禁止或限制外资准入领域的规定，而采取协议安排方式，以国内企业的名义所进行的投资。

成立地标准没有充分考虑公司与国家之间的真正联系。成立地标准之下，公司与国家之间的联系或许只是书面的、形式上的。因此，一个控制地标准就应运而生，目的是体现国家与公司之间的真正联系。这种要求国家与公司之间存在真正联系的要求首先体现在各个主要国家的国内立法中。1906年德比尔斯联合矿业公司诉豪案（De Beers Consolidated Mines Ltd. v. Howe）就是这种转变的典型。原告德比尔斯公司在南非注册成立，并且公司的所有收入均在南非赚取。据此，原告认为自己是南非的居民公司，不应向英国政府缴纳公司税。但原告公司的董事会会议在英国伦敦召开，并做出各种决策，很多董事会成员也定居在伦敦。基于这一事实，英国法院认为，德比尔斯公司

---

① Barcelona Traction, Light and Power Company, Limited (Belgium v. Spain), ICJ Judgment of 5 February 1970. 李浩培：《国籍问题的比较研究》，商务印书馆 1981 年版，第 20-21 页 .

与英国有真实联系，因而判定原告公司为英国公司。[①]

在控制地标准下，有两个具体的"真正联系"因素——公司主要机构所在地国或公司住所地国、所有股东的不同的国籍国。主要机构所在地（siège social）和住所地（place of domicile）分别是大陆法系和普通法系国家检验公司与某国联系的方法。对于何为公司主要机构所在地或住所地又有两种不同的观点：一是以法人管理中心为准，因为这是法人权力机构之所在，它可以做出重要决定，并对法人实施实际控制；二是以法人的营业中心或开发中心为准，这些场所是法人进行活动的地方，并在其活动中心实现其目的。然而，在经济全球化企业国际法经营的时代，简单地寻找跨国公司的"主要机构所在地"或"住所地"过于笼统，而且这个标准与成立地标准一样，还只是以地理位置作为判断依据，更多地强调外在形式，并没有涉及公司的内部。

至于股东的国籍国标准，又存在多数股东（即有50%以上的股份）和优势股东之分。如果接受多数股东标准，这一规则可能导致无国籍公司的产生，因而，优势股东标准较为可取。在现实情况中，各国国内法的做法彼此不一。在国际法的规定中，一部分条约以多数股东界定控制，另一部分条约则简单地提到控制，而让有关法庭决定各种情况下的这种要求。然而，问题或许并没有这么简单——经济控制难道只是一个股权比例的问题吗？或许应该将公司在决策上、组织上以及运作上的特征综合考虑。值得注意的是，在实践中只有极少数国家签订的双边协定唯一地采用这种标准确定公司国籍。这就说明，经济控制标准虽然有合理因素，但目前它还没有完善到可以单独适用的程度。于是，采用一种复合标准显得更加可行。

传统意义中，我国《公司法》采取绝对的注册标准，我国官方逐渐地已在考虑引入控制标准。比如，2015年商务部公布的《外国投资法》（征求意见稿）》第十一条就曾经规定，受非中国籍个人、境外注册实体及其他组织"控制的"境内企业同样被视同为外国投资者。一般认为，该《征求意见稿》引入控制地标准，是为了防止外国投资者规避法律，尤其是规避负面清单禁止

---

① De Beers Consolidated Mines, Ltd v. Howe (Surveyor of Texas) [1906] AC 445.

或限制外资进入的领域的规定。在中国法律特殊的语境下，考虑引入控制地标准，也是为了防止国内投资者以乔装外资的形式，以享有国内法律法规给予外资的某些特殊的待遇。下文中"返程投资""再投资""协议控制"部分也会对这一问题进一步阐述。

为此，建议《外商投资法实施条例》对外国投资者进行界定采用以登记注册地为主、兼采控制地标准。

3. 投资的定义

关于外商投资本身的定义，在不少国家的相关外商投资法律中大致阙如。比如，澳大利亚和加拿大均是专门制定外商投资法律的国家，但在其法律中并没有明确规定投资的定义。与此不同，美国则是在其《国际投资和贸易服务调查法》中明确了"国际投资"的定义，即外国人直接或间接通过合同约定或者通过在美国境内的财产利益或者通过股票、其他证券、对于美国人短长期的债务义务所有或控制。[①]

多数国家在其对外签订的双边投资协定（BIT）或自由贸易协定（FTA）中有与投资定义的相关条款。例如，2017年加拿大与欧盟《全面经济贸易协议》（Comprehensive Economic and Trade Agreement, CETA）规定，"投资"（investment）是指投资者直接或间接拥有或控制的、具有投资性质的各种资产，包括一定时限以及其他特征例如资本或其他资源的投入、收益或利润的预期或风险的承担。投资的形式可能包括：（1）企业；（2）企业的股份、股票或其他参股权利；（3）债券、信用债券及其他形式的企业债务；（4）向企业借款；（5）其他任何形式的企业利益；（6）由①缔约方法律允许或者合同约定的许可，包括寻找、利用、开采和使用自然资源；②交钥匙、建设、生产或者收益分享合同；③其他类似合同产生的利益；（7）知识产权；（8）其他动产、有形及无形资产、不动产及相关权利；（9）金钱请求权或者合同项下的履行请求权。为了更大程度的确定，金钱请求权不包括①仅源于某类商业合

---

① 22 U.S. Code § 3102(9).

同的金钱请求权，该类合同是为一缔约方领土内的自然人或企业向另一缔约方领土内的自然人或企业销售货物或服务的商业合同；②国内金融合同；③其他法令、判决或仲裁裁决。返还类投资视为投资。投资或再投资形式的改变不影响其作为投资的本质属性。①

中国与他国缔结的双边投资协定和自贸协定中关于投资的定义也大致相同。如2007年签署的《中华人民共和国政府和大韩民国政府关于促进和保护投资的协定》规定：

"投资"一词系指缔约一方投资者依照缔约另一方在投资时的法律和法规在缔约另一方领土内所投入的各种财产，特别是，包括但不限于：

（一）动产、不动产和其他财产权利，如抵押、留置、质押、用益物权和类似权利；

（二）公司、企业和中外合营企业的股份、股票、债券、公司债和其他形式的参股；

（三）金钱请求权或其他与投资有关的具有经济价值的行为请求权；

（四）知识产权，包括著作权、商标、专利、工业设计、工艺流程、专有技术、商业秘密、商名和商誉；

（五）法律授予的或依照法律通过合同、授权、许可而获得的权利，包括勘探、提炼、耕作或开发自然资源的权利。

作为投资的财产发生任何形式上的变化，不影响其作为投资的性质。②再如，2017年《中国—澳大利亚自由贸易协定》规定：

投资是指投资者直接或间接拥有或控制的、具有投资性质的各种资产，例如资本或其他资源投入、收益或利润的预期或风险的承担。投资的形式可能包括：

（1）企业及其分支机构；

（2）企业的股份、股票或其他参股形式，包括其衍生权利；

---

① CETA 第 8.1 条。

②《中华人民共和国政府和大韩民国政府关于促进和保护投资的协定》第一条。

（3）债券、信用债券、贷款及其他形式的债务，包括其衍生权利；

（4）合同权利，包括交钥匙、建设、管理、生产或者收益分享合同；

（5）合同项下的任何与投资相关且具有经济价值的金钱请求权和履行请求权；

（6）知识产权；

（7）依据法律、法规或合同授予的权利，如商业特许经营权、许可、授权及许可证；

（8）其他有形及无形资产、动产、不动产以及任何相关财产权利，如租赁、抵押、留置权、质押权；

注：投资也包括由再投资的投资产生的收益，特别是利润、利息、资本利得、股息、特许费及其他费用。投资资产发生形式上的变化不影响其作为投资的性质。①

不难看出，包括中国与他国在内的双边投资条约和自贸协定中的投资章节在投资定义上采取了大致相同的措辞，均采取"资产、财产或财产权益说"，将投资指向"投资者直接或间接拥有或控制的、具有投资性质的各种资产"。这些定义除了强调投资者控制、一定期限的持有和风险承担的特性外，还列出了资产的各种形式。

当然，实践中如何理解投资的定义，最好的办法是观察《解决国家与他国国民之间投资争端公约》（即《华盛顿公约》）中的国际投资仲裁庭（International Centre for Settlement of Investment Disputes，以下简称 ICSID）对投资的解读。《华盛顿公约》草拟之时，为使其能够适应往后新涌现的各类投资形式，签署国家并没有对"投资"这一概念进行明确定义，这也使得在后续一系列案件中，当事人和仲裁庭都曾尝试对"投资"的概念进行合理解释。在 Fedax N.V. 诉委瑞内拉一案中，当事人首次提出了有关"投资"概念的问题。② 直至 Salini 诉摩洛哥一案（以下简称"Salini 案"）《华盛顿公约》

---

① 《中国—澳大利亚自由贸易协定》第九章第一节第一条。

② FEDAX N.V. v. The Republic of Venezuela (ICSID Case No. ARB/96/3).

项下"投资"的外延才逐渐成型，由该案所发展而来 Salini 测试对后续案件亦造成了深远影响。[①] 虽然并非所有仲裁庭都完全采纳 Salini 测试进行分析，但几乎所有仲裁庭都会以 Salini 测试作为分析的基准。

Salini 案涉及两家意大利公司"Salini Costruttori"和"Salini Italstrade"与摩洛哥政府之间的投资争端。摩洛哥政府，通过一家私人公司，对五十公里高速公路的建造进行招标。两家意大利公司共同递交了标书并最终赢得了该项目。但是两家公司在超出标书约定期限四个月后才完成案涉项目建设，摩洛哥政府据此拒绝支付相关费用。两家意大利公司因此将摩洛哥政府诉至 ICSID 中心。仲裁庭审阅了一系列证据以及过往裁决，认为一项投资之所以为投资，必须满足如下三个标准：（1）金钱或资产的投入；（2）持续一定期限；（3）风险因素。但仲裁员认为前三个标准并不完整，事实上要求货物或服务于一定期限内的转移，并且存在风险，并不一定构成"投资"的概念。因此，仲裁庭在审阅《华盛顿公约》序言之后增加了第四条标准，即"对东道国经济做出贡献"，以强调私人投资对东道国经济发展的作用。仲裁庭确立的这四个标准被合称为"Salini 标准"，即（1）金钱或资产的投入；（2）持续一定期限；（3）风险因素和（4）对东道国经济做出贡献。虽然严格意义上说，ICSID 仲裁裁决并无先例的效力，但是，Salini 案之后的投资仲裁实例表明，该标准还是得到较广泛的认可。可以说，Salini 测试是目前而言对国际投资协定项下投资定义最为广泛且最具权威的标准。

按照我国《外商投资法》关于投资的定义，外商投资包括四种模式：设立企业的投资，股权类的投资，新建项目的投资以及兜底条款其他方式的投资。第一类专门指设立企业的活动。除了设立企业的投资外，第二类投资"外国投资者取得中国境内企业的股份、股权、财产份额或者其他类似权益"和第三类"投资新建项目"，包括第四类兜底条款，都给后续的补充留出了空间。

---

① Salini Costruttori S.p.A. and Italstrade S.p.A. v. Kingdom of Morocco (ICSID Case No. ARB/00/4).

与国际投资协定中的投资定义相比,《外商投资法》第二条采用了设立企业为主兼采了资产定义的方法。第二类和第三类均可广义理解为资产,而没有采用国际投资协定中经常使用的单一的列举资产定义方法,也没有突出投资对东道国经济作出贡献这一点。《外商投资法实施条例》宜对投资定义进行更加详细的设定,考虑到我国与他国缔结的投资协定和自贸协定中的投资章节在投资定义已实际采用了"资产说",实施条例可以对投资形式做出具体的规定,为外国投资者提供更加明确的指导;与此同时,还可以吸纳"对东道国经济做出贡献"的标准,加强外商投资对于我国经济发展的促进功能。

4. 与外商投资定义相关的几个问题

（1）直接投资与间接投资

相较于外资三法仅规定了外国投资者设立外商投资企业（新设投资）的情形,《外商投资法》在本条第二款中还增加了并购投资、投资新建项目和法律规定的其他方式投资等情形。需要注意的是,在投资法领域要区分直接投资与间接投资。直接投资与间接投资的区别在于投资者对投资的控制权。直接投资是指投资者通过货币资金直接投入项目,获得实物资产或者获得现有企业的投资,投资者可以通过直接投资获取企业经营权和控制权。间接投资是指贷款和投资者购买公司债券、金融债券或者公司股票等,即"具有证券性质的投资"（portfolio investment）,因投资者不对投资实施控制,被认为是间接投资。并不获得经营权或者控制权。在以往外商投资管理的实践中,贷款和"具有证券性质的投资"的间接投资一般都不纳入外商投资中。而《外商投资法》前三项列举的投资活动也明显强调了投资者参与经营的性质。

不过,第二条也明确采用了"直接或者间接在中国境内进行的投资活动"这样的措辞,表明外国投资者可以间接地参与直接投资活动。事实上,前文所列举的几个外商投资条约中也将投资的范畴扩大到了证券、债券类的间接投资。但这类对于"外商投资"的扩大性适用也带了一个负面问题,即一些外国小股东,尤其是通过资本市场获取少数股权的股东,利用所属国与投资东道国之间的国际投资协定，通过投资仲裁的方式提起"轻浮之诉"，导致东道国频频成为国际投资仲裁的被告。所以，一个相关的问题则是，低于一定比例（比如 10%）的外国股东投资是否应该被认作属于证券性质的投资或间接投资而排除在外商投资之外？事实上，《外商投资法》第二条第（二）项明确规定了"股份、股权、财产份额或者其他类似权益"的取得都算作投资，也没有明确区分资本市场的交易和非资本市场的并购。但考虑到上述问题，为了避免过多的"轻浮之诉"过量地消耗我国的司法资源和投资环境的形象，本书建议《外商投资法实施条例》可以将股权比例低于一定份额（比如 10%）的小股东的投资视为投资者不享有控制权的间接投资，并明确予以排除。

（2）返程投资

所谓返程投资，是指境内居民直接或间接通过境外特殊目的公司（Special Purpose Vehicle）对境内开展的直接投资活动，即通过新设、并购等方式在境内设立外商投资企业或项目，并取得所有权、控制权、经营管理权等权益的行为。2014 年 7 月 14 日，国家外汇管理局发布了《国家外汇管理局关于境内居民通过特殊目的公司境外投融资及返程投资外汇管理有关问题的通知》（汇发〔2014〕37 号）（简称"37 号文"），对返程投资进行了规范。简单地说，该文件对返程投资采取的监管方法是"跨境流出按对外直接投资（ODI）管理，跨境流入按外国直接投资（FDI）管理"。该监管方式可以继续采用。

具体而言，返程投资中以外国投资者身份进行投资出于投资者的自愿，除非其主动揭开面纱，在针对外商投资的规制方面，应统一按照外商投资予以规制，以显示对待不同外国投资者和外商投资之间的平等待遇。比如对于外资准入如有限制，就不应以其属于返程投资为由而给予豁免。但是，另一方面，返程投资并没有真正实现利用外资的目的，在多数情况下投资者是想通过外国投资者的身份寻求特殊利益，比如通过"假外资"，一些原本纯内资的民营企业变身为外资企业，从而享受"两免三减半"的税收优惠。再如，除了国内救济外，还可以外国投资者身份提起对东道国的国际投资仲裁。对于这样的目的，新的实施条例可以适用控制地标准将这类内国投资者和返程投资排除在外国投资者和外商投资范围之外。

（3）再投资

外国投资者在中国境内设立的企业再投资，包括境内企业新设公司或者投资新项目等，是否继续视为外商投资呢？外国投资者在中国设立的企业系具有中国国籍的企业组织，该外商投资企业的再投资应该属于中国企业的投资。但是，为了防止外国投资者以外商投资企业再投资的形式规避相关的管理措施，以往也是将外商投资企业的再投资同等视为外商投资，并适用有关外商投资的管理规定或限制。例如，根据 2000 年商务部、国家工商行政管理总局《关于外商投资企业境内投资的暂行规定》（2015 年修正），外商投资企业境内投资比照《指导外商投资方向暂行规定》和《外商投资产业指导目录》的规定，并不得在禁止外商投资的领域投资。若非如此，极易导致外资企业通过再投资形式规避准入门槛，进入某些需要实施市场准入特别管理措施的行业。故而，接下来的《外商投资法实施条例》应该在投资的定义对外商投资企业的再投资属于外商投资的性质进行明确，这样就可防止以再投资方式规避《外商投资准入特别管理措施目录（负面清单）》的准入门槛。

（4）协议控制

在我国外商投资制度中，一直有一块灰色地带——"协议控制"（或称为可变利益实体，variable interest equity，简称 VIE）。一直以来，VIE 就因其帮助企业快速上市融资、合理规避政策限制的优势而被金融实务界操作和运用。但其本身也面临存量大和法律界限模糊等情况，律师实务届普遍认为需要从外商投资法的角度进行规范。

VIE 结构同前文介绍的"返程投资"类似，可以使境内企业摇身一变为境外企业，用以规避相应的监管。VIE 模式主要是通过境内外机构通过签订协议的方式，约定对于运营实体的控制权。中资企业通常运用 VIE 结构与外国实体签订控制协议，经由外国实体在海外交易所上市。最典型的就是 2000 年的新浪赴美上市，故 VIE 模式又称新浪模式。上市主要目的地国的监管机构，包括美国证券交易委员会（SEC）和香港联交所等，对 VIE 都持接受或承认的态度，并且中国《合同法》又秉承"意思自治"的基本原则，期望在海外上市融资的中资企业趋之若鹜。另外方面，外资企业也可以通过 VIE 结构实际控制一家中资企业，从而规避有关外商投资的监管要求。这也是本书探讨的主要内容。

在 VIE 模式开始流行的最初时段，我国的监管机构对此是持观望态度，并没有严格的规制。2005 年"75 号"文原则上允许了 VIE 模式，但没有具体的说明。[①] 而在 2010 年至 2011 年期间，上海国际经济贸易仲裁委员会对两家中外企业之间的控制协议进行了仲裁，认定外商投资企业违反外商投资管理规定，"以合法形式掩盖非法目的"，裁决协议无效。[②] 最高人民法院则是在"长沙亚兴置业发展有限公司与北京师大安博教育科技有限责任公司合同纠纷"一案中判决承认了 VIE 协议的效力。[③]

针对外商投资具体而言，商务部 2011 年的《实施外国投资者并购境内企业安全审查制度的规定》就明确指出，"外国投资者不得以任何方式实质规避并购安全审查，包括但不限于代持、信托、多层次再投资、租赁、贷款、协议控制、境外交易等方式。"2015 年商务部公布的《外国投资法（草案征求意见稿）》也曾将"协议控制"列为"控制"的一种情形，禁止由外资直接或间接持有股份、财产份额或者其他权益、表决权的境内公司投资禁止目录中所列的行业领域。然而，在 2019 年出台的《外商投资法》中，并无关于 VIE 架构的规定。对于这种安排，实务界有两种解读。第一种是关于 VIE 架构的监管问题，则先暂时搁置，不做明确规定，而是设置一个兜底条款通过立法授权的方式留待后续再解决。第二种是认为 VIE 架构不属于外商投资的范围，因为中国企业设定 VIE 架构的历史背景是为了将境内企业转为境外企业再投

---

①《关于境内居民通过境外特殊目的公司融资及返程投资外汇管理有关问题的通知》汇发〔2005〕75 号文。

② 孔焕志、隋雪芹，"贺仲上海第一起 VIE 仲裁案"，http://upload.news.esnai.com/2013/0617/1371444858267.pdf.

③（2015）民二终字 117 号。

资境内，从而实现税收等方面的优势。那么既存的 VIE 架构就不是针对外国投资者而存在的架构，没有必要专门在《外商投资法》中进行立法规定。

无论是以上哪种思维方式，"协议控制"作为国际投资协定常常出现的一种"投资"方式，在我国《外商投资法》的立法安排中以兜底条款而不是明确列举的一种投资方式出现，可能对外国投资者采取协议控制来进行投资产生阻却效果。如果未来需要考虑协议架构的安排，还需要考虑现有对协议控制架构的法律安排。比如新闻出版署 2009 年发布的《关于贯彻落实国务院<"三定"规定>和中央编办有关解释进一步加强网络游戏前置审批和进口网络游戏审批管理的通知》就已经规定，"禁止外商以独资、合资、合作等方式在中国境内投资从事网络游戏运营服务。外商不得通过设立其他合资公司、签订相关协议或提供技术支持等间接方式实际控制和参与境内企业的网络游戏运营业务。"司法部于 2018 年 10 月公布的《民办教育促进法实施条例（修订草案）（送审稿）》规定，"在中国境内设立的外商投资企业以及外方为实际控制人的社会组织不得举办、参与举办或者实际控制实施义务教育的民办学校；举办其他类型民办学校的，应当符合国家有关外商投资的规定，""实施集团化办学的，不得通过兼并收购、加盟连锁、协议控制等方式控制非营利性民办学校。"中共中央、国务院于 2018 年 11 月发布的《关于学前教育深化改革规范发展的若干意见》规定，"社会资本不得通过兼并收购、受托经营、加盟连锁、利用可变利益实体、协议控制等方式控制国有资产或集体资产举办的幼儿园、非营利性幼儿园。"这些规定都需要在制定外商投资法实施细则中予以考虑，要求能够与现行《外商投资法》统一。换言之，实施条例宜规制 VIE，尤其是不能让外国实际控制人规避《外商投资准入特别管理措施目录（负面清单）》以进入限制类、禁止类的外商投资领域。

[个案二] 现有三资企业的改制

在《外商投资法》生效之后，外商投资企业与公司的关系将得以明晰。中外合资经营企业、中外合作经营企业和外资企业所依赖的原外资三法将不复存在，按照《外商投资法》第四十二条，现有的中外合资经营企业、中外合作经营企业和外资企业将在五年内重新改制并重新变更注册为《公司法》规定的有限责任公司、股份有限公司或一人有限公司，或《合伙企业法》规定的合伙企业。当然在五年过渡期内，现有的中外合资经营企业、中外合作经营企业和外资企业只要尚在其各自的批准期限内，依然可以保留原来的形式，但在期限届满之后或五年过渡期后（以其中较短者为准）必须改制。其中具有法人地位的即属于公司中的有限责任公司和股份有限公司，统一适用《公司法》；非法人的外商投资企业也将根据其性质适用《合伙企业法》。问题是，在五年过渡期届满后原三资企业仍在批准期限内，要它们改制有可能会遭遇困难。例如原来在三资企业下不需要建立股东会，只需要建立董事会；而在《公司法》中，需要设立股东会和董事会，这样可能对一些小的外商投资企业带来经营管理上的负担和成本，事实上也侵犯其既得权。建议在《外商投资法实施条例》中对此做出规定，即五年过渡期届满后原三资企业仍在批准期限内，国家鼓励其改制，但也可在批准期余下的期限内保留原有企业组织形式。

（三）实施条例制定的路径选择

本节开头已经强调，《外商投资法》作为外资基础性法律，条文比较简洁，但从操作性出发，国务院有必要制定该法的实施条例。根据国务院的部署，《外商投资法》相关配套法规已列入国务院 2019 年立法工作计划，并需要在《外商投资法》的生效日期（2020 年 1 月 1 日）前就位。在当前情况下，本书对三种可能的实施条例制定的路径选择加以比较。

选项 1：把实施《外商投资法》所需的所有规则纳入实施条例范畴中。当然，这是最全面的条例制定办法。前文谈及，《外商投资法》中有很多问题还没有明确，亟待国务院制定的法律、规章进一步的详细规定，以指导外商投资者。但是，这一路径选择耗时较长，而且很多问题都需要深入的探讨，可能难以跟上国务院颁布实施细则的步伐。

选项 2：继续为外商投资安全审查制定单行的条例，同时制定与外商投资有关的其他领域的规则所构成的实施条例。目前，"外商投资国家安全审查条例"已经列入国务院 2018 立法工作计划，并交由发改委起草。本书已经提及，在外商投资国家安全审查领域，我国已经有国务院办公厅发布的《关于建立外国投资者并购境内企业安全审查制度的通知》《自贸试验区外商投资国家安全审查试行办法》以及商务部发布的《实施外国投资者并购境内企业安全审查制度的规定》的基础，进一步制定外商投资安全审查的实施条例有据可依。然而，其他各项制度方面，同选项 1 一样，仍需要进一步的研究，可能耗时较长。

选项 3：除了单行的外商投资安全审查条例外，《外商投资法》的实施条例仅限于解释、澄清、补充《外商投资法》中尚缺乏可操作性的部分，如外商投资定义、对外商投资具有管理职权的各部门之间的权限划分、外商投资服务体系、外商投资企业投诉工作制度、外商投资核准和备案制度、外商投资的信息报告制度、外商投资企业在过渡期内的转制办法等。对于其他问题，则是采用当前《外商投资法》的方式，将相关问题纳入其他单行法。比如，将外商投资反垄断审查纳入《反垄断法》，将外商投资有关的合同纳入《合同法》（但政府与投资者之间的行政合同可纳入相应行政法），将企业组织形式及治理完全纳入《公司法》和《合伙企业法》（但现有三资企业的转制事宜除外），将外商投资债券证券融资纳入《证券法》，将外商投资企业外汇管理纳入《外汇管理条例》，将外商投资企业劳动事宜纳入《劳动法》，将外商投资企业税务纳入税法等等。不过，实施条例可以对所指向的法律法规做出详细的说明。

综上而言，选项 1 和选项 2 在短期内均难以实现，相比之下，选项 3 较为合适。

中华人民共和国外商投资法

（2019 年 3 月 15 日第十三届全国人民代表大会第二次会议通过）

目　录

第一章　总　则

第一条　为了进一步扩大对外开放，积极促进外商投资，保护外商投资合法权益，规范外商投资管理，推动形成全面开放新格局，促进社会主义市场经济健康发展，根据宪法，制定本法。

第二条　在中华人民共和国境内（以下简称中国境内）的外商投资，适用本法。

本法所称外商投资，是指外国的自然人、企业或者其他组织（以下称外国投资者）直接或者间接在中国境内进行的投资活动，包括下列情形：

（一）外国投资者单独或者与其他投资者共同在中国境内设立外商投资企业；

（二）外国投资者取得中国境内企业的股份、股权、财产份额或者其他类似权益；

（三）外国投资者单独或者与其他投资者共同在中国境内投资新建项目；

（四）法律、行政法规或者国务院规定的其他方式的投资。

本法所称外商投资企业，是指全部或者部分由外国投资者投资，依照中国法律在中国境内经登记注册设立的企业。

第三条　国家坚持对外开放的基本国策，鼓励外国投资者依法在中国境内投资。

国家实行高水平投资自由化便利化政策，建立和完善外商投资促进机制，营造稳定、透明、可预期和公平竞争的市场环境。

第四条　国家对外商投资实行准入前国民待遇加负面清单管理制度。

前款所称准入前国民待遇，是指在投资准入阶段给予外国投资者及其投资不低于本国投资者及其投资的待遇；所称负面清单，是指国家规定在特定领域对外商投资实施的准入特别管理措施。国家对负面清单之外的外商投资，给予国民待遇。

负面清单由国务院发布或者批准发布。

中华人民共和国缔结或者参加的国际条约、协定对外国投资者准入待遇有更优惠规定的，可以按照相关规定执行。

第五条　国家依法保护外国投资者在中国境内的投资、收益和其他合法权益。

第六条　在中国境内进行投资活动的外国投资者、外商投资企业，应当遵守中国法律法规，不得危害中国国家安全、损害社会公共利益。

第七条　国务院商务主管部门、投资主管部门按照职责分工，开展外商投资促进、保护和管理工作；国务院其他有关部门在各自职责范围内，负责外商投资促进、保护和管理的相关工作。

县级以上地方人民政府有关部门依照法律法规和本级人民政府确定的职责分工，开展外商投资促进、保护和管理工作。

第八条　外商投资企业职工依法建立工会组织，开展工会活动，维护职工的合法权益。外商投资企业应当为本企业工会提供必要的活动条件。

第二章 投资促进

第九条 外商投资企业依法平等适用国家支持企业发展的各项政策。

第十条 制定与外商投资有关的法律、法规、规章，应当采取适当方式征求外商投资企业的意见和建议。

与外商投资有关的规范性文件、裁判文书等，应当依法及时公布。

第十一条 国家建立健全外商投资服务体系，为外国投资者和外商投资企业提供法律法规、政策措施、投资项目信息等方面的咨询和服务。

第十二条 国家与其他国家和地区、国际组织建立多边、双边投资促进合作机制，加强投资领域的国际交流与合作。

第十三条 国家根据需要，设立特殊经济区域，或者在部分地区实行外商投资试验性政策措施，促进外商投资，扩大对外开放。

第十四条 国家根据国民经济和社会发展需要，鼓励和引导外国投资者在特定行业、领域、地区投资。外国投资者、外商投资企业可以依照法律、行政法规或者国务院的规定享受优惠待遇。

第十五条 国家保障外商投资企业依法平等参与标准制定工作，强化标准制定的信息公开和社会监督。

国家制定的强制性标准平等适用于外商投资企业。

第十六条 国家保障外商投资企业依法通过公平竞争参与政府采购活动。政府采购依法对外商投资企业在中国境内生产的产品、提供的服务平等对待。

第十七条 外商投资企业可以依法通过公开发行股票、公司债券等证券和其他方式进行融资。

第十八条 县级以上地方人民政府可以根据法律、行政法规、地方性法规的规定，在法定权限内制定外商投资促进和便利化政策措施。

第十九条 各级人民政府及其有关部门应当按照便利、高效、透明的原则，简化办事程序，提高办事效率，优化政务服务，进一步提高外商投资服务水平。

有关主管部门应当编制和公布外商投资指引，为外国投资者和外商投资企业提供服务和便利。

第三章　投资保护

第二十条　国家对外国投资者的投资不实行征收。

在特殊情况下，国家为了公共利益的需要，可以依照法律规定对外国投资者的投资实行征收或者征用。征收、征用应当依照法定程序进行，并及时给予公平、合理的补偿。

第二十一条　外国投资者在中国境内的出资、利润、资本收益、资产处置所得、知识产权许可使用费、依法获得的补偿或者赔偿、清算所得等，可以依法以人民币或者外汇自由汇入、汇出。

第二十二条　国家保护外国投资者和外商投资企业的知识产权，保护知识产权权利人和相关权利人的合法权益；对知识产权侵权行为，严格依法追究法律责任。

国家鼓励在外商投资过程中基于自愿原则和商业规则开展技术合作。技术合作的条件由投资各方遵循公平原则平等协商确定。行政机关及其工作人员不得利用行政手段强制转让技术。

第二十三条　行政机关及其工作人员对于履行职责过程中知悉的外国投资者、外商投资企业的商业秘密，应当依法予以保密，不得泄露或者非法向他人提供。

第二十四条　各级人民政府及其有关部门制定涉及外商投资的规范性文件，应当符合法律法规的规定；没有法律、行政法规依据的，不得减损外商投资企业的合法权益或者增加其义务，不得设置市场准入和退出条件，不得干预外商投资企业的正常生产经营活动。

第二十五条　地方各级人民政府及其有关部门应当履行向外国投资者、外商投资企业依法作出的政策承诺以及依法订立的各类合同。

因国家利益、社会公共利益需要改变政策承诺、合同约定的，应当依照法定权限和程序进行，并依法对外国投资者、外商投资企业因此受到的损失予以补偿。

第二十六条　国家建立外商投资企业投诉工作机制，及时处理外商投资企业或者其投资者反映的问题，协调完善相关政策措施。

外商投资企业或者其投资者认为行政机关及其工作人员的行政行为侵犯其合法权益的，可以通过外商投资企业投诉工作机制申请协调解决。

外商投资企业或者其投资者认为行政机关及其工作人员的行政行为侵犯其合法权益的，除依照前款规定通过外商投资企业投诉工作机制申请协调解决外，还可以依法申请行政复议、提起行政诉讼。

第二十七条　外商投资企业可以依法成立和自愿参加商会、协会。商会、协会依照法律法规和章程的规定开展相关活动，维护会员的合法权益。

第四章　投资管理

第二十八条　外商投资准入负面清单规定禁止投资的领域，外国投资者不得投资。

外商投资准入负面清单规定限制投资的领域，外国投资者进行投资应当符合负面清单规定的条件。

外商投资准入负面清单以外的领域，按照内外资一致的原则实施管理。

第二十九条　外商投资需要办理投资项目核准、备案的，按照国家有关规定执行。

第三十条　外国投资者在依法需要取得许可的行业、领域进行投资的，应当依法办理相关许可手续。

有关主管部门应当按照与内资一致的条件和程序，审核外国投资者的许可申请，法律、行政法规另有规定的除外。

第三十一条　外商投资企业的组织形式、组织机构及其活动准则，适用《中华人民共和国公司法》、《中华人民共和国合伙企业法》等法律的规定。

第三十二条　外商投资企业开展生产经营活动，应当遵守法律、行政法规有关劳动保护、社会保险的规定，依照法律、行政法规和国家有关规定办理税收、会计、外汇等事宜，并接受相关主管部门依法实施的监督检查。

第三十三条　外国投资者并购中国境内企业或者以其他方式参与经营者集中的，应当依照《中华人民共和国反垄断法》的规定接受经营者集中审查。

第三十四条　国家建立外商投资信息报告制度。外国投资者或者外商投资企业应当通过企业登记系统以及企业信用信息公示系统向商务主管部门报送投资信息。

外商投资信息报告的内容和范围按照确有必要的原则确定；通过部门信息共享能够获得的投资信息，不得再行要求报送。

第三十五条　国家建立外商投资安全审查制度，对影响或者可能影响国家安全的外商投资进行安全审查。

依法作出的安全审查决定为最终决定。

第五章　法律责任

第三十六条　外国投资者投资外商投资准入负面清单规定禁止投资的领域的，由有关主管部门责令停止投资活动，限期处分股份、资产或者采取其他必要措施，恢复到实施投资前的状态；有违法所得的，没收违法所得。

外国投资者的投资活动违反外商投资准入负面清单规定的限制性准入特别管理措施的，由有关主管部门责令限期改正，采取必要措施满足准入特别管理措施的要求；逾期不改正的，依照前款规定处理。

外国投资者的投资活动违反外商投资准入负面清单规定的，除依照前两款规定处理外，还应当依法承担相应的法律责任。

第三十七条　外国投资者、外商投资企业违反本法规定，未按照外商投资信息报告制度的要求报送投资信息的，由商务主管部门责令限期改正；逾期不改正的，处十万元以上五十万元以下的罚款。

第三十八条　对外国投资者、外商投资企业违反法律、法规的行为，由有关部门依法查处，并按照国家有关规定纳入信用信息系统。

第三十九条　行政机关工作人员在外商投资促进、保护和管理工作中滥用职权、玩忽职守、徇私舞弊的，或者泄露、非法向他人提供履行职责过程中知悉的商业秘密的，依法给予处分；构成犯罪的，依法追究刑事责任。

第六章　附　则

第四十条　任何国家或者地区在投资方面对中华人民共和国采取歧视性的禁止、限制或者其他类似措施的，中华人民共和国可以根据实际情况对该国家或者该地区采取相应的措施。

第四十一条　对外国投资者在中国境内投资银行业、证券业、保险业等金融行业，或者在证券市场、外汇市场等金融市场进行投资的管理，国家另有规定的，依照其规定。

第四十二条　本法自 2020 年 1 月 1 日起施行。《中华人民共和国中外合资经营企业法》、《中华人民共和国外资企业法》、《中华人民共和国中外合作经营企业法》同时废止。

本法施行前依照《中华人民共和国中外合资经营企业法》、《中华人民共和国外资企业法》、《中华人民共和国中外合作经营企业法》设立的外商投资企业，在本法施行后五年内可以继续保留原企业组织形式等。具体实施办法由国务院规定。

《中华人民共和国外商投资法》英译本

Foreign Investment Law of the People's Republic of China

(Adopted at the 2nd Session of the 13th National People's Congress on March 15, 2019)

Table of Contents

Chapter I General Principles

Article 1   In order to further expand opening up, actively promote foreign investment, protect the legitimate rights and interests of foreign investment, standardize foreign investment management, facilitate the formation of a comprehensive and new opening-up pattern, and promote the healthy development of the socialist market economy, this Law is enacted in accordance with the Constitution.

Article 2   This Law applies to foreign investment in the territory of the People's

Republic of China (hereinafter referred to as "within the territory of China").

Foreign investment mentioned in this Law refers to the investment activities of foreign natural persons, enterprises or other organizations (hereinafter referred to as foreign investors) conducted directly or indirectly within the territory of China, including the following:

(1) Foreign investors set up foreign-invested enterprises in China alone or jointly with other investors;

(2) Foreign investors obtain shares, equities, property shares or other similar rights and interests of enterprises within the territory of China;

(3) Foreign investors invest in new projects in China alone or jointly with other investors;

(4) Other investment prescribed by laws, administrative regulations or specified by the State Council.

Foreign-invested enterprises mentioned in this Law refer to enterprises that are wholly or partly invested by foreign investors and registered within the territory of China under the Chinese laws.

Article 3　The State adheres to the basic State policy of opening to the outside world and encourages foreign investors to invest within the territory of China.

The State maintains a policy of high-level investment liberalization and facilitation, establishes and improves a mechanism for foreign investment promotion, and creates a stable, transparent, predictable and fair market environment.

Article 4　The State maintains a system of pre-entry national treatment plus a negative list management for foreign investment.

The pre-entry national treatment mentioned in the preceding paragraph refers to the treatment given to foreign investors and their investment at the stage of investment admission no less than that to domestic investors and their investments;

the so-called negative list refers to the special management measures that are adopted for the admission of foreign investment in specific areas. The State gives national treatment to foreign investment outside the negative list.

The negative list is issued or approved by the State Council.

Where international treaties or agreements concluded or acceded to by the People's Republic of China provide for more preferential treatments for the admission of foreign investment, the relevant provisions may be applied.

Article 5   The State protects the investment, income and other legitimate rights and interests of foreign investors in China in accordance with the law.

Article 6   Foreign investors and foreign-invested enterprises that conduct investment activities within the territory of China shall abide by Chinese laws and regulations and shall not endanger China's national security and harm the public interest.

Article 7   The competent departments of the State Council responsible for commerce and investment shall, in accordance with the division of responsibilities, carry out the promotion, protection and management of foreign investment; other relevant departments of the State Council shall, within their respective responsibilities, be responsible for the affairs related to the promotion, protection and management of foreign investment.

The relevant departments of the local people's governments at or above the county level shall, in accordance with laws and regulations and the division of responsibilities determined by the people's government at the same level, carry out the work relating to the promotion, protection and management of foreign investment.

Article 8   Employees of foreign-invested enterprises may, in accordance with law, establish trade union organizations, carry out trade union activities, and safeguard their legitimate rights and interests. Foreign-invested enterprises shall provide necessary conditions for the trade unions thereof.

Chapter II Investment Promotion

Article 9　Foreign-invested enterprises may, in accordance with the law, equally enjoy the State policies concerning the support of enterprise development.

Article 10　Before the formulation of laws, regulations and rules related to foreign investment, appropriate measures shall be taken to solicit opinions and suggestions from foreign-invested enterprises.

Normative and adjudicative documents related to foreign investment shall, according to law, be made public in a timely manner.

Article 11　The State establishes and improves a system serving foreign investment to provide consultation and services to foreign investors and foreign-invested enterprises on laws and regulations, policy measures, and investment project information.

Article 12　The State establishes multilateral and bilateral investment promotion cooperation mechanisms with other countries and regions and international organizations, and strengthens international exchanges and cooperation in the field of investment.

Article 13　The State may establish special economic zones where needed, or adopt experimental policies and measures for foreign investment in selected regions with a view to promoting foreign investment and expanding opening-up.

Article 14　The State may, in accordance with the needs of national economic and social development, encourage and guide foreign investors to invest in specific industries, sectors and regions. Foreign investors and foreign-invested enterprises may enjoy preferential treatment in accordance with laws, administrative regulations or the provisions of the State Council.

Article 15　The State ensures that foreign-invested enterprises have equal access to the standard-setting work according to law, and strengthens information disclosure and social supervision regarding standard-setting.

The mandatory standards set forth by the State are equally applicable to foreign-invested enterprises.

Article 16   The State ensures that foreign-invested enterprises have equal access to government procurement through fair competition in accordance with the law. Products and services provided by foreign-invested enterprises within the territory of China are equally treated in government procurement in accordance with law.

Article 17   Foreign-invested enterprises may, in accordance with the law, finance through public offering of stocks, corporate bonds and other securities.

Article 18   Local people's governments at or above the county level may, in accordance with the provisions of laws, administrative regulations and local regulations, formulate policies and measures for foreign investment promotion and facilitation within their statutory competence.

Article 19   The people's governments at all levels and their relevant departments shall, in accordance with the principles of facilitation, efficiency and transparency, simplify procedures, improve efficiency, optimize government services, and further improve the level of foreign investment services.

The relevant competent authorities shall prepare and publish foreign investment guidelines to provide services and facilities to foreign investors and foreign-invested enterprises.

Chapter III Investment Protection

Article 20   The State does not expropriate foreign investment.

Under exceptional circumstances, the State may expropriate and requisition the investment of foreign investors in accordance with the law and for the needs of the public interest. The expropriation and requisition shall be conducted in accordance with legal procedures and timely, equitable and reasonable compensation shall be given.

Article 21　Foreign investors' capital contribution, profits, capital gains, asset disposal income, intellectual property license fees, legally obtained damages or compensation, liquidation proceeds, etc., may be freely remitted to overseas in RMB or foreign exchange according to law.

Article 22　The State protects the intellectual property rights of foreign investors and foreign-invested enterprises, protects the legitimate rights and interests of intellectual property rights and related rights holders, and holds intellectual property rights infringers legally accountable in strict accordance with the law.

The State encourages technical cooperation based on the voluntariness principle and commercial rules in the process of foreign investment. The conditions for technical cooperation are determined through equal negotiation between the parties to the investment in accordance with the principle of fairness. Administrative agencies and their staff are prohibited to use administrative means to force any technology transfer.

Article 23　The administrative agencies and their staff shall keep confidential the business secrets known to them, of foreign investors and foreign-invested enterprises during the performance of their duties, and shall not disclose or illegally provide them to others.

Article 24　The people's governments at all levels and their relevant departments shall be in compliance with the provisions of laws and regulations in formulating normative documents concerning foreign investment; unless authorized by laws and administrative regulations, they shall not derogate from the legitimate rights and interests of foreign-invested enterprises or increase their obligations, set forth conditions for market access and exit, and interfere with normal production and operation of foreign-invested enterprises.

Article 25 Local people's governments at all levels and their relevant departments shall honor their commitments on policies made available to foreign investors and foreign-invested enterprises under the law and various types of contracts concluded in accordance with the law.

If policy commitments or contractual agreements need to be changed for the State interests and public interests, they shall be conducted in accordance with the statutory authority and procedures, and foreign investors and foreign-invested enterprises shall be compensated for the losses they suffered accordingly.

Article 26 The State establishes a complaint and settlement mechanism for foreign-invested enterprises, with a view to promptly handling problems raised by foreign-invested enterprises or their investors, and coordinating and improving relevant policies and measures.

If a foreign-invested enterprise or its investors believe that the administrative actions of the administrative agency and its staff infringe upon their legitimate rights and interests, they may apply for a coordinated solution through the complaint and settlement mechanism for the foreign-invested enterprise.

If a foreign-invested enterprise or its investors believe that the administrative actions of the administrative agency and its staff infringe upon their legitimate rights and interests, in addition to applying for a coordinated solution through the complaint and settlement mechanism for the foreign-invested enterprise in accordance with the provisions of the preceding paragraph, they may also apply for administrative reconsideration and file an administrative lawsuit according to law.

Article 27 Foreign-invested enterprises may establish and voluntarily participate in chambers of commerce and associations according to law. The chamber of commerce and association shall carry out relevant activities in accordance with the laws, regulations and its articles of association to safeguard the legitimate rights and interests of its members.

Chapter IV Investment Management

Article 28　Foreign investors shall not invest in the areas where investment is prohibited under the negative list for the admission of foreign investment.

Foreign investors shall meet the conditions set forth in the negative list for the admission of foreign investment to invest in the areas where investment is restricted under the negative list.

Management of foreign investment in the areas beyond the negative list shall be implemented in accordance with the principle of equality between domestic and foreign investment.

Article 29　If foreign investment is required to go through the investment project verification and record procedure, it shall be implemented in accordance with relevant provisions.

Article 30　If a foreign investor invests in an industry or sector where license is required for investment, it shall go through relevant licensing procedures in accordance with the law.

The relevant competent department shall, in accordance with the conditions and procedures equally applied to domestic investment, review the foreign investors' application for license, except as otherwise provided by laws and administrative regulations.

Article 31　Forms of organization, organization structures and activities of foreign-invested enterprises shall be governed by the provisions of the Company Law and the Law of the Partnership Enterprise of the People's Republic of China.

Article 32　Foreign-invested enterprises that engage in production and business activities shall abide by the provisions of laws and administrative regulations concerning labor protection and social insurance, and handle matters such as taxation, accounting, foreign exchange, etc. in accordance with laws, administrative regulations and relevant provisions, and accept relevant supervision and inspection carried out by the relevant departments in accordance with the law.

Article 33   If a foreign investor acquires a Chinese domestic enterprise or participates in the concentration of business operators in other ways, it shall go through the examination on the concentration of business operators in accordance with of the Anti-Monopoly Law of the People's Republic of China.

Article 34   The State establishes a system for foreign investment information reporting. Foreign investors or foreign-invested enterprises shall submit investment information to the competent commerce departments through the enterprise registration system and the enterprise credit information publicity system.

The content and scope of the foreign investment information report shall be determined in accordance with the principle of necessity; the investment information that can be obtained through the inter-departmental information sharing system shall not be required to be submitted again.

Article 35   The State establishes a system for foreign investment security review to review the foreign investment that affects or may affect national security.

The security review decision made in accordance with the law is final.

Chapter V Legal Liability

Article 36   Where a foreign investor invests in the areas, which are specified by the negative list for the admission of foreign-investment as prohibited ones, the relevant competent department shall order it to stop the investment activities, and dispose of the shares, assets or take other necessary measures within a specified time limit, and restitute to the status before the investment was made; If there is illegal income, it shall be confiscated.

Where the investment activities of a foreign investor contravenes the special management measures for the admission of foreign-investment in restricted areas in the negative list, the relevant competent department shall order the foreign investor to make correction within a specified time limit and take necessary measures to meet the conditions set forth by the special management measures for the admission of foreign-investment; if no corrections have been made within the time limit, the provisions of the preceding paragraph shall be applied.

Where the investment activities of a foreign investor contravene the special management measures for the admission of foreign-investment in the negative list, in addition to the provisions of the preceding two paragraphs, it shall also bear corresponding legal liabilities under the law.

Article 37　If a foreign investor or a foreign-invested enterprise violates the provisions of this Law and fails to submit investment information in accordance with the requirements of the foreign investment information reporting system, the competent commerce department shall order it to make corrections within a specified time limit; if no corrections have been made within the time limit, a fine of more than 100,000 yuan and less than 500,000 yuan shall be imposed.

Article 38　Any violation of laws or regulations by foreign investors or foreign-invested enterprises shall be investigated and dealt with by relevant departments in accordance with the law and recorded into the credit information publicity system in accordance with relevant provisions.

Article 39　If a staff of an administrative organ abuses his power, neglects his duties or engages in malpractices in the promotion, protection and management of foreign investment, or leaks or illegally provides others with trade secrets known to him during the performing his duties, he shall be punished according to law; if he commits a crime, he shall be held criminally accountable.

Chapter VI Supplementary Provisions

Article 40　If any country or region adopts discriminatory prohibitions, restrictions or other similar measures against the People's Republic of China, the People's Republic of China may take corresponding measures against the country or the region according to actual conditions.

Article 41　If the State provides other provisions for foreign investment in the banking, securities, insurance and other financial industries, or in the securities market, foreign exchange market and other financial markets within the territory of China, such provisions shall be applicable.

Article 42　This Law shall come into force on January 1, 2020. The Law of the People's Republic of China on Sino-Foreign Equity Joint Ventures, the Law of the People's Republic of China on Wholly Foreign-owned Enterprises, and the Law of the People's Republic on Sino-Foreign Contractual Joint Ventures shall be repealed simultaneously.

Foreign-invested enterprises that have been established before the implementation of this Law in accordance with the Law of the People's Republic of China on Sino-Foreign Equity Joint Ventures, the Law of the People's Republic of China on Wholly Foreign-owned Enterprises, and the Law of the People's Republic of China on Sino-Foreign Contractual Joint Ventures may continue retaining their original forms of business organizations within five years after the implementation of this Law. The detailed implementation measures of this Law shall be prescribed by the State Council.

(Unofficial translation by Professor Kong Qingjiang)

《外商投资法》透视索引